영화는 역사다

영화는 역사다

한국 영화로 탐험하는 근현대사

1판 1쇄 발행 2010년 9월 9일 (1,500부)
1판 2쇄 발행 2011년 7월 7일 (1,000부) 총 2,500부

지은이 l 강성률
펴낸이 l 김승희
펴낸곳 l 도서출판 살림터

기   획 l 정광일
편   집 l 조현주
디자인 l DESIGN Uº NA
인쇄·제본 l (주)현문
종이 l 월드페이퍼(주)

주소 l 서울시 마포구 서교동 395-27
전화 l (02)3141-6553
팩스 l (02)3141-6555
출판등록 l 2008년 3월 18일 제313-1990-12호
이메일 l gwang80@hanmail.net

ISBN 978-89-94445-04-5   03680

영화는 역사다

한국 영화로 탐험하는 근현대사

강성률 지음

살림터

영화와 역사의 만남

* * *

요즘 들어 특정 시기의 역사를 다룬 드라마나 영화가 많이 제작되고 있다. 흔히들 이야기하기를 팩션(faction, fact와 fiction의 조어) 영화의 붐이라고 한다. 특정 시기의 역사를 다룬 영화가 왜 만들어지고 있는가, 그런 영화들을 통해 관객들은 무엇을 보는가, 비평가들은 그런 영화들에 대해 어떤 이야기를 해야 하는가, 하는 생각들을 오랫동안 해왔는데, 이 책은 그 의문에 대한 나름의 소박한 답이다.

《영화, 역사》를 저술한 로버트 A. 로젠스톤은 역사 영화를 분석하는 것은 한 편의 "영화가 과거에 관해 우리들에게 무엇을 어떻게 말해주고 있는지에 관해 설명한 글을 쓰는 것"이라고 했다. 이 부분에서 내가 주목한 것은 역사 영화라는 용어였다. 역사 영화를 어떻게 정의할 수 있는가? 이를 다르게 말하면 영화는 어떻게 역사와 만날 수 있는가라는 의문으로 바뀐다. 가장 쉽게 생각할 수 있는 것은 현재 시점에서 특정 시기의 과거 사건이나 과거를 영화 속에서 다루는 것이다. 현재 붐

이 일고 있는 팩션 영화 역시 이런 시각의 영화들이다. 이때 중요한 것은, 로젠스톤의 설명처럼 해석의 문제이다. 과거에 관해 무엇을 어떻게 말한다는 것은 감독이 특정 사건을 어떤 시각에서든 해석한다는 것을 의미한다. 때문에 비평가는 하필이면 '지금, 왜' 과거의 특정 사건을 특정 방식으로 해석한 영화를 관객들이 특정한 방식으로 바라보는 상황이 등장했는지를 우선 파악해야 한다.

이렇게 보면, 과거는 단지 지나간, 죽은 시간이 아니라 현재에 의해 언제든지 불려 올 수 있는, 살아 있는 시간이다. 여기에는 지나간 시간이 현재에 의해 되살아난다는 의미도 있지만, 이를 넘어 현재의 필요에 의해 과거를 새롭게 구성한다는 의미도 있다. 과거는 이미 지나갔기 때문에 정확히 재현할 수 없다. 그러니 필연적으로 누군가의 해석에 의해 재현될 수밖에 없다. 관객들은 이준익의 〈황산벌〉(2003)을 보면서 웃지만, 그것이 틀린 해석이라고는 아무도 단정할 수 없다. 역사가가 과거의 팩트를 해석하는 사람이라면, 영화감독은 과거의 사건을 극적인 사건으로 해석하는 사람이다.

결국 감독이 하는 것은 해석의 작업이다. 그렇다면 해석은 무엇인가? 거기에는 반드시 사건에 대한 시각이 전제되어야 한다. 감독이 독특하게 바라본 시각이 어떻게 사건을 통해 나타나는지 파악해야 한다.

역사 영화를 보면서 주의를 기울이는 지점은 바로 이 부분이다. 임상 수가 〈그때 그 사람들〉(2004)을 만들면서 자신만의 해석을 가했는데, 그 해석은 참으로 신선하고 의미 있는 것이었지만, 결국 그가 지니고 있는 허무주의적 시각 때문에 그는 많은 비판에 직면해야 했다. 박정 희와 김재규를 그런 시각에서 해석하는 것이 무슨 의미가 있느냐는 비 판이었다(안타깝게도 이 영화는 해석의 논란보다는 특정인의 명예를 훼손 했다는 법적 공방이 논란이 되었다).

역사 영화는 과거의 특정한 역사적 사건을 다룬 영화에 국한되는가? 그렇지 않다. 지금의 영화도 시간이 지나면 역사가 된다. 특정 사건을 특정 시각에서 해석한 영화는 제작 시기를 주목해야 한다. 영화 속에 재현된 과거의 사건이 아니라 그 사건을 영화 속으로 불러온 현재의 시점, 정말로 중요한 것은 바로 이것이다. 광주민중항쟁을 다룬 숱한 영화가 등장했지만 사건에 대한 해석의 시각은 시기마다 달랐다. 이처 럼 광주민중항쟁을 다룬 영화를 분석하면서 중요한 것은 시간의 흐름 에 따라 1980년의 광주를 해석한 시각이 왜, 어떻게 차이가 나는지 분 석하는 것이다.

다시 현재의 영화를 보자. 지금 우리 시대를 영화 속에 담고 있지만, 그것은 시간이 지나면 과거의 풍광이 되고, 다시 과거의 기록이 된다.

만약 그것이 다큐멘터리라면 객관적인 기록물이 되고, 극영화라고 하더라도 당시 사회를 파악할 수 있는 사료가 된다. 1960년대에 만들어진 청춘 영화를 보면서 사람들은 영화 속에 그려진 서울의 모습을 본다. 그러고는 1960년대 서울 사람들이 어떻게 살았는지 알게 된다. 거리의 풍경은 그대로의 모습이었고 극화된 인물은 있을 법한 사람들이다. 그들은 저렇게 살았구나, 당시 서울은 저런 모습이었구나, 하는 생각을 자연스럽게 하게 되는 것이다.

이렇게 보면, 영화는 역사와 두 가지 방법으로 만난다. 영화 속에 과거를 재현하는 작업은 현재를 살아가는 사람들의 시각에서 출발한다. 현재의 관객들이 보고 싶어 하는 것을 영화 속에 재현한다는 말이다. 기본적으로 영화는 환상이다. 그것을 통해 정권도 정당화하고 관객들의 욕망도 정당화된다. 한국의 역사를 그린 영화를 보면 그런 욕망이 선명하게 보인다. 남북 분단의 시절에 북한에 관한 모든 것은 금기의 대상이거나 멸시의 대상이었다. 과거의 영화를 지금 보는 것은 현재의 시점에서 과거의 영화를 해석하는 것이다. 이 역시 현재를 살아가는 사람들의 시각에서 과거의 영화를 분석하는 작업이다.

결국 역사와 영화의 문제는 해석의 문제이며, 해석의 문제는 시각의 문제이고, 시각의 문제는 이데올로기의 문제로 귀결된다. 분단과 전쟁을 겪은 이 땅에서는 피할 수 없는 과정이다. 때문에 역사와 마찬가지로 역사와 영화의 문제 역시 치열한 한판 싸움터이다. 거기에는 감독(을 비롯한 영화의 스태프들)이 있고, 영화를 본 과거의 관객이 있고, 그 영화를 바라보는 현대의 관객과 비평가가 있다. 각자가 벌이는 이 싸움터에서 살벌하게 부딪치는 것보다는 과거의 상처와 현재의 상처를 보듬는 자세가 필요하다. 서로의 상처만 강조하면서 상대의 시각을 이해하려고 하지 않는다면, 영화는 더 이상 재미도 주지 못하고 희망도 주지 못한다.

결국 문제는 소통이다. 상대에 대한 소통도 중요하지만, 과거와 현재의 소통의 문제도 중요하다. 과거는 우리에게 말을 건다. 현재 존재하는 모든 것들은 시간이 지나면 과거가 되고, 과거의 시간을 재현하는 것은 현재의 시간에 필요한 말을 하기 위해 과거의 시간을 경유하는 것이다. 즉, 과거를 현재화하는 것이다. 역사와 영화의 문제는 '과거의 현재화'의 문제이고, 이런 영화가 많이 만들어진다는 것은 과거의 문제를 새롭게 해석할 여지가 아직도 많다는 것을 의미한다. 이 책에서는 시간의 변화에 따른 해석의 문제를 집중적으로 다루려고 했다.

＊ ＊ ＊

　내가 역사를 다룬 영화에 집중하기 시작한 것은 하길종 감독에 관한 책을 쓰기 시작하면서부터이다. 1970년대에 활동한 하길종의 영화 세계를 알기 위해서는 유신시대를 알아야만 했다. 유신이라는 유령을 정확히 파악하지 않으면 하길종의 영화를 비롯해 1970년대 영화를 도저히 알 수 없었다. 그렇게 하길종에 관해 책을 쓰고 난 후, 유신시대 영화법의 모태가 일제 말기 '조선영화령'이었음을 알게 되면서 일제강점기의 영화에 주목하기 시작했다. 일제강점기 영화는 공부하면 할수록 빠져나올 수 없는 미로와 같았다. 연구도 제대로 되어 있지 않고 자료도 그리 많지 않았다. 그러나 일제강점기 영화를 공부하면서 명확하게 느낀 하나가 있었다. 시대와 영화는 뗄 수 없는 관계에 있다는 것이었다. 《친일인명사전》의 영화 분야 작업을 하면서도 영화가 시대와 결코 뗴놓을 수 없는 깊은 관련을 맺고 있음을 뼈저리게 깨달았다. 시대가 만들어놓은 영화 통제는 영화 속에 그대로 드러났다. 당시 친일 영화 속에는 일제가 그리고자 하는 조선인들의 모습이 선명히 살아 있었다. 그것은 일본인들에게는 이상적 모습이겠지만, 조선인들에게는 벗어날 수 없는 굴레였다. 한반도는 해방과 분단, 전쟁, 독재를 겪으면서 영화와 시대가 결코 뗴놓을 수 없는 관계를 맺었다. 결국 한국 영화사는 한국 현대사였던 것이다. 그 관계를 차분하게 조망하고자 한 결과물이 바로 이 책이다.

시간이 지나다 보니 또 한 권의 책을 세상에 내놓게 되었다. 인문학의 위기 이후 책이 팔리지 않는 시기에 책을 또 출판해야 하는지 의문이 일었지만, 영화와 역사 연구에 조금이라도 도움이 되지 않을까 싶은 마음을 다잡았다. 역사와 영화의 문제를 주로 다루면서 현대사와 영화사의 문제, 각 시기별 역사와 영화의 문제, 역사를 주로 다룬 감독의 작가론까지 다양한 시각에서 역사와 영화의 문제를 다루려고 했지만, 돌아보니 비슷한 시각의 반복이라는 생각이 든다. 다시 한 번, 역사와 영화의 문제는 이데올로기로부터 자유로울 수 없다는 생각을 하게 된다..

글을 쓴다는 것은 언제나 고통스러운 일이지만 이번만큼 고통스러운 적은 없었던 것 같다. 글 쓰는 방법에서부터 책의 구성까지 많은 고민을 하면서 내가 한 생각은 단 하나였다. '나는 왜 이 책을 쓰고 있는가? 역사와 영화에 대해 나름의 결론을 봐야 한다는 생각이었는데, 지금 돌아보면 그리 시원치 않다. 다만 위안 삼을 것은 지나치게 추상적인 담론을 배제하고, 가급적이면 나름의 경험을 토대로 이야기를 하려고 했다는 것이다. 경험과 현실에 토대를 두지 않은 글은 그리 큰 의미

가 없다는 것을 알기에, 역사 문제를 다룬 것은 더욱 그러하다는 것을 알기에 작은 노력이나마 진실되게 하고자 했다. 이 책이 한국 역사와 영화에 대한 연구에 작은 거름이 되었으면 한다.

이제, 고마운 분들을 적어야 할 것 같다. 《내일을 여는 역사》에 '영화로 보는 우리 역사'를 연재하도록 소개해주고 책의 추천사까지 작성해준 박한용 선생님, 언제나 역사에 대해 깊이 고민하게 만드는 민족문제연구소의 여러 식구들, 부족한 글을 읽고 조언을 해준 아내 최지선, 존재만으로도 나에게 힘이 되는 두 아들 현채와 민채, 과분한 추천사로 나를 부끄럽게 만든 홍기선 감독님과 이효인 선생님, 책 제목을 정하는 데 결정적 조언을 해준 김진곤 교수님과 항상 나에게 힘을 주는 광운대의 여러 교수님들, 그리고 오랫동안 기다려주고 격려해준 살림터의 정광일 대표님께 감사의 말씀 전한다. 무엇보다 질곡의 현대사 속에서 격렬하고 치열하게 살다 가신 분들, 그런 환경에서 영화를 만드신 분들의 노고에 깊이깊이 감사드린다. 그분들이 계셨기에 지금의 우리가 존재하는 것 아니겠는가.

2010년 8월
월계동 연구실에서
姜聲律

01

한국 영화 100년, 한국 현대사 100년

한국 영화사는 유독 한국 현대사와 깊은 연관이 있다. 식민지 직전 대한제국 시기에 조선에 영화가 들어온 다음 자국 영화가 만들어지기도 전에 이미 식민 시절이 시작되었다. 해방 이후 좌우의 극한 대립 속에서 영화인도 각자의 선택을 해야 했고, 이후 한국전쟁 시기에는 선택의 결과에 따른 선전의 전위에 서야 했다. 다행스럽게도 전쟁 이후 남한의 영화는 다시 살아나면서 중흥기를 이끌지만 유신이라는 가혹한 통제의 시대에 또다시 긴 침체의 시간을 보낸다. 한국 영화가 다시 살아난 것은 군부독재가 끝난 뒤였다. 영화는 대중적인 파급력이 크기 때문에 지배자의 통제와 깊은 연관을 지닐 수밖에 없다. 그러므로 현대사와 영화사가 깊은 관련을 맺고 있으며 한국 현대사가 워낙 파란만장한 시기였기 때문에 영화사 역시 파란을 겪지 않을 수 없었다. 그런 의미에서 한국 영화사는 한국 현대사였다.

오 랫 동안 한국 영화사는 불행한 역사의 연속이었다. 그것은 근대의 산물인 영화가 구미(歐美) 제국주의의 파수꾼으로 우리나라에 전달되었다는 것에서 시작한다. 다시 말해, 조선이 자생적으로 영화를 발견하거나 구미처럼 자발적으로 받아들인 것이 아니라 구미의 힘에 의해 강제로 유입되거나 구미의 침입 목적을 모른 채 무의식적으로 받아들인 것에서 문제가 발생한다는 것이다. 제국주의는 제3세계를 식민지로 점령하기 이전에 종교, 교육기관, 의료기관과 더불어 영화를 들여보냈다. 때문에 구미 제국주의가 목적하는 것을 알지 못했던 이들은 순진한 시각으로 영화를 바라볼 수밖에 없었다.

일반 백성들에게 영화(motion picture)는 말 그대로 사진이 움직이는 신기한 구경거리였다. 게다가 영화 속에 그려진 도시는 이제껏 본 적이 없는 화려한 근대의 모습이었다. 사람들이 영화에 끌리는 것은 너무도 당연했다. 선각자라고 해서 다르지 않았다. 그들에게도 영화는 신기한 구경거리이면서 동시에 계몽수단이기도 했다. 근대의 문물 속에 그려진 서구의 모습을 조선에서도 하루빨리 실행해야 한다고 여겼다. 그들의 눈에 비친 봉건적 제국인 대한제국은 근대화시켜야 할 대상에 지나지 않았다. 이런저런 이유로 영화는 조선에서도 쉽게 발을 내릴 수 있었다.

여기서부터 문제가 발생한다. 만약 조선이 자생적으로 영화를 개발하거나 받아들였다면, 영화를 통해 무엇을 할 것인지, 영화를 한국의 전통 연희극(演戲劇)과 어떤 관계 속에서 예술로 발전시킬 것인지 고민했을 것이지만, 구미의 신기한 문명으로 도래한 영화를 보면서 그런 고민까지 할 여유가 없었다. 국운이 풍전등화의 위기에 처해 있는데, 한가롭게 영화의 매체적 특성을 논할 처지가 아니었다. 게다가 영화 문제로 국한시킨다고 하더라도 사정은 그리 다르지 않았다. 초창기에는 조선의 자본도 기술력도 없었다. 조선을 대상으로 돈을 벌려는 일본 자본과 기술력이 국내에 들어온 것이 고작이었다. 때문에 우리에게 영화는 자생성을 가진 문화가 아니었다. 일본인들에 의해 몇 편의 우리 고전이 영화화되면서 겨우 자리를 잡아가려는 순간, 일본에서 이미 생명을 다한 신파(新派)가 들어와 식민지 백성들의 패배의식을 달래주면서 부추겼다.

결국 문제는 주체적 자세이다. 영화가 유입될 때부터 주체적 의식 없이 들어왔기 때문에 이후 조선의 자본으로 만들어진 영화도 몇몇 뛰어난 작품을 제외하면, 다소 부족한 영화들 일색이었다. 영화의 매체적 특성을 실험하는 영화들을 보는 것은 불가능했고, 영화를 통해 식민지 현실의 문제를 토로하는 것은 남의 일일 뿐, 신파로 돈을 벌려 했다. 영화를 통해 처참한 현실을 폭로하거나 풍자하여 저항하기보다는 신파 정신에 젖어 현실을 잊고자 했다. 결국 일제 말기의 친일 영화로 치닫게 되고, 해방 이후에는 미군정, 군부독재에 통제당한 영화들을 양산하게 되었다. 물론 모든 영화인들이 그렇지는 않았다. 식민지 현실을 영화를 통해 폭로하는 이들도 있었고, 영화를 통제하려는 당국에 맞서 영화적 자유를 위해 싸운 이들도 있었다. 그러나 몇몇 영화인들이 타협하자 지배층은 영화인 전체를 손쉬운 통제의 대상으로 생각하게 되었는데, 이런 생각은 1980년대 말까지 계속되었다.

■ 초창기 조선 영화(1897~1937)

1895년 12월, 프랑스의 작은 카페에서 처음으로 일반인에게 상영되어 그 존재를 알린 영화(cinematograph)라는 매체가 동아시아의 끝자락에 위치한 조선에 처음 소개된 것은 언제일까? 현재 한국의 영화사가들은 이 시기에 대해 의견이 분분하지만, 《황성신문》에 실린 광고를 보면 1903년에 조선에서도 영화 상영이 일반화된 사실을 부정할 수는 없다. 일반인들에게 돈을 받고 영화를 상영하는 것이 이 무렵에 이미 보편화되었다는 것이다. 조선에 영화가 들어온 이후 주로 개봉된 영화는 서구의 도시 풍경을 담은 다큐멘터리와 단편 극영화가 대부분이었다. 조선인들이 이제까지 본 것은 실물을 똑같이 복제하는 사진이 최고의 문명이었는데, 그런 사진이 움직이니 그 자체만으로도 큰 구경거리가 되었다. 그러나 구미의 영화가 점점 산업화되면서 영화가 길어져 극영화로 발달한 것처럼, 조선에 도래한 영화도 점점 길어지면서 극영화의 모양새를 갖추기 시작했다.

그렇다면 조선인이 만든 최초의 영화는 무엇일까? 1900년을 전후로 해서 조선에 영화가 들어와 백성들의 눈에 파고든 지 20년이 지나서야 최초의 조선 영화가 만들어졌다. 그런데 지금 영화학계에서는 최초의 영화를 두고서도 의견이 분분하다. 1919년의 〈의리적 구토〉(김도산)라는 이도 있고, 1923년의 〈국경〉(김도산 일파? 혹은 도호야마 미츠루?)이라는 이도 있으며, 1923년의 〈월하의 맹세〉(윤백남)라는 이, 1924년의 〈장화홍련전〉(박정현)이라는 이로 갈라져 있다. 네 가지 주장은 모두 일정 정도의 장점을 지니고 있지만, 한편으로는 일정 정도의 한계도 있다. 〈의리적 구토〉는 온전한 영화가 아니라 연극 속의 영화인 연쇄극이라는 점 때문에, 〈국경〉은 아직도 그 실체가 온전히 확인되지 않았다는 점 때문에, 〈월하의 맹세〉는 온전한 극영화인 것은 분명하지만 시기상 두 영화에 비해 앞서지 못하고 또 총독부의 계몽 영화라는 점 때문에, 〈장화홍련전〉은 이전 영화들과 달리 조선인의 자본과 기술력만으로 만들어진 영화지만 시기상 늦다는 이유 때문에 각기 문제를 지니고 있다.

이렇게 최초의 영화가 만들어진 이후 조선 영화계는 본격적인 영화 제작의 시대에 접어들었다. 대부분 일본 자본이었지만, 서서히 영화 제작에 눈을 떠갔던 것이다. 그렇게 되면서 가장 먼저 스타가 된 것은 변사였다. 영화를 설명해주는 변사는 자신만의 특이한 발성과 제스처를 통해 스타가 되었다. 이렇게 영화가 장안의 화제가 되고 영화 전용

관이 생겨나면서 영화의 인기는 점점 높아졌다. 새로운 극장들이 들어섰고, 거기에 맞추어 새로운 영화들이 속속 제작되었다. 하지만 상황이 이렇더라도 영화 기술과 자본은 대개 일본인의 것이었다는 사실을 명심해야 한다.

1920년대 초중반의 영화들은 대개 고전소설을 영화화한 것이 많았다. 〈춘향전〉(하야카와 고슈, 1923). 〈운영전〉(윤백남, 1925), 〈심청전〉(이경손, 1925), 〈토끼와 거북〉(하야카와 고슈, 1925), 〈놀부흥부전〉(김조성, 1925) 등은 영화 제목에서도 알 수 있듯이 우리 고전을 영화화해서 조선의 백성을 극장으로 불러 모으려는 상업적 의도가 다분했다. 1926년까지 제작된 영화 가운데 〈개척자〉(1925)만 이광수의 원작 소설을 영화화했을 뿐이고, 나머지는 전통 연희극인 고전을 영화라는 매체로 전환한 것이었다는 점은 초창기 영화의 특징을 잘 보여준다. 식민지 현실을 화면 속에 담은 것이 아니라 외국에서 들어온 신기한 매체를 신파적인 고소설의 내용으로 포장해서 상업적 흥행을 노린 것이다. 이렇게 된 가장 큰 요인은 자본과 기술력이 대부분 일본인에 의한 것이었기 때문이다.

초창기 한국 영화는 일본의 자본과 기술에 의해 만들어졌다. 자본과 기술이 없으니 그것을 겸비한 일본의 도움을 받는 것은 당연한 것인지도 모르겠다. 그러나 그렇게 되면서 영화를 배우려는 젊은 세대들은 일본에서 건너오는 발달된 문물을 조건 없이 받아들여야 했고, 좀 더 의욕적인 이들은 발달된 문물을 배우려고 일본으로 건너갔다. 그런데 참으로 불행한 것은 조선에서도 자력으로 영화를 만들 정도의 기술을 익혔을 때 일본에서 유학한 이들이 전한 것이 '신파'였다는 점이다. 지금까지도 저질 영화의 주범으로 지목되고 있는 신파는 당시에는 아주 발달한 최신식 유행으로 유입되었다. 더욱 큰 문제는 일본에서 조선으로 건너올 당시의 신파는 이미 초창기 신파(新派, New Wave)로서의 정신을 상실한 상태였다는 점이다. 초창기 조선 영화는 신파가 지니고 있는 허무적이고 패배적인 정신을 받아들여 아직까지도 "눈물 짜내는 억지 영화=신파"라는 공식이 남아 있다. 이 부분에 대해서는 보다 많은 연구가 있어야겠지만, 당시 신파가 그토록 쉽게 조선에 상륙할 수 있었던 것은 경술국치(庚戌國恥)와 3·1운동의 실패에 따른 허무주의적 인식과 깊은 관련이 있어 보인다.

한국 영화사의 불행은 여기서 그치지 않는다. 조선을 통제했던 일제가 대중적 파급력이 강한 영화를 가만히 내버려둘 리 만무했다. 이들은 철저한 통제를 가하기 시작했다. 그들의 검열은 삼중 검열이었다. 시나리오 검열, 실사 영화 검열, 상영장의 경관 임석 등의 철저한 통제였다. 당시 한국 영화는 이러한 통제의 틀을 벗어나기가 어려웠다. 많은 영화들은 검열의 위험을 피하면서 동시에 상업적 이익도 얻는 통속 신파를 제작하기에 여념이 없었다. 그렇게 1920년대, 1930년대 영화가 제작되다 보니, 당시 영화는 대개 돈 때문에 사람을 속이고 죽이는 치정에 관한 이야기가 난무했다.

이런 상황에서 초창기의 영화 선각자가 등장한다. 나운규이다. 그의 감독 데뷔작 〈아리랑〉(1926)은 통속적이고 신파적인 허무주의와 패배 의식에 젖어 있던 조선 영화계에 신선한 충격을 던져주었다. 여기서 나운규의 작품세계를 조금 더 조망할 필요가 있다. 그는 초창기 한국 영화에서 제작, 감독, 시나리오, 주연, 편집을 겸했는데, 혼자서 초창기 영화의 절반을 해낸 사람이다. 그가 연출한 영화 가운데 가장 높은 평가를 받는 작품은 단연 〈아리랑〉이다. 권중운의 말처럼 "〈아리랑〉으로 상징되는 한국인의 무의식적 심층 속에 내재된 원형을 드러냄으로써 온 국민의 일체감을 성사시킬 수 있었던 대중 영화로서의 영화적 힘"을 보여주었기 때문일 것이다. 이 영화는 정신이상자 영진을 통해 친일 지주의 앞잡이를 죽이도록 만든다. 식민지 백성들에게 쌓였던 울분을 삭이도록 하는 효과를 가져왔다. 게다가 시나리오만 뛰어난 것이 아니라, 몽타주와 환상적 수법의 형식도 빼어났다. 하지만 이런 민족주의 성향의 영화는 〈사랑을 찾아서〉(1928), 〈아리랑 3편〉(1936) 정도에 그친다. 나운규의 영화 가운데 많은 분량을 차지하는 것은 활극이었다. 대개 힘 있는 자에게 고통당하는 힘없는 자를 의협심 있는 사나이가 도와준다는 내용이지만, 이런 내용이 반드시 민족주의와 소통하는 것은 아니었다. 민족주의 경향의 영화와 활극풍의 영화를 제외하면 나운규는 문예물이나 애정물, 또는 계몽물을 만든 정도에 그쳤다.

이 부분에서 반드시 언급해야 할 이들이 있다. 해방 전 일제와 해방 후 정부의 억압과 통제에 영화를 통해 저항하며 이상을 위해 노력했던 카프(KAPF) 영화인들이다. 그들은 일제의 검열과 검거에도 불구하고 자신들의 이념에 맞는 영화를 만들었다. 〈유랑〉(김유영, 1928), 〈암로〉(강호, 1928), 〈혼가〉(김유영, 1928), 〈화륜〉(김유영, 1931), 〈지하촌〉(강호, 1931) 등이 있는데, 이는 사회주의 혁명을 위한 이념적 영화들이었

조선 영화계에 신선한 충격을 던져준 나운규의 〈아리랑〉. 사진의 오른쪽 인물이 연출과 주연을 맡은 나운규이다.

지만, 조선인들이 처한 고통을 신랄하게 보여주면서 동시에 해방의 의지를 다진 영화들이라고 할 수 있다. 온갖 고생 끝에 총 5편의 영화가 만들어졌지만, 그들의 영화는 한계를 지닐 수밖에 없었다. 이념에 치우친 영화를 만들다 보니 검열의 마수에서 벗어날 수 없었고, 검열에 잘려 누더기가 된 영화가 흥행에 성공할 리 없었다. 결국 자본의 순환이 되지 않아 영화를 더 이상 만들지 못하는 상황으로 치달았으며, 설상가상으로 일제의 탄압과 검거에 따른 인적 구성의 어려움도 있었다. 그러나 그들이 보여주었던 소형 영화운동, 진지하고 철저한 비평정신은 지금도 시사하는 바가 크다.

■ 친일 영화, 미군정, 그리고 한국전쟁의 황폐기(1937~1955)

앞에서도 언급했지만 한국 영화사는 한국 현대사와 궤적을 같이하는데, 한국 영화사가 불행한 것은 바로 이 사실에서 시작한다. 영화가 조선에 도래한 이후 영화를 통해 식민지 모순을 그리고자 했던 노력들은 일제 말기가 되면 산산이 부서지고 만다. 그리고 해방과 더불어 찾아온, 미군정의 예상치 못한 강압적 통제, 거의 영화를 만들지 못했던 한국전쟁기의 상황은 영화인들을 무능하게 만들었다. 당시 존재했던 영화는 어용 영화, 정책 영화 일색이었다. 영화를 통해 돈을 벌 수 있는 상황도 아니었으니 자신이 원하는 영화를 만든다는 것은 불가능한 일이었다. 다시 한국 영화가 소생하기 시작한 1955년이 오기까지, 거의 20년 동안 한국 영화는 죽어 있었다고 해도 과언이 아니다.

먼저 일제 말기의 상황을 보자. 군부 쿠데타가 일어나 식민지체제를 더욱 강화한 일제는 1931년 만주침략, 1932년 상해 침공, 1937년 중일전쟁, 1941년 태평양전쟁을 도발, 침략 전쟁을 확대해나갔다. 이 과정에서 조선은 병참기지로 재편되어 철저히 통제당했고, 침략 전쟁에 필요한 인력과 물력을 수탈당했다. 특히 중일전쟁을 시작한 이후 조선인들에게도 일본인과 같은 의무로서 지원병, 징병을 강행했는데, 내선일체의 논리는 일제가 강제로 인력을 동원하는 데 최대한으로 이용되었다. 영화계에서도 어용 단체가 먼저 들어섰다. 일본의 국책 영화 단체인 '제일영화협단'과 같은 어용 단체를 모방하여 발족한 '조선영화협단'을 들 수 있다. 그들의 슬로건은 "국민 영화의 촉진에 기여한다"라는 것이었다. 이후 일제는 영화인들의 원활한 통제를 위해, 영화를 통해 내선일체에 기여하고자 관제 단체인 '조선영화인협회'를 만들었다. 이어 일제는 1940년 1월 '조선영화령'을 선포했다. '조선영화령'은 한국 영화인의 강제 등록과 기능 심사 등에 대한 법적 제한이 강조되어 있었기 때문에 한국 영화인들의 작품 활동과 표현의 자유를 송두리째 박탈했던 것은 물론 영화 제작 및 배급업까지도 억압한 악법이 되고 말았다. 제작 편수는 급속하게 감소했으며, 그나마 제작되는 영화의 대부분은 천편일률적으로 친일 영화였다. 극장 사정도 마찬가지였다. 상영작의 3분의 2를 일본 영화로 채워야 했으니, 군국주의 찬양 영화가 극장을 대부분 메우는 실정이었다.

1937~1940년까지의 영화는 문예물 또는 신파물이 주류를 이루었고, 이후 영화는 대개 내선일체의 황국신민화와 대동아공영권을 위한 전쟁을 지지하는 친일 영화가 주류를 이룬다. 이것은 '조선영화령'이 선포된 1940년의 상황 때문일 것이다. 1937~1940년까지 만들어진 영화들을 보면, 흥미롭게도 많은 부분 1920년대와 1930년대의 신파와 이야기 구조가 닿아 있다. 1940년 이후에는 몇 편을 제외하고는 대부분 친일 영화이다. 〈군용열차〉(서광제, 1938)를 시작으로 해방 직전에 상영된 〈사랑과 맹서〉(최인규, 1945)까지 대개의 친일 영화는 내선일체의 황국신민화와 대동아공영권의 전쟁 동원을 위한 일제의 전략을 그대로 주장하고 있다. 특히 1941년 이후에 만들어진 영화들은 대개가 친일 영화이다. 제목에서도 알 수 있는 것처럼 〈그대와 나〉(허영, 1941), 〈지원병〉(안석영, 1941), 〈병정님〉(방한준, 1944), 〈태양의 아이들〉(최인규, 1944), 〈우리들의 전장〉(신경균, 1945) 등은 노골적인 친일의 내용을 담고 있다. 이 영화를 만든 감독들은 대부분 유학파 엘리트였는데, 단지 일제의 강압에 의해서만 친일 영화를 만든 것이 아니라 대동아공영권의 당시 분위기, 감독들의 환경적·세대적 특징, 예술성의 원리 등에

의해 만들었다고 할 수 있다.

　도둑같이 찾아온 해방은 조선의 자력에 의한 해방이 아니었기에 더욱 큰 혼란을 야기했다. 좌우익의 대립도 극심했을 뿐만 아니라 미군과 소련군의 진주로 조선은 상처를 받았다. 점령군의 자격으로 온 그들은 일제의 정책을 그대로 이어받아 조선을 지배했다. 특히 미군정은 미소공동위가 무산된 후 좌익을 억압하면서 노골적으로 우익을 지원했는데, 그 과정에서 친일파가 대거 재등장하였다. 특히 친탁과 반탁으로 갈라진 형국에서 친일파는 민족주의자로 거듭나면서 발 빠른 변신을 했다. 영화계 사정은 그리 좋지 않았다. 검열, 신파, 친일이라는 일제가 남긴 잔재는 해방 후에도 사라지지 않았다. 아니, 오히려 여기서부터 본격적인 문제가 발생한다. 일제가 사라진 자리에 들어선 미군정은 일제의 영화정책을 그대로 계승했다. 극장에서 일본 경관이 사라졌을 뿐, 시나리오 검열과 실사 영화 검열은 미군정 때에도, 이승만 정권 때에도, 박정희 정권 때에도 사라지지 않았다. 아니 어쩌면 미군정이 더 혹독했는지도 모른다. 그들은 좌파 감독을 통제한다는 명분 아래 자유로운 소형 영화 상영을 중지시켰으며, 감독이나 제작자들에게 영어로 된 신청서를 제출하게 만들어서 제작 여부를 판가름했다. 더군다나 미군정의 후원을 받는 중앙영화배급사가 일제 말기 수입 금지되었던 미국 영화를 집중적으로 배급하기 시작하면서 한국 영화는 빈사 상태에 빠지고 만다. 극단적인 예로 1948년 한국 시장에서 미국 영화의 점유율은 무려 95퍼센트나 되었다. 물론 해방 이후에 불행한 일만 있었던 것은 아니다. 〈자유만세〉(최인규, 1946), 〈해방된 내 고향〉(전창근,

1947) 등을 비롯한 해방 영화들이-비록 친일 영화를 제작한 이들이 주축이 되었지만-제작되었다는 사실은 긍정적으로 평가되어야 한다.

미군정이 물러간 1948년에는 남한과 북한이라는 이원정부가 구성되었다. 미국의 지원을 받은 이승만과 소련의 지원을 받은 김일성이 각각 남과 북을 장악하면서 이념 대립이 격화되다가 1950년 6월 25일 한국전쟁이 발발했다. 영화인들은 전쟁의 틈바구니에서 자신이 원하는 영화를 만들 수 없었다. 단지 남과 북 가운데 한편에 서서 정책 영화를 만들 수밖에 없는 실정이었다. 비록 짧은 시기지만, 1948~1950년 사이에 이루었던 작은 발전은 물거품이 되고 말았다. 김종원에 의하면, 한국전쟁 당시 "피난지인 부산과 대구, 미처 복구되지 않은 환도 후의 서울에서 상영된 흥행용 극영화는 반공물과 계몽물이 주류를 이루었다." 부산과 대구 외 진해에서도 국군 홍보물이 만들어졌다. 그런데 정말로 슬픈 것은 이 시기부터 한국 영화사는 남한의 영화사 서술에만 그친다는 것이다. 반공을 국시로 삼았던 정권은 북한을 '악의 축'으로 규정한 후 논의조차 할 수 없도록 만들어버렸다.

■ 한국 영화의 호황(1955~1972)

앞에서 밝힌 것처럼, 일제보다 영화정책의 강도가 오히려 더 심했다고 할 수 있는 미군정이 물러가고 이승만 정권이 들어선 뒤에도 한국 영화계의 상황은 좀처럼 나아지지 않았다. 오히려 남북 분단과 한국전쟁으로 인한 적대감 속에서 한국 영화는 그 존폐조차 위태로울 지경이었다. 그러나 다행스럽게도 1955년 이후 서서히 한국 영화는 일어나기 시작했다. 그리고 흔히들 말하는 '1960년대의 황금기'를 맞게 된다. 1970년에는 무려 231편이나 제작되었다. 도대체 그 사이에 무슨 일이 발생해 이런 반전이 일어난 것일까?

먼저 꼽을 것은 엄청난 흥행을 기록한 두 편의 영화를 언급하지 않을 수 없다. 서로에게 상처만 준 전쟁이 끝난 직후 폐허에서 두 편의 영화가 꽃을 피웠다. 〈춘향전〉(이규환, 1955)과 〈자유부인〉(한형모, 1956)이 그 주인공이다. 청춘 스타 조미령과 이민이 등장한 〈춘향전〉은 엄청난 흥행을 몰고 왔다. 우리에게 너무도 친숙한 〈춘향전〉이 이토록 큰 흥행을 일으킬 줄은 결코 예상치 못했다. 더군다나 이듬해의 〈자유부인〉은 흥행과 더불어 엄청난 논쟁을 몰고 왔다. 기존의 성 도덕을 모조리 흔들어버린 것이다. 이제 영화는 전후의 폐허 위에서 국민들이 즐길 수 있는 유일한 오락거리로 자리를 잡아가고 있었다. 물론 두 편만 흥행에 성공한 것은 아니었다. 이어 제작된 홍성기 감독의 일련의 멜로드라마, 전옥 주연의 통속극, 일련의 코미디물이 이어지면서 한국 영화의 돌풍을 예고했다.

당시 제작된 한국 영화 편수를 보면 한눈에 그런 사정을 알 수 있다. 1955년의 15편이 1956년 30편, 1957년 37편, 1958년 74편, 1959년 111편으로 기하급수적으로 늘어났다. 여기에 한국 영화에 대한 면세 조치는 커다란 힘이 되었다. 이제 영화업은 돈이 되는 사업이 되었다. 지방의 많은 업자들이 영화를 만들기 위해 서울로 상경했는데, 값비싼 명동에 사무실을 차릴 수 없는 이들이 진고개 아래 자리를 잡으면서 '충무로 시대'가 열렸다. 이렇게 제작사가 난립하고 영화 편수가 늘어나면서 자연스럽게 스타가 등장하고 감독군이 두터워졌다. 김지미, 조미령, 이민, 김승호 같은 스타가 엄청난 인기를 모았고, 신상옥, 김기영, 유현목 등 신인 감독들과 더불어 김소동, 한형모, 이강천, 홍성기 등 기존 감독들이 조화를 이루었다.

한국 영화사에서 더욱 놀라운 일은 그 다음에 일어났다. 4·19에서 5·16이 발생하기 전까지 한국 영화는 그야말로 화려한 시대를 맞았다. 장면 정부 때에 검열기구를 철폐하고 민간윤리 자율기구인 '영화윤리전국위원회'가 탄생했다. 일제부터 이어져온 검열이 없어진 것이다(그러나 검열은 5·16 직후 다시 살아났다). 때문에 이 시기에 등장한 영화들은 사회 비판적이면서 서민적인 애환을 동시에 다룬 것이 많았다. 〈오발탄〉(유현목, 1960), 〈로맨스 빠빠〉(신상옥, 1960), 〈삼등과장〉(이봉래, 1961), 〈마부〉(강대진, 1961) 같은 영화들이 모두 이 시기에 만들어졌다. 특히 이 시기에 집중적으로 만들어진 것은 가족 드라마였다. 가족이 이야기의 중심이고, 결혼식이나 축제로 끝맺는 이런 영화들은 당시 서민들의 애환이 잘 녹아 있는 풍속극의 역할도 했다.

그러나 군사 쿠데타로 집권한 박정희 정권은 1962년 영화법을 개정했다. 영화사를 등록제로 바꾸어 등록요건을 엄청나게 강화했다. 가령 1년에 15편 이상을 제작한 영화사만 등록이 가능한 수준이었다. 할리우드와 같은 영화의 기업화를 꿈꾸었지만, 그것은 현실을 외면한 처사라는 비판을 받아야만 했다. 물론 이 법은 영화인들의 반발에 의해 계속 바뀌었지만, 검열은 강화되었다.

그럼에도 불구하고 1960년대 한국 영화는 엄청난 양적 성장을 이루었다. 제작 편수는 기하급수적으로 늘어갔고, 다양한 장르가 활성화되었으며, 폭넓은 배우와 연출력 있는 감독들이 대거 활동했다. 바야흐로 영화는 하나의 거대한 문화였다. 다른 오락거리가 없던 그때 컬러의 시네마스코프가 펼치는 환상의 세계로 관객들은 빠져들었다. 전국에 극장이 새롭게 들어섰고 1인당 관람 편수는 빠른 속도로 늘어나 일년 영화 관람 인구가 1억 7,000명을 넘어섰다. 당시 흥행했던 장르는 멜로드라마, 문예 영화, 코미디, 스릴러 액션 영화, 청춘 영화, 사극 등 실로 다양했다. 게다가 각 장르별 스타가 따로 존재하기도 했다. 가령 신성일·엄앵란 콤비의 청춘 영화, 서영춘·구봉서·곽규석이 등장하는 코미디, 박노식·장동휘·허장강이 등장하는 스릴러 액션 영화 등 각기 분화되어 있었다. 그만큼 관객층이 두터웠다는 것이다. 특이한 것은 같은 장르라 하더라도 하위 장르로 나눌 수 있을 만큼 다양한 영화가 만들어졌다는 것이다. 영화사가 이영일에 의하면, 사극의 경우 사극 멜로, 궁중 사극, 사극 액션, 전기 사극 등 하위 장르를 구축하고 있었다. 1960년대를 대표하는 감독으로는, 지금까지도 최고의 감독으로 손꼽는 유현목, 김기영, 신상옥 등을 비롯하여 이만희, 강대진, 김수용, 심우섭, 이봉래 등을 들 수 있다.

하지만 이 시기의 양적 풍요를 냉철히 살펴볼 필요가 있다. 검열과 신파, 친일 영화의 잔재는 1960년대에도 그대로 나타났다. 박정희 정권은 미국처럼 메이저 영화사를 키우려는 욕심이 있었기에 일정 정도의 자격을 갖춘 영화사에게만 제작 허가를 해주는 영화사 설립 허가제를 추진했다. 그렇게 되면서 군소 영화사들은 대명(貸命) 제작을 해야 하는 처지에 떨어졌으며(요즘 건설업의 하도급과 같은 개념), 때문에 양적 팽창에 비해 질적 담보는 되지 않는 이상한 현상이 발생했다. 수많은 영화들이 신파의 틀에서 벗어나지 못했고, 무국적 액션, 저질 코미디가 기승을 부렸다. 심지어 일부 영화들은 일본 영화를 그대로 표절해서 청춘 영화라며 흥행을 구가하기도 했다. 일제강점기의 문제점인 신파, 검열, 친일 문제는 해결되지 않은 채 점점 덩치만 커지고 있었다.

이런 주장에 대해 너무 비관적이지 않느냐고 비판할 수도 있다. 특히 1960년대는 누구나 인정하는 한국 영화의 황금기가 아니냐고 반문할 수도 있다. 일리가 있는 지적이다. 양적인 팽창만으로 볼 때에는 충분히 동의할 수 있는 말이다. 그러나 질적인 면에서 봤을 때에는 사정이 달라진다. 당시 유현목, 김기영, 신상옥, 이만희, 김수용 등 흔히 한국 영화의 거장이라고 칭해지는 감독들이 다수 등장했지만, 그들의 영화를 자세히 살펴보면 1년에 대략 5편 이상의 영화를 연출하는 바람에 진정으로 깊이 있는 작품을 만나기란 쉽지 않다. 특히 1960년대 중후반의 상황은 더욱 심각해서, 이때의 영화를 보고 있노라면, 고유한 한국 영화의 미도, 문예 영화의 진솔한 표현도, 감독만의 독특한 미학도 살아나지 못하는 경우가 많다. 양적인 면의 팽창도 냉정하게 바라보면, 그렇게 웃을 수만 있는 상황은 아니다. 당시에는 외국 영화 수입제한 조치가 있던 시기라서 연간 50편 내외의 외화만 한국에서 개봉되었기에 상대적으로 한국 영화는 호황을 누릴 수 있었다. 게다가 TV가 일반화되지 않았던 시절이라 유일한 오락거리는 영화밖에 없었다. 따라

한국 영화의 호시절인 1961년에 신상옥이 감독한 〈사랑방 손님과 어머니〉.

서 1960년대가 한국 영화의 '황금기'라는 말은 재고되어야 한다. 오히려 앞에서 말한 것처럼, 1960년대 전체가 아니라 짧았던 민주화 시기인 1960년, 1961년에 '제작된' 영화들이 훨씬 우수하다고 생각한다. 〈오발탄〉, 〈삼등과장〉, 〈마부〉, 〈하녀〉(이상 1960), 〈사랑방 손님과 어머니〉(신상옥, 1961), 〈서울의 지붕 밑〉(이형표, 1961) 등이 모두 이 시기에 만들어졌다. 박정희 집권과 더불어 혹독해진 검열은 이런 영화들이 더 이상 등장하지 못하게 했다.

■ 긴 어둠의 시절(1973~1996)

이제 한국 영화는 짧았던 양적 성장을 뒤로한 채 길고도 깊은 어둠의 시절을 걸어야 했다. 1968년에 3선 개헌을 통해 또다시 대통령에 당선된 박정희는 1972년에는 아예 영구 집권할 마음을 먹고 유신 헌법을 선포하기에 이르렀다. 유신 헌법을 한마디로 요약하라면, 남북 대결과 공업 정책을 볼모로 전 국토를 병영국가로 만든 독재체제라고 할 수 있다. 독재자에 대한 비판을 절대 허용하지 않는 체제, 국회의원조차 마음대로 고문을 하던 체제, 야당 대표들을 수장시키려던 체제, 자신의 체제를 유지하기 위해 끊임없이 빨갱이를 만들어내야 했던 체제가 바로 유신체제이다. 일제 말기, 만주의 병영체제를 그대로 본뜬 체제가 바로 박정희의 유신체제인 것이다.

한국 영화사에서 1970년대는 흔히 암흑기로 꼽는다. 양적으로나 질적으로 화려했던 1960년대를 뒤로한 1970년대는 여러모로 영화의 죽음의 시기였다. 전반적으로 파산 수준이었다. 1970년 231편에 달하던 편수는 1979년이 되면 96편으로까지 떨어진다. 문제는 관객이 극장에 오지 않는 데에 있었다. 막 활개를 치기 시작한 TV의 등장은 말 그대로 '안방극장' 시대를 열었다. 1960년대의 최대 관객이었던 중년 여성들은, 더 이상 남편의 눈치를 보면서까지 극장에 오는 수고를 하지 않았다. 1969년에 1억 7,000명이었던 영화 관객은 1977년이 되면 6,400만 명으로 급격하게 줄어들었다. 제작사가 파산하고 숱한 극장이 문을 닫고 영화배우들이 TV로 자리를 옮겨갔다. 1970년대 한국 영화가 이처럼 가파른 내리막길을 걷게 된 가장 큰 원인이 TV의 등장만은 결코 아니다. 흔히 말하는 것처럼 레저의 다양화도 아니다. 1970년대 한국 영화가 몰락한 가장 큰 원인은 한국 영화를 통제하려 했던 유신체제의 정책 탓이었다. 영화사 등록제를 허가제로 바꾸고 시나리오 검열과 실사 영화 검열의 이중 검열을 실시했으며, 영화 진흥을 표방하면서 만들었던 영화진흥조합(현 영진위)이 반공 영화나 새마을 영화 등 국책 영화를 제작하고 있던 시기였다. 기껏 한다는 것이 민간 영화사에게 유신 이념이나 반공 이념을 다룬 영화를 만들도록 유도하는 것이었다. 반공 영화나 새마을 영화에 외화 수입 쿼터를 주는 포상 제도를 운영했던 것이다.

상황이 이렇게 되니 당시 제작된 영화는 검열의 눈을 피할 수 있는 국책 영화나 무국적 무협·액션 영화, 아니면 유구한 역사를 자랑하는 멜로 영화에 변용을 가한 호스티스 영화, 청소년을 대상으로 한 하이틴 영화였다. 이런 영화가 아니라면 외화 수입 쿼터를 노린 문예 영화가 제작되었다. 우수 영화에 지정되어 수입 쿼터만 따는 것으로 그 수명을 다하는 문예 영화는 극장에서 개봉되지 못하는 경우가 많았다. 제작자 역시 개봉을 위해 만드는 것이 아니라 외화 수입 쿼터를 따기 위해 만드는 것이니 간섭이 있을 수 없었다. 정말로 아이러니하게도 이런 제도가 영화적 완성도를 높여준 꼴이 되었다. 유현목, 김기영, 신상옥, 이만희, 김수용 같은 1960년대 거장들은 1970년대에도 영화를 만들었지만 뚜렷한 족적을 남기지는 못했다. 아니, 남길 수가 없었다. 하길종, 이장호, 김호선 같은 젊고 감각적인 감독들이 고군분투했지만, 역부족이었다.

전두환 신군부 시대인 1980년대의 한국 영화계 사정도 그리 좋지 못했다. 유신시대만큼이나 혹독했던 전두환의 통제 정책은 영화를 통제의 수단으로 생각했지 문화나 예술로 대접하지 않았다. 검열은 계속되었고, 영화에 대한 지원은 없었다. 그런데 불행하게도 시대적 흐름은 좋지 않은 방향으로 흘렀다. 흑백 TV에서 컬러 TV로 바뀌면서 그나마 줄어들었던 영화 인구는 더욱 감소했다. 1979년의 472개였던 극장이 1980년에는 447개로 줄어들었고, 영화 관객도 5,000만 명 수준으로 떨어졌다. 소위 신군부가 펼친 3S(screen, sports, sex) 정책이 힘을 발휘한 것이다. 나쁜 일은 결코 홀로 오지 않는다. 1980년대 후반이 되면 비디오가 등장하면서 영화 관객이 더욱 줄어든 상황에서 1988년 영화법이 개정되어 할리우드 영화사가 국내에 들어와서 자신들의 영화를 배급할 수 있는 'UIP 직배'가 가능하게 되었다. 영화인들에게는 엎친 데 덮친 격이었다. 이런 상황은 관객이 서서히 증가하기 시작한 1997년까지 지속되었다. 1996년 한때 영화 관객은 4,226만 명까지 추락했으며, 한국 영화 점유율도 1993년에는 15.9퍼센트까지 떨어졌다. 가히 한국 영화가 고사 직전에 몰린 것이었다.

물론 이런 조건에서도 한국 영화는 계속 만들어졌다. 배창호, 장선우, 박광수, 이명세 등 젊은 감각을 지닌 감독들이 꾸준히 영화를 만들었다. 카프 영화 운동에 비견할 수 있는 영화단체들이 민중 영화를 통해 주류 충무로와 다른 영화를 선보이기도 했다. 악조건 하에서도 영화를 포기하지 않은 그런 힘이 지금의 한국 영화계를 지탱하게 했던 것인지도 모르겠다.

■ 재도약(1997~현재)

1990년대 초중반 극심한 영화계의 불황은 1990년대 후반이 되면서 서서히 살아나기 시작했다. 1993년에 15.9퍼센트까지 추락했던 한국 영화 점유율은 1997년이 되면 25.5퍼센트를 돌파했고 이후 꾸준히 증가했다. 1999년 35.8퍼센트, 2000년 32퍼센트, 2001년 46.1퍼센트로 껑충 뛴 이후 지속적으로 50퍼센트에 육박하는 수준에 머물고 있다. 한국 영화에 대한 선호는 한국 영화 시장에서 긍정적인 반응을 일으켰다. 총 관객수가 증가한 것이다. 1996년 4,226만 명까지 떨어졌던 관람 인원은 2007년이 되면 1억 6,000만 명 수준을 회복해서 1인당 관람 횟수가 3편을 넘어선다. 이런 사실은 한국 영화 관람객 수 증가로도 나타난다. 1999년 2,408만 명이던 한국 영화 관람 인원수는 2000년 2,746만 명, 2001년 3,498만 명, 2002년 4,040만 명으로 매우 빠르게 증가했다. 1970년대나 1980년대의 한국 영화 침체기에는 감히 생각지도 못했던 한국 영화의 부흥이라고 하지 않을 수 없다. 더구나 할리우드 영화 직배라는 악재 속에서도 한국 영화가 이처럼 선전한 것은 분명 의미 있는 일이다.

한국 영화 점유율이 이렇게 높아진 이유 가운데 하나는 한국 영화에 대한 관객들의 인식의 변화 때문이다. 1980년대나 1990년대 초중반에는 극장에서 한국 영화를 보는 것을 탐탁지 않게 여기는 분위기였는데, 1990년대 후반부터는 한국 영화도 볼 만하다는 인식이 폭넓게 자리 잡았다. 무엇보다 1999년에 개봉해 엄청난 흥행을 기록한 〈쉬리〉(강제규)는 새로운 시대의 영화 붐을 일으켰다. 당시 평균 제작비의 두 배에 이르는 돈을 투자해서 만든 이 영화는 이전의 흥행 기록을 새로 작성하는 것은 물론 해외에도 수출되어 좋은 반응을 받았다. 이전에 한국 영화가 해외에 수출되어 돈을 버는 것은 극히 드문 경우였지만, 이 영화 이후 한국 영화는 해외에 수출되어 한국의 문화를 알리는 계기가 되었다. 한국과 중국을 비롯한 동아시아에서 한류 바람을 일으키는 데 한국 영화도 기여했다.

한국 영화에 대한 전반적인 인식이 변화되자 칸 국제영화제를 비롯한 유수의 세계적인 영화제에서 한국 영화가 수상하는 것이 큰일이 아닌 시대가 되었다. 임권택이 〈취화선〉(2002)으로 칸 영화제에서 감독상을 받은 이후 박찬욱이 〈올드보이〉(2003)로 심사위원 대상, 〈밀양〉(2007)의 전도연이 여우주연상, 〈시〉(2010)의 이창동이 각본상 등을 받았다. 베니스 영화제나 베를린 영화제에서 김기덕이나 이창동, 박찬욱 감독이 수상한 것을 거론하지 않더라도 이제 한국 영화는 세계 영화제에서 충분히 긍정적인 평가를 받고 있다. 이것은 국내에서 개최되고 있는 국제영화제의 활성화와도 연관되어 있다. 아시아 영화의 부흥을 내세우고 있는 부산영화제를 비롯해서 부천판타스틱영화제, 전주영화제, 서울여성영화제, 서울청소년영화제, 제천음악영화제 등 그야말로 다양한 영화제를 통해 해외 게스트와 언론에 한국 영화를 알리는 동시에 한국 영화 팬들에게 해외의 다양한 작품들을 소개하는 역할을 하고 있다.

이런저런 수치를 보면 바야흐로 한국 영화는 황금기를 구가하고 있는 셈이다. 홍콩의 중국 반환으로 공백이 되어버린 동아시아 맹주 자리를 한국이 차지했다. 한국의 관객도 이제는 한국 영화를 보는 것을 부끄러워하지 않고 당연한 일로 생각하고 있으며, 한국 영화를 보는 외국의 시선도 무척 고무적이고, 한국의 이런 상황을 연구하려는 외국인들의 관심도 꾸준히 늘고 있다. 한국 영화 시장 점유율도 2004년에는 56퍼센트를 기록했고, 해외 수출 실적도 호황을 보이고 있다. 물론 엄청나게 증가한 제작비, 점점 획일화되고 있는 영화, 영화적 다양성을 오히려 죽이고 있는 멀티플렉스 등의 문제가 복합적으로 얽혀 있지만. 그럼에도 불구하고 지금의 사정은 과거에 비해 '꿈의 시절'이라고 할 수 있다. 이렇게 된 것은 영화에 대한 인식의 변화, 검열의 철폐, 깨어 있는 영화인들의 등장, 전문 기획자의 등장 등 다양한 요인을 들 수 있다.

이 시기에 등장해서 한국 영화를 이끌고 있는 박찬욱, 이정향, 허진호, 임순례, 이창동, 봉준호, 류승완, 장진, 김지운, 이재용, 김기덕, 홍상수 등 젊고 패기 있는 감독과, 한석규, 송강호, 최민식, 설경구, 장동건, 이영애, 전도연, 임수정, 문소리 등 좋은 배우들이 있었기에 가능했다는 언급은 반드시 해야 하겠다. 이 외에도 2000년을 전후로 해서 독립영화인들의 약진이 두드러졌다는 것도 언급해야 할 것이다. 특히 독립 다큐 진영의 활발한 활동은 반드시 거론해야 한다. 이런 성과가 〈송환〉(김동원, 2004) 같은 영화에서 드러났지 않았는가.

■ **한국 영화의 힘**

한국 영화는 길고 긴 어둠의 시절을 통과해 왔다. 제국주의의 산물로 외국에서 도래한 영화가 자국의 문화로 자리 잡기도 전에 일제강점기라는 특수성 때문에 검열, 신파, 어용 영화로 추락하면서 제대로 된 문화로 꽃피우는 것은 결코 쉽지 않았다. 한국전쟁 후 몇 편의 영화가 흥행하고 여기에 더해진 면세 조치로 한국 영화는 살아났지만 짧았던 부흥기를 뒤로한 채 또다시 어둠의 길을 걸었다. 검열과 제도적 통제는 영화인의 창작욕을 죽여버렸다. 한국 영화가 다시 살아난 것은 통제보다는 제도적 지원을 강조한 민주정부의 등장 이후였다. 이렇게 보면 한국 영화사는 질곡의 한국 현대사와 밀접한 관계에 있다는 것을 새삼 깨닫게 된다. 대중적인 파급력이 강한 매체이기 때문에 지배자들이 영화를 통제하거나 지배하려고 한 것은 어쩌면 당연해 보이지만, 그런 사실 때문에 영화 자체의 발전에는 저해 요소가 되었다.

여기서 주목해야 할 것은 억압의 역사 속에서도 걸작들이 탄생했다는 것이다. 나운규의 〈아리랑〉은 그 엄혹하다는 일제강점기에 만들어진 영화이다. 전쟁의 참상이 채 가시지도 않은 시기에 〈자유부인〉을 통해 새로운 시대의 도래를 알렸고, 1970년대 유신의 가혹한 시대에 하길종은 영화를 통해 처절한 싸움을 이어갔으며, 신군부의 냉혹한 시대에도 독립영화인들은 자신들의 영화를 만들었다. 억압의 역사 속에 개인이 모두 희생된 것이 아니라 그런 조건 속에서도 꿋꿋이 시대와 대결하며 자신의 영화를 만든 숱한 선배들이 존재했다. 그들이 있었기에 오늘날 한국 영화가 존재할 수 있는 것 아니겠는가. 한국 영화사를 볼 때마다 그런 분들께 경의를 표하지 않을 수 없다.

02
일제강점기와 영화

일제는 조선을 강제로 병합한 후 정책적으로 영화를 통제하기 시작했다. 이런 통제는 1937년의 중일전쟁이 시작되면서 급속하게 가속화된다. 내선일체와 대동아공영권의 구호가 등장하면서 영화는 정책을 선전하는 수단이 되었다. 조선의 영화인들 가운데 이런 정책에 협조한 이들이 있었는데, 최인규도 그중 한 명이다. 1930년대 후반과 1940년대에 가장 왕성하게 활동한 그는 아이들이 전쟁을 위해 가미카제까지 해야 한다는 내용의 영화를 만들었다. 당시 그가 보는 세상은 세계 최강국인 일본이 지배하는 세상이었고, 그것은 명확한 현실인식이었다. 최인규의 친일 영화를 통해 반면교사를 삼아야 할 것은 영화가 극단적인 선전 도구가 될 수 있는 위험성이다.

일제강점기에 가장 극심한 고통을 겪은 이들 가운데 빼놓을 수 없는 것이 위안부들이다. 세상에 위안부라는 존재가 알려진 것은 전쟁이 끝나고도 45년 이상 지난 다음이었다. 일본 군대가 있는 곳이라면 존재했던 위안부를 다룬 변영주와 안해룡의 다큐는 그들을 아직도 인정하지 않는 일본 정부와의 파렴치한 싸움의 과정을 그린다. 감독이 강조하는 것은 단순하다. 노쇠한 그들이 싸울 수밖에 없는 이유. 아직 일본은 사죄하지 않고 남한 정부는 강하게 요구하지 않는다. 이런 상황에서 할머니들은 세상을 떠나고 있다. 아픈 역사를 되풀이하지 않게 하려면 노력해야 한다.

최인규의 친일 영화
─〈집 없는 천사〉, 〈사랑과 맹세〉

한국 영화는 일제강점기에 시작되었다고 할 수 있다. 정확히 말하면, 일제강점기 직전에 조선에 영화가 소개되었지만, 조선인들의 손에 의해 영화가 만들어질 때 조선은 이미 일제의 식민 상태에 놓여 있었다. 조선에 영화가 소개된 지 20년이나 지난 후에야 첫 영화가 만들어질 수 있었던 것도 조선에서 활동하던 일본 영화인들 때문이었다. 필름을 들고 조선으로 건너와 장사를 하던 일본 영화인들은 구미 영화와 일본 영화만 상영해도 수입이 가능했기 때문에 굳이 큰돈을 들여 영화를 창작해서 상영할 필요성을 느끼지 못했다. 결국 박승필이라는 조선인이 영화의 가능성을 실험하면서 조선의 영화가 시작되었다. 이렇게 조선 영화는 시작부터 일제강점기라는 특수한 상황 속에 놓여 있었다.

조선 영화가 일제강점기라는 특수한 상황 속에 존재했다는 것을 가장 극명하게 증거하는 영화는 친일 영화일 것이다. 친일 영화는 일제의 제국주의 정책에 협조한 영화를 칭하는데, 이것은 지나치게 추상적이기 때문에 보다 구체화할 필요가 있다. 따라서 1937년 중일전쟁 이후 내선일체의 황국신민화와 대동아공영권의 전쟁 동원을 직접적으로 선전하는 영화로 국한할 필요가 있다. 일제는 중일전쟁을 계기로 조선을 병참기지화하면서 일본과 조선은 같은 조상, 같은 민족이기 때문에 하나(內鮮一體)라고 선전하면서 대동아공영권을 위해 함께 싸워야 한다고 주장했다. 지금 보면 가당치도 않은 소리 같지만, 당시에는 그렇지 않았다. 일본이 세계 최강이었고, 한 세대 가까이 식민지로 지내면서 독립의 가능성이 없던 시절이었다. 이런 시기에 일본과 조선은 같은 민족이기 때문에 같은 역할을 해야 한다는 주장, 아시아가 하나의 블록을 형성해 유럽과 미국에 맞서야 한다는 정책(대동아공영권)은 많은 조선인을 현혹했다. 친일 영화는 그런 정책을 담고 있는 것이다.

일제강점기의 조선 영화를 연구하는 이들에게는 어려움이 많았는데, 가장 큰 어려움은 당시 필름이 별로 남아 있지 않다는 것이었다. 1990년대 초반에 일본에서 가져온 〈망루의 결사대〉(이마이 다다시, 1943), 〈사랑과 맹세〉(최인규, 1945), 〈젊은 자태〉(하다 나오유키, 1943) 등 세 편의 영화가 전부였다. 그런데 2005년에 중국에서 〈군용열차〉(서광제, 1938), 〈어화〉(안철영, 1939), 〈지원병〉(안석영, 1941), 〈집 없는 천사〉(최인규, 1941) 등이 발굴되어 국내에 소개되었고, 다음 해인 2006년에는 〈미몽〉(양주남, 1936), 〈반도의 봄〉(이병일, 1941), 〈조선해협〉(박기채, 1943) 등이 역시 중국에서 발굴 소개되었으며, 2008년에는 〈청춘의 십자로〉(안종화, 1934), 〈병정님〉(방한준, 1944) 등이 발굴 소개되었다. 이 밖에도 일제강점기의 역사를 알 수 있는 다큐멘터리와 해방 직후의 다큐멘터리가 발굴되면서 일제강점기 영화 연구는 구체화될 수 있었다. 기록으로만 전해지던 필름이 발굴되어 복원됨으로써 한국 영화사는 다시 쓰이게 된 것이다.

■ 〈집 없는 천사〉 : 천황제 가족주의의 재현

필름으로 존재하는 12편의 영화 가운데 최인규 감독만이 두 편의 리스트에 올라 있다. 일제 말기에 왕성하게 활동했던 최인규는 과연 누구인가? 흔히 그를 두고 탁월한 영화감독이라고 한다. 그것은 그가 연출한 영화들이 대중적으로나 미학적으로 높은 평가를 받았기 때문이다. 나운규, 윤봉춘, 이규환의 뒤를 잇는 감독이라는 평도 여기에서 기인한다. 그러나 이런 평가에는 그늘이 있었다. 최인규는 일제 말기 노골적인 친일 영화를 만들었다. 그는 〈국경〉(1939)으로 데뷔한 이래 〈수업료〉(1940), 〈집 없는 천사〉, 〈태양의 아이들〉(1944), 〈사랑과 맹세〉, 〈자유만세〉(1946), 〈죄 없는 죄인〉(1948), 〈국민투표〉(1948), 〈독립전야〉(1948), 〈파시〉(1949) 등의 영화를 연출했다.

제목만 보더라도 뭔가 이상한 느낌을 받을 것이다. 해방되기 직전에는 대동아공영권을 주장하는 노골적인 친일 영화를 만들었는데, 해방

고아들을 훌륭한 황군으로 만들어야 한다는 내용의 친일
영화 〈집 없는 천사〉.

후에는 독립운동을 예찬하는 영화를 만들었던 것이다. 1945년에는 아이들까지 가미카제에 동원해야 한다는 영화를 만들던 이가 이듬해에는 독립을 위해 싸운 결사조직의 투쟁을 예찬한 영화를 만들었다. 이게 도대체 가능한 일인가? 최인규는 이렇게 발빠르게 생존의 길을 모색했다.

여기서 주목할 것은 초창기 최인규의 영화이다. 〈태양의 아이들〉 이후 두 편은 명확한 친일 영화지만, 초기 세 편에 대한 평가는 달랐다. 〈국경〉의 순수성은 인정하지만, 〈수업료〉와 〈집 없는 천사〉에 대한 평가는 친일 영화라는 측과 아니라는 측이 엇갈렸다. 일부에서는 "계몽적 성격을 통해 간접적으로 조선사회의 모순을 은폐한 작품"이기 때문에 친일 영화라는 이도 있고, "대동아공영권의 구축을 위해 '열등한' 나라인 조선과 중국, 다른 아시아 국가들이 '우등한' 나라인 일본의 지도 아래 하나로 단결해야 한다"는 친일 영화라는 의견도 있다. 한편으로는 식민지 조선의 암울한 현실을 그린 리얼리즘 계열의 영화라는 평도 있었다. 필름의 발굴로 기존의 다양한 학설에 종지부를 찍게 되었다. 〈집 없는 천사〉는 실화극(實話劇)으로서, 서울 외곽에서 부랑자들을 모아 구제 사업을 했던 인물을 다룬 영화이다. 아이들의 구제 사업에 남다른 애정이 있었던 방수원이라는 사람이 그의 처형이 사용하지 않던 집과 땅을 아이들과 함께 개간한다는 내용이다. 물론 그 과정에서 다양한 갈등이 존재한다. 고아원인 향린원(香隣園)에 오기 전의 갈등, 향린원에서의 갈등, 부랑자를 통해 돈을 벌던 이들과 방수원의 갈등 등이 다양하게 얽혀 있다.

이 영화를 필름으로 볼 수 없었던 기존의 연구자들은 내용 요약과 신문 기사를 통해 짐작할 수밖에 없었다. 때문에 이 영화를 두고 친일 영화라고 하는 이들도, 리얼리즘 영화라고 하는 이들도 일정 정도 한계를 지닐 수밖에 없었다. 그러나 이 영화가 필름으로 공개되면서 친일 영화라는 것이 명확히 밝혀졌다.

그것은 영화가 시작된 지 얼마 지나지 않아 드러난다. 주인공인 방수원은 길에 버려진 아이를 집으로 데리고 와, 자기 집에 있는 다른 아이들에게 소개한다. 그런데 한 명씩 이름만 소개하다가 자신의 아들 순서에는 다음과 같이 말한다.

"장래의 지원병으로서 나팔선수야."

얼핏 흘려들을 수 있는 말처럼 보이지만, 이 말이 품고 있는 의미는 쉽게 짐작할 수 있다. 특히 그는 많은 아이 가운데 자신의 아들을 소개하면서 이 말을 하는데, 지원병이 아무나 되는 것이 아니라는, 일종의 특권의식이 들어 있다.

다음으로 이 영화에 드러난 병영체제이다. 영화의 배경은 향린원이라는 고아원이지만, 이들의 생활은 지원병들의 병영체제와 그리 다르지 않다. 그들은 일장기 아래서 나팔 신호에 따라 밥을 먹고 취침을 한다. 그들이 단체로 이동할 때는 군인처럼 줄을 지어 걸어가는데, 그런 영상에 군 행진곡 풍의 음악이 흐른다. 이렇게 영화 곳곳에 병영체제 분위기를 느낄 수 있는 영상을 심어두었다. 결국 이들의 생활은 병영체제의 축소판이었다.

마지막으로 영화의 친일성은 마지막 장면에서도 느낄 수 있다. 모든 갈등이 해결되고 나서 그들은 일장기 앞에 모여 국민의례를 함께하면서 황국신민화를 다짐한다. 이제까지 조선어로 전개되던 영화도 이 부분에서만 일본어로 진행된다. 노골적인 친일인 것이다. 물론 이 영화를 두고도 이견이 있을 수 있다. 어떤 평자는 마지막 장면만 부각시키면서 "당시의 시대상황을 반영한 자연스런 묘사로 치부해버릴 수도 있다"라고 했다.

그런데 그렇게만 판단하기에는 석연치 않은 구석이 있다. 이 영화는 천황제 가족주의 이데올로기를 그리고 있다. 일제의 정치체제는 민주주의나 개인주의, 자유주의가 아니었다. 천황이라는, 신성적 권리를 부여받은 특정한 존재가 지배하는 체제였는데, 천황은 신성적 존재이기 때문에 국민들은 모두가 천황의 신민(臣民)이자 적자(赤子)가 되어야 했다. 즉 일본 국민의 신민화는 천황을 가장(家長)으로 하고 신민을 적자로 하는 가부장적 사회구조였던 것이다. 이렇게 가족의 연장이 국가가 되게 함으로써 가족국가관을 창출해냈다. 이 형성과정에서 국민교화의 최고 지침이 된 교육칙어가 큰 역할을 했다. 이런 체제는 국가도 가족처럼 자연스럽고 본래적인 조직으로 여기게 만들어 충성을 이끌어내기 쉽다. 현 북한의 체제를 보면 이해가 쉽다. 김일성과 김정일을 어버이로 하고 백성들은 그들의 충성스런 자식이 되게 하여 전체주의적인 가족국가를 만들어냈다.

이런 시각에서 보면, 〈집 없는 천사〉에서 거리를 떠돌던 부랑아를 모아 교화하는 고아원을 다룬 이유가 명확해진다. 말 그대로 집 없는 아이들에게 집을 찾아주어 국가의 소중함을 일깨워주고 그들을 천황의 충성스런 적자로 키워내는 것이다. 고아원이 병영처럼 그려진 것도 이 때문이고, 마지막 장면에서 국가와 천황에 대한 충성을 다짐하는 의식도 이런 이데올로기의 산물이다. 특히 이 장면에서만 일본어를 사용하는 것은 일본어가 조선어보다 더 뛰어난, 천황이 사용하는 신성한 언어라는 인식을 심어준다. 물론 당시 조선이 일제하 식민 상황이므로 천황에 대한 충성심의 발로로서 일본어를 강조하는 현실적 측면도 있을 것이다.

■ **〈사랑과 맹세〉 : 내선가정의 실현과 가미카제 찬가**

천황제 가족주의를 통해 전체주의적 체제를 구축한 일제가 이후 선전하는 내용은 일제를 향한 극단적인 형태의 충성이었다. 그것은 대동아공영권을 위한 전쟁 동원이었다. 여기서 말하는 전쟁 동원은 군수물품을 후원하는 것에서부터, 지원병 지원, 애국반 활동, 가미카제에 이르기까지 다양하다. 그 가운데 가장 극단적인 형태의 동원인 가미카제를 다룬 영화가 〈사랑과 맹세〉이다.

영화는《경성신보》의 시라이 국장에게 무라이 소위(독은기 扮)가 찾아오면서 시작된다. 무라이 소위는 해군 특공대에 지원해서 떠나기 전에 인사를 하러 온 것이다. 마침 이 자리에 에이류가 찾아온다. 그는 종로바닥을 떠돌던 아이였는데 일본인 시라이 국장이 자신의 집에서 키우며 교화하고 있던 상태였다. 무라이 소위와 우연히 사진을 찍게 된 에이류는 무라이 소위의 가미카제 이후 이 사진을 지니고 다니면서 그를 영웅시한다. 시라이 국장은 무라이 소위의 집을 찾아 그의 아버지와 아내(김신재 扮)를 위로하지만 그들은 오히려 무라이 소위를 자랑스러워한다. 이에 시라이 국장은 무라이 소위의 가족에 대한 기사를 에이류에게 작성하게 하는데, 에이류는 무라이 소위 집에 머물면서 그의 가족들에게 진심으로 감동을 받아 기사를 작성하고 나서 자신도 해군에 지원해 가미카제로 출동한다.

이 영화에서 먼저 거론할 것은 가미카제로 죽은 무라이 소위를 신성시하는 것이다. 시라이 국장은 무라이 소위의 초등학교에 찾아가 일장연설을 하면서 그를 기리는 작업을 한다. 그가 사용하던 학교의 책상과 의자는 아무도 앉지 못할 만큼 신성시되고, 그가 탔던 동네의 그네도 무라이 소위의 기념물로 바뀌었다. 언론에서 그를 "반도의 독수리"라고 대서특필하는 것은 물론이다. 그가 죽기 직전 육성을 녹음해서 가족에게 보내는데, 아버지는 "함부로 들을 수 없으니 몸 닦고 오겠다"라며 몸을 정결하게 한 다음에야 무라이 소위의 최후의 육성을 듣는다. 무라이 소위는 당당하게 죽음을 맞이하겠다고 말하고, 가족들은 이에 감격한다.

청소년을 가미카제로 만들어버린 최인규의 친일 영화 〈사랑과 맹세〉의 한 장면.
주인공이 사쿠라가 활짝 핀 길을 걸어 해군에 입대하고 있다.

적군인 미국의 함대를 가미카제시키며 죽은 이들의 영혼이 야스쿠
니 신사에 모셔진다고 생각하였다. 실제로 그들의 위패는 야스쿠니에
모셔졌다. 나라의 가장인 천황을 위해 기꺼이 목숨을 바친 조선의 적
자들도 당당한 일본인이 되어 추앙받는 존재가 되는 것이다. 여기서
등장하는 것이 벚꽃(사쿠라)이다. 가장 아름다운 시절에 후회 없이 지
는 사쿠라의 모습은 가장 젊은 시절에 천황을 위해 한 몸을 바치는 군
국주의 미의식으로 바뀌었다. 야스쿠니 신사 주위에 사쿠라를 심어둔
것도, 해군에 입대하는 길에 활짝 핀 사쿠라의 길을 걸어가는 것도 이
런 의미로 사용된 것이다.

영화는 시작 부분과 끝 부분에 가미카제 장면을 삽입해 이 영화가
조선인의 가미카제를 선동하는 영화라는 것을 노골적으로 보여준다.

시작 부분에서 무라이의 가미카제, 끝 부분에서 에이류의 가미카제가 그것이다. 특히 엔딩에서는 "가미카제 특공대는 오늘도 적을 태평양 바닥에 가라앉히고 있다. 이들을 이어 적을 쳐부술 자 너희들이다"라 며 매우 극단적인 선전을 하고 있다.

일제의 가미카제 전술은 1944년부터 시작되었다. 1942년 미드웨이 해전에서 미국에게 패배한 후부터 전세는 일본에게 불리하게 작용했 다. 게다가 1944년 10월에는 필리핀의 레이테 만 해전에서 패배하면서 일본은 해상 작전 수행 능력을 거의 상실했다. 이때부터 전력의 약점 을 메우기 위해 등장한 것이 자살특공대라고 할 수 있는 가미카제이 다. 가미카제 정신은 일본의 고유한 무사도 정신과 연결된다. 목숨을 주군을 섬기는 수단으로 삼았던 것이 천황을 위해 목숨을 바치는 적자 로 바뀐 것이다.

〈사랑과 맹세〉에서 주목할 것은 에이류가 가미카제라는 대의명분 을 택할 수 있었던 배경이다. 종로 거리를 떠돌던 에이류가 각성을 하 고 가미카제가 된 것은 무라이 소위에 대한 깨달음도 있고, 무라이 소 위의 가족에게서 많은 것을 배웠기 때문이기도 하지만, 근본적으로는 시라이 국장이 그를 아들처럼 키웠기 때문이다. 일본인인 시라이 국장 은 조선인 부랑아인 에이류를 자식처럼 키웠다. 그가 거리를 헤매고 마음을 잡지 못하면 어김없이 훈계하면서 올바른 삶을 살도록 인도했 다. 이것은 일본인과 조선인의 결합인 내선결혼의 변형된 형태인 '내 선가정(內鮮家庭)'이라고 할 수 있다. 내선결혼은 일본인과 조선인의 결혼을 장려한 정책으로서 내선일체의 완벽한 실현을 위해 일본인과 조선인의 결혼을 장려하는 정책을 말한다. 영화에서는 일본인 양부와 조선인 양자의 관계를 통해 일본인과 조선인이 하나의 가정을 이루어 살아가는 모습을 그리고 있다. 물론 일본인 양부가 거리를 헤매던 조선인 양자를 교화함으로써 일본인의 우월성을 보여주고 있다고 할 수도 있다.

이렇게 보면 이 영화는 에이류의 성장 영화인 셈이다. 거리를 떠돌던 철없는 소년이 무라이 소위의 행동을 보고 깨달음을 얻고, 시라이 국장의 교화를 통해 삶에 대해 생각하며, 무라이 소위의 아버지와 부인의 생각을 보면서 감화를 받아 결국 청년에서 어른으로 성장하는 영화이다. 그런데 문제는 이 영화가 지니고 있는 이데올로기이다. 최인규는 아동을 대상으로 하는 영화를 많이 만들었다. 교육의 중요성을 강조한 〈수업료〉, 교화의 중요성을 강조한 〈집 없는 천사〉, 미군을 적군으로 명확하게 인식하도록 한 〈태양의 아이들〉, 그리고 가미카제로 출동해 장렬하게 죽는 〈사랑과 맹세〉까지 일관적으로 이어진다. 두려운 것은 후반으로 갈수록 그의 영화는 무서워진다는 것이다.

■ 자발적 친일

어떻게 최인규는 역경을 이기고 교육을 받아야 한다는 내용(사실 이 부분도 의심의 여지가 없는 것은 아니다. 당시 교육은 이미 내선일체의 교육, 즉 조선은 일본의 지방에 지나지 않는다는 것을 가르치는 교육이었다)에서 가미카제로 출동해 장렬하게 죽어야 한다는 내용의 영화를 만드는 단계로까지 갈 수 있었을까? 단지 일제의 억압이 강했기 때문에 어쩔 수 없이 협조한 것일까?

당시 상황을 보면 그렇지 않음을 알 수 있다. 일제 말기 많은 영화인이 친일의 길로 들어섰는데, 그들에게는 그렇게 한 '내적 논리'가 있었다. 무작정 강압에 의해서, 또는 마지못해, 먹고살기 위해서 친일의 길로 들어선 것이 아니었다. 많은 이들의 친일은 1937년의 중일전쟁을 계기로 이루어졌다. 사람에 따라 다르지만, 1938년 10월에 발생한, '동방의 마드리드'라는 무한 삼진의 함락, 1940년 3월 친일 정부인 중국의 왕정위 신정부의 수립, 1940년 6월에 발생한 프랑스 함락, 1940년 10월에 발표된 신체제론, 1941년의 태평양전쟁 발발 등이라는 일련의 과정에서 다수의 지식인들이 친일의 과정으로 포섭되었다.

중일전쟁이 일어났을 때 조선의 지식인들에게는 독립의 희망이 있었다. 중국이 이겨서 조선이 독립할지도 모른다는 희망이 있었던 것이다. 그러나 중국의 우파 정부와 좌파 정부가 연이어 일본에 패하면서 그들의 요지였던 무한, 삼진마저 내준다. 많은 이들은 이제 중국은 일본을 이길 수 없다는 것을 받아들이면서 한편으로는 일본의 '동양주인'을 기정사실로 받아들였다. 이때 그들이 내세운 논리가 바로 '중국의 봉건 대 일본의 근대화론'이었다. 즉 동양이 일본의 지배에 의해 근대화된다는 것이었다. 게다가 손문의 핵심 참모였던 왕정위가 조직에서 이탈해 남경에서 친일 정부를 세우자 일본의 대동아공영론은 힘을 얻게 되었다.

여기에 불을 지핀 것이 일본의 동맹군인 독일에 의해 프랑스가 함락

54

된 것이다. 문명의 원조였던 프랑스가 독일에 의해 함락됨으로써 더이상 서구에 기댈 것이 없음을 당시 지식인들은 빠르게 깨달았다. 일본은 서양 중심의 구체제론에 맞서는 신체제를 주창하게 되었고, 이를 계기로 하와이 공습을 단행하는 태평양전쟁을 일으켰다. 그야말로 '동양 대 서양'의 대결 구도가 된 것이다. 같은 동양인이면서 천황의 적자가 된 조선인은 일제의 편에서 이 상황을 쉽게 받아들였다. 친일 영화를 만든 배경에는 이런 일련의 사건이 있었고, 이런 것이 영화로 드러난 것이다. 때문에 단순한 친일 영화가 아닌 것이다.

최인규는 중일전쟁 3주년을 맞아 한 신문에서 마련한 대담에서 이렇게 주장했다.

"사변(중일전쟁)이 진전되는 데 따라서 이제부터는 신동아의 건설을 위하여 문화의 역할이 대단히 커지리라고 생각이 됩니다. 더구나 우리들이 참여해 있는 영화는 다른 예술 부분보다 훨씬 대중적이니까 사변에 대한 그 역할이 더욱 중대하다고 믿습니다. 그 점에서 오늘 우리 영화작가들은 영화문화 전체의 입장으로나 개인의 입장에서 적극적으로 사변에 대하여 관심을 가져야 할 것이라고 생각합니다."

다른 글에서는 대동아전쟁에 매진 중인 당시의 영화는 오락물이 아니라 세계를 움직이는 동력이며 탄환이라고 주장했다. 당시 그의 세계관을 읽을 수 있는 대목이다.

지금 친일 영화를 다시 고찰하는 것은 어두운 과거를 직시하고자 하는 것이다. 우리가 지니고 있는 어두운 과거를 제대로 볼 때에만 우리의 미래가 있기 때문이다. 학계에서 오가는 탈식민주의라는 방법론은 미국에서 수입될 것이 아니라 우리 안에서 나와야 한다. 식민지를 겪었지만, 식민지의 잔재를 극복하지 못한 내적 구조 속에서 치열하게 고민한 결과물이 되어야 한다. 염불 외우듯이 입에 발린 소리가 되어서는 안 된다. 그러므로 친일 영화에 대한 연구도 앞으로 더욱 깊고 넓어져야 한다. 그것이 진정한 탈식민주의이므로.

2

위안부 여성의 비극
— 〈낮은 목소리〉 시리즈, 〈나의 마음은 지지 않았다〉

지난 2006년 3월 15일은 뜻 깊은 날이었다. 일본군 위안부 출신의 할머니들이 벌이는 수요 집회가 700회를 맞이한 날. 1992년 1월, 일본대사관 앞에서 집회를 시작한 이래 벌써 15년이란 시간이 흐른 것이다. 15년이란 시간 동안 집회는 단 한 주도 쉬지 않았다. 그들은 늙고 병들고 서러운 몸을 이끌고도, 춥거나 덥거나 눈이 오거나 비가 오거나, 단 한 주도 거르지 않고 집회를 했지만, 굳게 닫힌 일본대사관의 문은 결코 열리지 않았다. 그 사이 일본 총리도 바뀌고 한국의 대통령이 일본에도 다녀왔지만, 대사관은 여전히 입을 굳게 다물고 있다. 수요 집회가 요구하는 것은, 어떻게 보면 단순하다. 일본군 위안부의 실체를 인정하고 일본 정부가 공식 사죄를 하는 것이다. 그러나 점점 우경화되어가는 일본은 전쟁의 책임을 지기는커녕 오히려 미화하고 있는 실정이다.

개인적으로 700회 집회가 무척이나 서글펐던 것은 일본의 대답 없는 태도가 아니라 누구보다 열심히 싸웠던 박두리 할머니가 그 자리에 안 계신다는 점 때문이었다. 집회 직전인 2006년 2월 19일, 박두리 할머니는 여든셋을 일기로 세상을 뜨셨다. 그녀의 죽음이 진정 서글픈 것은 아직도 위안부 문제에 대한 아무런 사죄도 받지 못했고, 아무런 대책도 없는 가운데 또 한 분의 할머니가 돌아가셨다는 사실 때문이다. 급속하게 기력이 쇠잔해지는 할머니들이 한 분 두 분 이렇게 세상을 뜨시는데, 일본의 변화는 기대하기 어려운 상황이니 참으로 답답한 노릇이다.

변영주 감독이 위안부 출신의 할머니를 다루었던 연작 다큐멘터리를 보면, 여러 할머니가 등장하지만, 영화에 활기를 불어넣은 이는 단연 박두리 할머니였다. 할머니들 사이에서 농담으로 분위기를 이끌기도 했지만, 영화 스태프들에게 거침없이 다가가는 할머니의 유머는 보는 이를 무척이나 편안하게 만들었다. 화통한 그녀의 성격은 영화 속에 그려진 망년회나 술자리에서 더욱 빛났다. 생전에 고인이 지니고 있던 생에 대한 긍정적 시선의, 따뜻하고 포근한 유머는 생의 고통을 극복한 자만이 가지고 있는 특권이었다. 영화 속에는 그녀의 아픔이 그려지기도 했다. 〈낮은 목소리〉(변영주, 1995) 편에서 그녀는 "그냥 죽고 싶은 생각밖에 없어. 몸도 아프고 마음도 아프고 그냥 죽었으면 좋겠어"라는 말을 하면서 눈물짓는다. 아픔을 이긴 할머니는 시간의 무서움 앞에서 정말로 세상을 등지고 말았다.

■ 〈낮은 목소리〉 시리즈 : 영화로 위안부의 존재를 알리다

변영주 감독이 〈낮은 목소리〉를 만들게 된 계기는 외국인을 대상으로 매춘을 하던 여성을 소재로 한 〈아시아에서 여성으로 산다는 것은〉(변영주, 1993)을 촬영하던 도중 한 여성의 어머니가 일본군 위안부 출신이었음을 알게 되고 나서였다. 이후 변영주는 종군 위안부 할머니들이 모여 살고 있는 혜화동의 '나눔의 집'을 찾아가 그녀들이 겪었던 과거의 아픔과, 함께 생활하는 현재의 모습을 동시에 그려나갔다. 1편의 제목이 〈낮은 목소리─아시아에서 여성으로 산다는 것 2〉인 것도 이 때문이다.

다큐를 촬영하면서 가장 힘든 것 가운데 하나는 촬영 대상과 제작자 사이에 존재하는 벽을 넘어서야 한다는 것이다. 일제에 고통받고 한국 정부에게도 버림받았다고 생각하는 위안부 출신 할머니들이 낯선 제작진에게 마음을 열기는 쉽지 않다. 때문에 제작진은 상당 기간 동안 영화를 촬영하지 않고 할머니들과 어울려 마음의 벽을 넘어서는 시간을 가졌다. 같이 살면서 밥도 해먹고 대화도 나누면서 거리감을 없앤 이후 촬영에 들어간 것이다. 영화에서 할머니들이 자신들의 이야기를 담담하면서도 진솔하게 토해내는 것은 제작진의 이런 노력이 있었기 때문에 가능했다.

1편의 시작은 수요 집회 장면이다. 입이 얼 정도로 추운 겨울, 몇몇 할머니들만 관련자들과 집회를 하고 있는 모습을 통해 정신대 문제에 대한 한국 사회의 무관심을 읽을 수 있다. 계절이 흘러 카메라는 여름의 나눔의 집으로 바뀐다. 할머니들이 처한 상황과 그녀들의, 이야기하고 싶지 않은 혹독한 과거가 인터뷰 형식으로 흘러나온다. 그녀들은 자신들의 입장을 알리기 위해 많은 집회를 열었고, 심지어 국회까지 찾아갔지만 해결되는 것은 아무것도 없다. 국회는 오히려 그들에게 협조적이지 않다.

혜화동과 일본대사관에 머물던 카메라는 어느 순간 중국 무한으로 간다. 무한은 중일전쟁 당시 일본군이 중국인을 잔인하게 학살한 곳이기도 하다. 영화는 일본군이 중국인을 잔인하게 학살한 당시의 사진을 보여준다. 그리고 그곳에서 위안부로 끌려갔다가 아직도 돌아오지 못한 할머니들을 찾아간다. 그들이 토해내는 증언은 (그 무지막지한 폭력을 당한 이나 그런 증언을 듣는 이나) 인간으로서 차마 견디기 어려운 것이었다. 많은 시간이 지났지만 그들은 차분히 당시를 토로한다. 무엇보다 가슴 아픈 것은 그들이 아직도 조국으로 돌아오지 못하고 그곳에 머물러 있다는 것이다. 죽기 전에 조국 땅을 한 번이라도 밟고 싶다고 절실히 말하는 그 모습은 보는 이들을 참으로 안타깝게 만든다.

영화는 나눔의 집의 망년회와 수요 집회를 보여주면서 끝맺는다. 망년회를 통해 그녀들이 지니고 있는 인간적인 매력을 보여준다면, 다시 수요 집회를 통해서는 현실의 치열한 싸움을, 문제가 해결되기 전에는 결코 싸움을 멈출 수 없다는 것을 제시한다. 이 영화가 극장에서 개봉되면서 위안부 문제가 드디어 수면 위로 부상하였다고 해도 과언이 아

위안부 할머니들의 존재를 세상에 널리 알리는 데 기여한 변영주의 〈낮은 목소리〉 시리즈.

니다.

〈낮은 목소리 2〉(변영주, 1997)는 혜화동에 있던 나눔의 집이 경기도의 한적한 농촌으로 자리를 옮긴 후 시작된다. 1편을 촬영하면서 제작진과 정이 든 위안부 출신의 할머니들이 제작진에게 "새집에 맞는 새로운 영화를 바란다"라는 요청을 해서 할머니들과 제작진들이 함께 새로운 나눔의 집에서 생활하며 촬영한 것이다. 그래서 1편이 주로 위안부 할머니들의 존재와 그녀들의 싸움의 정당성을 알리는 작업이었다면, 2편은 그런 할머니들의 인간적인 측면에 많은 부분을 할애했다. 새집으로 옮겨온 할머니들이 계절의 흐름에 따라 농사를 짓고 채소를 가꾸는 것을 보면서 그들의 삶에 한층 다가가게 된다. 특히 비 오는 날 날궂이를 하면서 나누는 막걸리 잔 속의 정겨운 대화나(박두리 할머니의 농담은 구수함 그 자체이다), 더운 여름에 하는 물놀이를 통해 할머니들과 제작진이 하나가 되는 장면은 꽤나 유쾌하다. 그렇게 지나온 삶을 함께 나누면서 공유하는 게 우리네 인생이 아니던가.

그렇다고 영화가 마냥 흥겨운 얘기만 하는 것은 아니다. 열심히 일하는 할머니들의 모습만 보여주는 것도 아니다. 2편의 가장 큰 사건은 강덕경 할머니의 투병과 죽음이다. 폐암 말기인 강덕경 할머니는 자신의 모습을 영화로 만들어주기를 바라셨다. 일본에 사죄를 받기 전에는 죽지 않을 것 같았던 할머니도, 1997년 2월 눈을 감으셨다. 강덕경 할머니는 자신의 소망을 이루지 못한 채, 일본의 사죄도 받아내지 못한 채 그렇게 한 생을 마감해버렸다. 열심히 싸우면서 살아가시던 다른 할머니들은 인생의 한 부분을 잃어버린 것처럼 슬퍼하고, 그런 슬픔을 가슴에 묻고 다시 일상으로 돌아가 싸움을 계속한다. 이 영화의 영어 제목이 '습관적 슬픔(habitual sadness)'인 것도 이 때문이다.

영화의 마지막은 할머니들이 다시 농사일을 시작하는 장면이다. 긴 고랑에 씨를 뿌리는 모습으로 영화는 끝을 맺는다. 씨를 뿌리는 작업은 미래를 준비하는 작업이다. 나이를 속일 수는 없지만, 그러나 열심히 뿌린 씨는 언젠가는 누군가에게 열매로 돌아갈 것이다. 영화를 보는 관객들은 할머니들의 그런 노력을 결코 잊을 수 없으며, 그런 할머니들을 악전고투로 기록한 제작진을 잊을 수 없다.

완결편이라고 할 수 있는 〈숨결〉(1999)은 많은 부분 인터뷰 형식을 취한다. 편의상 전반부와 후반부로 나눈다면, 전반부는 정신대를 경험했던 이용수 할머니가 인터뷰어가 되어 진행하고, 후반부는 변영주 감독이 직접 인터뷰어가 되어 진행한다. 전반부와 후반부의 차이는 단순한 인터뷰어의 차이가 아니라 인물을 담아내는 방식에서도 드러난다.

전반부가 인터뷰하는 이용수 할머니와 인터뷰에 응하는 다른 할머니를 한 화면 내에 담아낸다면, 후반부는 인터뷰하는 변영주 감독이 화면 밖에 존재하고 인터뷰에 응하는 할머니만 화면 내에 존재한다. 게다가 전반부는 위안부 할머니들의 화기애애한 분위기 속에서 인터뷰가 진행되지만, 후반부는 냉정한 현실에 대한 물음이 계속해서 이어진다.

그러므로 후반부가 '이성'적이라면, 전반부는 '감성'적이라 할 수 있다. 감독은 두 개의 구도를 통해 전반부에서는 위안부 할머니들의 이야기에 귀를 기울일 것을, 후반부에서는 냉정하게 현실을 다시 돌아볼 것을 요구한다. 그리고 정신대에 끌려갔던 강묘란 할머니의 장례식을 보여주면서 영화를 끝맺는다. 이 세상의 한을 풀지 못한 채 저세상으로 떠나시는 할머니를 통해 잊히는 진실의 안타까움과, 문제 해결의 촉박함을 보여주는 것이다. 언제쯤 한바탕 신명난 씻김굿을 벌일 수 있을까?

이 영화는 관객을 눈물바다로 이끄는 영화는 아니다. 늙은 할머니들이 어두운 이야기를 잔소리처럼 내뱉는 영화도 아니다. 차갑게 현실을 직시하는, 냉정한 영화이다. 눈물을 흘리려 해도 사운드는 냉랭한 현장 음만 흘러내고, 카메라는 철저히 거리를 유지한다. 게다가 감정의 동일화가 될 만하면 필름은 커트되고 다시 냉철한 현실의 질문으로 돌아온다. 때문에 전작 두 편을 보지 않은 이도 이 영화만으로도 충분히 변영주가 그려내는 문제의식에 공감할 수 있다.

이 영화에도 가슴을 적시는 장면이 있다. 61년 만에 고향에 돌아가 숨바꼭질을 하며 웃고 이야기하지만, 속울음을 삼키는 것이 뻔히 보이는 위안부 할머니를 보고 어찌 가슴이 메지 않을 수 있겠는가. 정신대의 충격 때문에 남자만 보면 지금도 무섭다는 할머니의 말을 들으면서 어찌 나 자신의 남성성을 반성하지 않을 수 있겠는가.

〈낮은 목소리〉가 상대적으로 거친 느낌의 '선언 같은 영화'라면, 〈낮은 목소리 2〉는 정신대 할머니들과 스태프가 하나가 되는 '친밀의 영화'이고, 〈숨결〉은 기존 이야기를 마무리하는 '완결의 영화'라고 할 수 있다. 나름의 형식을 지니고 있는 이 연작을 보고도 아무런 느낌이 없다면, 그 사람은 진정으로 가슴이 있는지 확인해봐야 할 것이다.

가부장적 권위가 아직도 살아 있는 이 땅에서 남성으로 태어났다는 것은 한편으로는 기득권을 지닌 것이지만 한편으로는 죄의식으로부터 자유로울 수 없음을 의미한다. 만약 남성이 한국의 강한 가부장적 권위를 모른 척하거나 그런 것에 영합해 살아간다면 그는 군국주의와 파쇼에 가깝게 다가가는 사람에 다름 아니다. 다소 과장하자면, 남성과 가까운 수직적 위계질서가 결국 전쟁과 살상을 불러온 것이다. 〈낮은 목소리〉 시리즈를 보는 내내 나 자신이 남성이라는 사실이, 남성으로서 무의식적으로 각인되어 있는 사고가 몹시 거북했다.

엄밀히 따지자면, 변영주의 다큐멘터리는 그리 새롭거나 그리 완성도가 높은 영화는 아니다. 그럼에도 불구하고 내용의 진정성이 토해내는 삶의 깊이는 눈물을 흘리지 않을 수 없게 만든다. 역시 다큐멘터리는 잔재주나 기교에 의해 만드는 것이 아니라 우리네 삶의 부분을 예리하게 짚어내는 것이라는 것을 증명한다. 그게 바로 다큐멘터리의 힘이 아닌가 싶다. 온갖 현란한 테크닉이 난무하는 시대에 가장 단순한 테크닉으로 깊은 울림이 있는 대화를 시도했던 변영주가 충무로에 가서 별다른 성과를 내지 못하고 있는 현실을 보면 무척이나 안타깝다. 나는 변영주가 충무로에 계속 머물지 아니면 다시 다큐의 현장으로 돌아올지 알지 못하지만, 그녀가 다큐멘터리 작업을 계속했으면 하고 간절히 바란다. 그녀가 만든 다큐멘터리는 한국 영화사에서 빼놓을 수 없는 작품들이다.

■ 〈나의 마음은 지지 않았다〉: 재일 조선인 위안부의 10년에 걸친 재판

2008년에 개봉한 안해룡 감독의 〈나의 마음은 지지 않았다〉는 일본에 있는, 강제로 정신대로 끌려갔던 할머니를 남성 감독이 다루고 있다는 점에서 〈낮은 목소리〉 시리즈와 구별된다. 더군다나 〈낮은 목소리〉 시리즈가 할머니들의 생활을 중심으로 그리고 있다면, 이 영화는 강제로 정신대로 끌려갔던 송신도 할머니와 그녀의 재판을 지원하는 모임이 일본 정부에 재소한 재판에 중점을 두고 있다는 점에서 차이가 난다. 〈낮은 목소리〉 시리즈가 나눔의 집에 있는 여러 명의 할머니를 대상으로 한다면, 이 영화는 한 할머니의 고단한 삶과 소송 과정을 다루고 있다.

영화의 소제목인 '재일조선인 위안부 송신도의 투쟁'은 이 영화의 모든 것을 포함하고 있다. 영화는 송신도 할머니를 소개하면서 시작한다. '재일 위안부 재판을 지원하는 모임'에서 어떻게 송신도 할머니를 알게 되었는지, 그녀가 어떤 삶을 살았는지 할머니의 인터뷰와 지원 활동가의 인터뷰가 번갈아가면서 설명한다. 영화에서는 송 할머니가 중국의 여러 지방을 전선을 따라 옮겨 다니면서 겪은 끔찍한 이야기가 펼쳐진다. 7개월 된 아이가 뱃속에서 죽어 혼자 고통을 감내하면서 자신의 손으로 직접 꺼냈던 이야기, 하루에도 몇 십 명의 군인을 강제로 상대했던 이야기, 일본 군인에게 맞아서 한쪽 귀가 들리지 않는 이야기, 패전 후 일본으로 돌아가서 같이 살자고 해놓고 막상 일본에 도착하자 도망가버린 병사의 이야기 등 정상인이라면 몹시도 듣기 거북한 이야기가 이어진다.

할머니의 이런 사연을 알게 된 양심적인 일본인들은 일본 정부를 상대로 재판을 준비한다. 재판을 준비하기 전에 할머니를 지원하는 모임은 할머니와의 신뢰 관계 회복에 중점을 둔다. 속아서 위안부가 되었고 육체적으로 감당할 수 없는 폭력을 당했으며, 일본에 와서도 따가운 눈총을 받아야 했던 할머니는 사람들을 믿지 않는다. 아니 믿을 수가 없다. 영화 도중 할머니와 함께 살았던 재일교포 할아버지의 유골을 남한의 '망향의 동산'으로 가져와 안장하는 장면이 있다. 이때 모임의 일본인 여성이 할아버지의 유골을 남한으로 가지고 가자고 했을 때 "일본인인 네가 왜 그러냐"라며 믿지 않았다고 한다. 그러나 지극한 정성을 쏟은 일본인들의 노력 덕분에 할머니는 마음을 연다. 지원 모임과 할머니의 신뢰 문제에서 나아가, 지원 모임과 감독, 그리고 할머니와 감독의 신뢰 문제가 중요했음을 보여준다. 삼위일체가 되어야 좋은 영화가 나올 수 있다. 영화에 사용된 많은 부분을 지원 모임의 지원

자들이 촬영했을 정도로 신뢰가 쌓였다.

재판은 무려 10년이나 이어졌다. 재판과정의 긴 싸움을 카메라는 그저 담담히 따라간다. 변영주 감독은 자신이 직접 화면 속에 등장해 이야기를 이끌기도 하지만, 안해룡 감독은 자신의 모습을 화면 속에 담지 않는다. 변영주는 자신이 직접 화면 안으로 들어가서 할머니들과 술을 마시거나 농담을 하면서 친밀감을 과시하지만 안해룡 감독은 철저히 화면

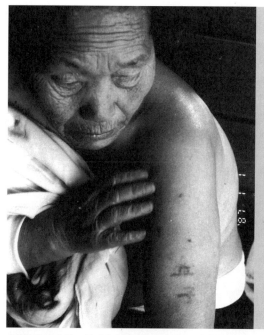

위안부 출신 송신도 할머니의 법적 투쟁을 다룬 〈나의 마음은 지지 않았다〉.

밖에 존재하면서 영화 속에서는 자신의 존재를 지운다. 대신 그는 문소리라는 매우 친근한 배우의 목소리를 통해 영화에 등장하는 상황과 이미지를 설명한다. 그래서 영화는 〈낮은 목소리〉에 비해 다소 설명적이고 지시적인 영화가 되지 않을 수 없었다.

영화에서 잊을 수 없는 것은 힘들어하는 송신도 할머니를 위해 고국방문을 하는 장면이다. 수요 집회에 참석했던 송 할머니가 나눔의 집에 온다. 동병상련이라고 했던가. 그들은 서로의 아픔을 너무도 잘 알고 있다. 송 할머니가 노래를 부르다가 울먹이니 이용수 할머니가 울

지 말라고 달랜다. 그리고 가장 아름다운 장면이 이어진다. 일본에서 한복을 입지 않던 송 할머니가 나눔의 집에서는 김순덕 할머니의 한복이 곱다며 입는다. 그리고 그것을 자신에게 달라고 한다. 평상복을 입던 할머니가 한복을 입고 나눔의 집 마당에 나왔을 때 그녀는 드디어 조국의 향기를 느낀다. 16세 이전의 기억은 의도적으로 잊고 살았는데 드디어 자신의 과거를 온전히 대하면서 자신을 찾기 시작한 것이다.

송 할머니는 일본어를 주로 사용한다. 일본에서 일본어를 사용하는 것은 당연하지만, 남한에 와서도 주로 일본어를 사용한다. 남한에서 자란 16년이라는 세월보다는 이후 살아온 50년 넘는 세월이 습관처럼 작용했기 때문일 것이고, 한편으로는 아무것도 해준 것 없는 조국을 의도적으로 잊기 위해서, 그렇게 하는 것이 자신이 살아가는 길이었기 때문에 일본어를 의식적으로 사용했을 것이다. 그렇게 의식적으로 사용하다 보니 이제는 조선말이 익숙하지 않게 된 것이리라. 그러나 나눔의 집에서 할머니는 조금씩 우리말을 사용한다. 정말로 그녀는 의도적으로 지웠던 16세 이전의 자신과 만나기 시작한 것이다.

이제 재판은 결말을 향해 치닫는다. 최고법정까지 가지만 결국 지고 만다. 일본 정부에서 하는 말은 같다. 송 할머니가 강제로 위안부로 끌려가서 복무한 것은 인정하지만 당시 법에서는 국가가 책임져야 할 의무가 없고, 기한도 지났기 때문에 일본 정부의 책임이 아니라는 것이다. 법정 밖에서 이 소식을 듣고 울먹이는 이들에게 할머니는 담담하게 말한다. 자신의 싸움은 지지 않았다고. 이렇게 도와준 이들이 있고 또 싸울 것이기 때문에 할머니는 졌지만 결코 지지 않았다. 평생을 외롭게 버려지듯이 살았던 할머니는 이제 자신의 존재를 찾은 것이다.

그런데 참으로 이상한 것이 하나 있다. 할머니를 모시고 함께 싸우자고 기념하는 자리에서 할머니는 언제나 일본의 군가를 부른다. "총은 번쩍이고 몸은 얼어붙는다"로 시작하는, 고통의 현장을 떠올리게 하는, 자신의 몸을 함부로 짓뭉갰던 이들이 불렀던 그 노래를 부르고 있는 것이다. 왜 그런 것일까? 그녀의 상처를 오히려 더 부추길 것 같은 노래가 오랜 세월을 지난 할머니에게는 아무렇지도 않은 삶의 흔적이기 때문일까? 아니면 제대 후 오랜 세월이 지나 군 시절을 그리워하는 것과 같은 심정의 발로일까? 아마 그런 것은 아닌 것 같다. 혹시 할머니가 알고 있는 노래가 일본 군가밖에 없어서 그런 것이 아닐까? 자신의 투지를 불태우는 노래를 배우지 못해서 그런 것이 아닐까? 이런저런 생각을 해봐도 쉽지 않은 부분이다.

■ 과거를 반성하지 않는 일본, 과거를 청산하지 않는 남한

2009년 11월, 기가 막히지 않을 수 없는 소식을 들었다. 일본의 후생노동청에서 근로정신대 할머니들에게 연금 탈퇴수당으로 99엔, 우리 돈으로 1,300원을 지급했다는 것이었다. 99엔이면 생수 한 병도 살 수 없는 금액이라고 한다. 10대의 어린 나이에 강제로 끌려가 노임을 한 대가가 겨우 99엔이라는 것은 일본이 자신들의 과거를 반성하기는커녕 남한을 비웃는 것이라고밖에 볼 수 없다. 그런데 더 어이없는 것은 일본의 전범 기업인 니시마쯔 건설 측이 중국의 강제 징용자들에게는

공식 사과와 함께 2억 5,000만 엔, 우리 돈으로 한화 약 32억 원을 지급했다는 것이다.

왜 이런 일이 발생했을까? 중요한 것은 과거를 청산하고자 하는 정부의 의지이다. 중국은 과거를 청산하고자 하는 확고한 의지가 있었기에 일본이 이렇게 배상한 것이고, 남한은 과거 청산에 대한 의지는커녕 전범 기업인 미쓰비시를 아리랑 로켓 발사 업체로 선정해주었기 때문에 일본 정부는 남한 정부를 아예 드러내놓고 무시한 것이다.

진정으로 동아시아의 평화를 원한다면 과거사 정리가 전제되어야 한다. 남의 나라를 침범해서 수많은 사람을 죽이고, 강제로 동원해서 노역을 시키고, 성적 위안부로까지 데려갔으면서 반성하지 않는 나라가 어떻게 이웃 나라와 평화롭게 살 수 있겠는가? 이런 피해를 당하고도 이웃 나라에게 책임을 묻지 않는 나라가 어떻게 국권을 지킬 수 있겠는가? 21세기에 살고 있지만 아직도 우리는 19세기에서 벗어나지 못하고 있다.

03

분단과 한국전쟁을
그린 영화들

항상 되풀이하는 이야기지만, 한국 현대사의 가장 큰 비극은 분단과 한국
전쟁으로 인해 발생했다. 이 장에서는 이념 대립에 따른 격한 투쟁의 전초
전이라고 할 수 있는 제주 4·3항쟁에서부터 전면전으로 확대된 한국전쟁,
한국전쟁 이전부터 이후까지 끊임없이 존재했던 빨치산, 전쟁과 분단의
피해자인 이산가족, 비전향 장기수, 조총련의 삶까지 영화 속에 어떻게 그
리고 있는지 살펴보았다. 대개 이 문제를 그리는 방식은 비슷하다. 좌익에
대해 논할 수 없는 극단적인 반공 영화의 경향에서부터 서서히 그들의 삶
을 이해하는 것으로 흘러왔다. 그런 변화의 과정 속에는 '시간이 약'이라
는 것도 작용했겠지만, 민주정부가 들어선 이후 당시 상황을 객관적으로
파악하려는 노력이 있었기 때문에 가능했다. 한반도에서 전쟁 위험을 없
애고 평화통일을 이룩하는 길은 서로에 대한 이해와 배려에서 시작되어야
한다. 그래야만 비극을 되풀이하지 않을 수 있다. 이 장에서 배워야 할 가
장 큰 교훈은 바로 이것이다.

1

분단 영화의 역사

한국 현대사에서 가장 큰 상처를 남긴 것은 무엇일까? 사람에 따라 다르겠지만 대개는 일제에 의한 지배와 분단과 한국전쟁을 들 것이다. 일제에 의한 지배는 외세에 의한 강점이므로, 아무래도 동족상잔의 비극인 분단과 한국전쟁보다는 그 상처가 적을 수 있다. 당장 우리를 보더라도, 일본과는 수교를 맺어 자유롭게 오가지만, 북한은 여전히 반국가 단체이며 왕래는커녕 교류도 여의치 않은 사정 아닌가. 해방과 전쟁 이후 남북이 공히 민족주의에 기댄 독재가 가능했던 것도 그 일차적 원인은 분단에 있다고 할 수 있다. 이승만 독재가 가능하고 박정희의 쿠데타와 군부독재가 가능했던 이유도, 따지고 보면, 분단이라는 준(準)전시체제 때문이었다. 근대사에서 식민지를 겪지 않은 제3세계는 그리 많지 않지만, 우리처럼 식민에 이어 분단과 전쟁을 겪은 나라는 극히 드물다. 한국 현대사만의 비극은 바로 여기에 있다.

결국, 한국 영화사에서 가장 눈여겨봐야 할 분야도 분단을 다룬 영화라고 할 수 있다. 분단이 민족에 끼친 영향은 무엇이고, 그것이 어떻게 영화로 드러나는지, 그런 경향은 시기에 따라 어떻게 변해왔는지 분석하는 것을 통해 분단 시대를 살아가는 사람들의 의식은 물론 지배자의 의식까지도 살펴볼 수 있다. 때문에 분단 영화를 보는 것은 우리의 과거 모습을 바라보는 것이고, 동시에 현재를 보는 것이며, 미래를 준비하는 것이다. 분단된 이 시대의 상처가 어떤 식으로 영화에 드러났는지, 그것이 지금까지 어떻게 남아 있는지 살펴봄으로써 미래의 통일을 준비할 수 있다. 이 글에서 분단 영화를 다루는 것은 이런 중요성 때문이다. 정말이지 분단 영화 연구의 중요성은 아무리 강조해도 지나치지 않다.

이 장을 시작하면서 먼저 '분단 영화'에 대한 정의를 내리는 것이 타당한 순서이리라. 모든 논의의 시작은 개념 정의를 명확하게 하는 것에서 출발하지 않던가. 한국 영화학계에서 분단 영화라는 개념은 아직 생소하다. 다른 말로 하자면, 이 분야에 대한 연구가 별로 진척되지 않았다는 말이다. 때문에 상대적으로 많은 연구가 되어 있는 문학계에 기대고자 한다. 이는 무분별한 개념의 '도용'이 아니라 문학 연구의 성과를 '차용'하겠다는 것이다. 1970년대 이후 민족문학론에서 등장했던 분단 의식을 토대로 한 분단 문학의 연구는 '민중의 시대'라고 할

74

수 있는 1980년대에 폭발적으로 증가하면서 그 연구 성과를 높이 쌓아
왔다.

분단 문학에 대한 정의는 학자에 따라 조금씩 다르지만, 대개는 일
치를 보고 있는 듯하다. 평론가 임헌영은 "8·15광복 뒤 분단 시기에
우리 민족이 겪는 모든 갈등과 고뇌를 극복하고자 올바른 민족의식에
입각해서 창조하는 일체의 문학 행위"로 분단 문학을 규정함으로써,
분단으로 인해 일어나는 민족의 갈등과 모순을 극복하고자 하는 문학
을 분단 문학으로 보았다. 즉 남북 분단이 일어난 원인, 분단으로 인한
상처, 그것을 극복하기 위한 노력을 다룬 모든 문학을 분단 문학으로
총칭할 수 있다는 것이다. 분단 문학의 정의는 대개 이 개념에서 크게
벗어나지 않는 것 같다. 물론 일부에서는 분단 문학과 분단 극복 문학
을 따로 분류하기도 하지만, 이는 개념을 세분하는 정도에 지나지 않
기 때문에 분단으로 인한 모든 문제를 다룬 문학으로 보는 것이 타당
해 보인다. 하여 이 글에서 분단 영화를 규정할 때에도 "해방 이후 분
단 시기에 우리 민족이 겪는 모든 갈등과 고뇌를 올바른 민족의식에
입각해서 창조하는 일체의 영화 행위"로 규정하고자 한다.

그런데 이 규정에 따르면 문제가 발생한다. 반공 영화 때문이다. 반
공 영화를 분단 영화로 볼 것인가, 아닌가 하는 점이 발생한다는 것이
다. 보는 이(특히 반공주의자)에 따라 반공 영화 역시 분단 시기의 민족
의 갈등과 고뇌를 올바른 민족의식에 입각해서 창조한 영화라고 할 수
있다는 문제가 발생한다는 것이다. 그러나 엄밀히 말하자면, 분단 영
화는 분단을 극복하려는 올바른 민족의식에 기원을 둔 영화가 되어야

하므로, 반공 영화는 분단 영화라고 할 수는 없다. 많은 반공 영화가 분단 문제를 냉철하게 다루기보다는 북한보다 우수한 체제를 선전하는 수단에 불과하며, 제작자에게는 외화 수입 쿼터를 따서 쉽게 돈을 버는 전략에 지나지 않았다. 무엇보다 이 영화들은 많은 경우 그 시대 관객들의 사랑을 받지 못했다. 때문에 이런 영화를 두고 분단 영화의 한 분야라고 하는 것은, 엄밀한 의미에서는 무리가 있다. 그러나 반공 영화 역시 분단 영화 범주에 포함되어야 한다. 그렇게 주장하는 가장 큰 이유는, 반공 영화가 분단이 불러온 문제를 다루기 때문에, 즉 체제 대결 속에서 불가피하게 발생한 영화이기 때문에, 아니, 오히려 반공 영화가 분단의 한 측면을 증거하는 영화이기 때문에, 내용 전개나 캐릭터 창조에 무리가 있지만, 넓은 의미에서 분단 영화에 넣어야 한다는 것이다. 다시 요약하자면, 분단 영화는 "해방 이후 분단 시기에 우리 민족이 겪는 모든 갈등과 고뇌를 올바른 민족의식에 입각해서 창조하는 일체의 영화 행위"로 규정하지만, 반공 영화는 이런 규정에서 좀 벗어나더라도 넓은 의미로 포함시켜야 한다는 것이다.

다시 분단 문학의 연구로 돌아가 보자. 분단 문학 연구는 개념 정의에서 한 걸음 더 나아가 세대 간의 문제를 거론한다. 즉 분단 시대를 살았던 세대의 특징에 따라 그들 문학의 특성까지도 세분했다는 것이다. 흔히 분단을 경험한 세대와 그렇지 않은 세대로 세분하는데, 이를 좀 더 자세히 논하자면 다음과 같다.

성인으로서 그 시대를 겪은 세대(제1세대), 어린아이로서 그 시대를 겪은 세대(제2세대), 6·25가 끝난 후에 태어나 전연 그 시대의 경험이 없는 세대(제3세대) 등 세 부류의 세대가 뚜렷하게 갈리는 것이다. 이를 조금 더 세분하면, 다 같이 성인으로서 그 시대를 체험한 집단(제1세대) 가운데서도 그때 이미 완숙한 30대 이상의 나이에 도달해 있었던 부류와 그 아래의 부류가 나뉠 수 있을 것으로 생각된다(이동하, 《문학의 길, 삶의 길》, 문학과지성사, 1987, 52쪽).

영화 연구에서도 위와 같은 세대 의식을 적용할 수 있을 것인지 먼저 연구해야 할 것 같다. 그런데 영화에서는 이것이 매우 복잡하게 얽히는데, 그것은 전쟁을 겪든 아니든 그들이 한국전쟁을 다루는 데 있어서 많은 부분 원작 소설에 기대고 있다는 사실에서 발생한다. 때문에 감독의 경험이 아니라 원작자의 경험이 많이 묻어난다. 물론 이를 두고 원작자의 분단 의식을 감독이 자기 식으로 받아들였다는 점에서 주체적이라고 할 수 있지만, 그럼에도 불구하고 많은 분단 영화가 원작의 힘에 기대고 있다는 점에서는 의문의 여지가 있다. 그런 점에서 원작과 영화에 나타난 분단 의식을 원작자의 작가론과 감독의 작가론으로 각자 연구한 후 두 예술가의 차이점을 비교·연구하는 작업이 필요하겠다. 이렇게 분단 영화 연구는 많은 숙제를 안고 있다.

또 하나 기억해야 할 것은 전쟁을 겪은 감독의 작품이라고 하더라도, 지독한 검열 때문에 제대로 그리기가 어려웠다는 사실이다. 가령 임권택의 〈낙동강은 흐르는가〉(1976)나 〈증언〉(1973)은 영화진흥공사에서 만든 국책 반공 영화였기 때문에 이런 영화에 전쟁에 대한 자신의 생각을 담기는 무척이나 어렵다. 때문에 1980년대 말까지 분단 상황을 다루는 영화들은 정부의 눈치를 봐야 하는 실정이었다. 영화라는 매체가 다른 매체에 비해 상대적으로 대중적이라는 점 때문에 유난히 검열을 많이 받았다는 것을 인식한다면, 반공을 국시처럼 여겼던 독재 정권에서 전쟁을 다룬 영화가 반공 영화의 틀에서 벗어나기 어려웠다는 점은 쉽게 알 수 있다. 이런 상황에서 문학처럼 세대 간의 문제를 다루는 것은 좀 더 많은 연구가 필요하다. 이 글에서는 '조심스럽게' 감독의 세대 문제도 다루고자 한다.

■ 시대 변화에 따른 네 편의 분단 영화, 우리 의식의 변화

어떤 글을 쓸 때 텍스트의 선정은 매우 중요하다. 텍스트 선정에서 이미 글의 성격이 나타나기도 하고, 때로는 텍스트 선정이 영화 내용을 포괄하기도 한다. 때문에 분단 영화에 대한 이 글 역시 수많은 텍스트 가운데 분단 영화에 맞는 주제를 다룬 영화를 찾느라 고심에 고심을 거듭했다. 분단 영화에는 분단에 대한 인식, 즉 그 원인과 변화 양상에 대한 인식이 있어야 하고, 분단으로 인한 민족의 비극이 드러나야 하며, 무엇보다도 분단을 극복하려는 의지가 보여야 한다. 가급적 이런 요소를 충족시키면서 동시에 시대적 변천사까지 고려해서 텍스트를 선정했다.

여기서 선택한 텍스트는 〈피아골〉(이강천, 1955), 〈오발탄〉(유현목, 1961), 〈길소뜸〉(임권택, 1985), 〈공동경비구역 JSA〉(박찬욱, 2000) 등이다. 이 영화들은 전쟁의 실상을 보여주고, 전쟁의 폐해로 인해 고통스럽게 살아가는 사람들의 모습을 보여주기도 하며, 이별한 지 30년이 지난 이산가족의 아픔을 냉철히 응시하고, 분단 50년이 지나서야 비로소 북한군을 따뜻한 인간으로 그리기도 한다. 이 글에서는 전쟁 직후인 1955년부터 전쟁 50년이 지난 2000년에 이르기까지 다양한 시기의 영화를 통해 분단으로 인한 우리의 모습을, 그런 영화를 지켜보는 우리의 의식을 살펴보고자 했다.

먼저 〈피아골〉을 보자. 영화학계에서 〈피아골〉에 대한 평은 상당히 좋은 편이다. 원로 평론가 김종원은 이 영화를 두고 "피상적이고 관념적이기 쉬운 분단 영화에 대한 설득력 있는 사실성을 부여함으로써 하나의 이정표를 세"운 영화라고 했는데, 이는 현 평론계의 시각을 보여주는 것이다. 그도 그럴 것이 이 영화는 한국전쟁을 빨치산의 시각에서 다룬 거의 최초의 극영화이다. 휴전이 되었지만 빨치산이 지리산에 잔재해 있던 시기에 만들어진 영화로서, 이후 만들어진 분단 영화, 그 중에서도 반공 영화에 나타난 인민군의 형상화에 엄청난 영향을 미쳤다. 즉 1960년대 이후에 등장한 분단 영화는 이미 빨치산에 대한 재현의 컨벤션을 유지하고 있었음에 반해 1950년대 중반에 만들어진 〈피아골〉은 아직도 빨치산에 대한 형상화가 굳어지지 않은 때에 만들어졌기 때문에 이후 제작된 영화에 많은 영향을 미쳤다는 것이다. 물론 그만큼 리얼리즘 측면에서 많은 논란이 되는 영화이기도 하다.

〈피아골〉은 1954년 봄에 제작 계획을 수립하기 시작하여 가을에 촬영에 들어갔으며 이듬해 가을, 지리산 공비 토벌이 거의 끝날 무렵 개봉되었다. 이 영화의 소재를 제안한 이는 당시 전북도경의 김종환 공보주임이었는데, 촬영 당시 전북도경과 내무부 치안국에서는 총기류를 지원해주는 등 시종일관 협조적이었다고 한다. 그런데 재미있는 것은 이 영화를 두고 설전이 오갔다는 것이다. 당시 국방부 정훈실에서는 이 영화를 반공 영화로 볼 수 없다는 결론을 내렸는데, 그 이유는 세 가지였다.

첫째, 대한민국에는 군대도 경찰도 없는 나라인 것처럼 묘사된 점, 다시 말해 영화의 주요 등장인물은 전원 빨치산이고 토벌대는 전혀 등장하지 않으며, 따라서 토벌대의 활약상을 전혀 보여주지 않는다는 것이다. 둘째, 빨치산 공비의 생태가 지나치게 실감적으로 그려진 것이 선전성의 역효과를 가져온다는 것이다. 셋째, 빨치산을 영웅화하였다는 지적이다. 지금 생각해보면 지나치게 단선적이지만, 당시에는 이 지적 때문에 마지막 부분에 태극기 장면을 넣는 등 부분적으로 삭제와 재편집을 해야 했다.

제목에서 알 수 있는 것처럼, 〈피아골〉은 지리산에 머무는 빨치산의 모습을 그린 영화이다. 전쟁은 끝났는데 북이 내려올 기미가 없는, 그렇지만 토벌은 점점 다가오는 매우 절망적인 상황이 그들이 처한 현실이다. 보급 투쟁을 간 마을에서 다른 대원의 어머니를 죽이고, 그걸 슬퍼하는 대원마저 죽이며, 여기서 한발 더 나아가 토벌대의 공습을 피해 온 여대원을 겁탈한 뒤 죽이는 악랄한 빨치산의 모습을 그렸다. 물론 주인공이라고 할 수 있는 지식인 출신의 김철수(김진규 扮)와 그를 연모하는 여 간부 애란(노경희 扮)을 그리긴 했지만, 김철수와 애란은 자수하러 내려오다가 김철수는 죽고 애란만 자수하는 것으로 영화는 끝맺는다. 결국 이 영화는 반공 영화가 되었다. 이것은 반공을 이념적으로 선전하는 영화라는 것이며, 당시 민족의 현실을 제대로 그리지 못한 영화라는 의미이다. 영화 속에는 빨치산의 생활을 현실과 비슷하게 표현하려 했거나 또는 지식인 빨치산, 고뇌하는 빨치산을 그렸기 때문에 리얼리즘의 자격이 없는 것은 아니지만, 빨치산을 지나치게 잔혹하고 동물적인 광기의 집단으로 그리는 데 많은 부분을 할애하면서 객관적인 시선의 균형을 잃어버렸다. 당시 시대적 상황이 빨치산을 제대로 그리는 것이 허용되지 않는 현실이라는 점을 고려한다고 하더라도 안타까운 것은 어찌할 수 없다. 산으로 들어가서까지 이념을 위해 투쟁해야 했던 이들의 목소리는 〈남부군〉(정지영, 1990)이 등장할 때까지 기다려야 했다.

다음으로 유현목 감독의 〈오발탄〉을 보기로 하자. 유현목이 만든 문예 영화 가운데 가장 큰 비중을 차지하는 주제는 신과 인간의 구원 문제, 현실에 대한 지성적 해석, 이념의 문제 등으로 분류될 수 있다. 이러한 분류의 기준을 없애면서 모든 영화에 교집합을 형성할 수 있는 것이 존재한다면, 그것은 아마도 분단으로 인한 상처, 그 상처로 인한 고통일 것이다. 분단이 만들어놓은 고통은 한반도의 반세기를 암흑의 도가니로 몰아넣었고, 그 기간 동안은 누구도 그런 상태로부터 자유로울 수 없었다. 이것은 유난히 예민하게 현실에 반응하는 유현목에게 있어서도 마찬가지였다. 떨칠 수 없는 책무와 같은 것이었다.

유현목에게 있어 분단 의식은 〈오발탄〉(1960), 〈순교자〉(1965), 〈카

분단 때문에 비참한 삶을 살아야 하는 서민들의 모습을 리얼하게 그린 유현목 감독의 〈오발탄〉.

인의 후예〉(1968), 〈불꽃〉(1975), 〈장마〉(1979) 등에서 주로 나타난다. 유현목은 1925년, 지금은 북한 땅인 황해도 사리원읍에서 태어났다. 스무 살에 해방을 맞았고, 스물다섯에 6·25를 맞았다. 파란 많은 그 시대를 몸소 겪은 세대인 셈이다. 자신이 직접 체험한 것을 토대로 시대의 정서를 반영하는 작품을 만든다는 것은 당시로서는 불가능했다. 혹독한 검열 때문이었다. 여기에 유현목의 딜레마가 있으며, 연구자의 딜레마가 있다. 그의 작품을 평할 때는 항상 시대와의 긴장 관계를 고려해야 한다. 그러므로 그의 모든 작품을 같은 잣대로 평할 수는 없다. 가령 4·19 직후 감독한 〈오발탄〉과 독재의 칼날 아래 만든 세 편을 같은 선상에서 비교할 수는 없는 것이다. 이미 어느 정도 평가되었듯이 유현목의 영화 정점은 1960년대 초·중반이다. 이 시기에 그의 대표작이 산출됐다. 〈오발탄〉, 〈김 약국의 딸들〉, 〈순교자〉가 그러하다. 한국 영화의 양적 황금기가 이후 저물어갔듯이 그의 영화의 질적 황금기 또한 그러했다. 아직도 평자들은 그의 최고작으로 〈오발탄〉을 꼽고 있으며, 그의 영화 연구 역시 〈오발탄〉에 집중되어 있다.

〈오발탄〉은 이범선의 원작을 영화화한 것이다. 줄거리는 새삼 거론할 필요가 없겠다. 단지 이 영화는 1960년대 초의 짧았던 봄이 가져다 준 영화라는 것을 말하고 싶을 따름이다. 말단 계리사인 가장(김진규 扮), 틈만 나면 "가자, 가자"를 반복하는 실성한 모친(노재신 扮), 상이군인이지만 결국 은행 강도가 되는 동생(최무룡 扮), 양공주가 된 여동생, 신문팔이 막내 동생, 만삭의 아내(문정숙 扮)와 딸로 구성된 한 가족이 있다. 그들에게 현실은 그야말로 지옥이다. 뒤돌아보면 아찔하고 앞을 보면 막막하다. 이 작품이 분단과 관계 맺는 방식은, 이 영화에 드러난 서민들의 비참한 생활상이 분단의 비극에 그 원인을 둔다는 것과 관련 있다. 분단이 초래한 동족상잔의 비극과 그들의 모습은 인과 관계에 있다. 노친이 가자고 소리치던 것도 피난 때 폭격으로 입은 정신적 상처 때문이며, 여동생이 양공주가 된 것도 한반도에 상주하는 미군들 때문이다. 동생은 어떤가. 술로 방탕하다가 은행 강도가 되는 것도 상이군인이기 때문이다. 가장은 이 모든 상황을 고통스럽게 바라보며 이끌어 가야 한다. 분단은 평온할 수 있는 가정을 이처럼 산산조각내버렸다. 열악한 서울 빈민의 삶이 분단으로 인해 발생한 것임을 보여주고 있다. 그들이 머무는 곳은 '삼팔따라지들'이 모여 살던 달동네 해방촌이었다. 〈오발탄〉은 분단이 정신적으로, 경제적으로 얼마나 많은 사람들을 황폐화시켰는지 보여주는 작품이며, 여러모로 분단 영화의 수작임에 분명하다.

이제 임권택의 〈길소뜸〉을 보자. 이 영화에 나타난 분단 의식은 이전의 그 어떤 영화보다도 날카롭고 차갑다. 그것은 철저하게 현실 원칙에 입각한 것이다. 한국에서는 매우 드물게, 영화는 분단으로 발생한 이산가족 문제를 다루고 있다. 사실 이산가족 문제는 한국에서 매우 중요한 문제임에도 불구하고 영화에서 그리 즐겨 다루는 소재는 아니었다. 단지 〈나그네는 길에서도 쉬지 않는다〉(이장호, 1987) 같은 몇 영화에서 다루었을 뿐이며, 그나마 〈길소뜸〉처럼 정면으로 다루지도 않았다. 그런데 이 영화가 정말로 무서운 것은 이산가족이 만나서 그동안 살아온 고통을 화기애애하게 나누며 회한을 푸는 것이 아니라 이산이 세 사람의 인생을 어떻게 송두리째 바꾸어버렸는지, 그래서 지금 그것을 도저히 돌이킬 수 없다는 것을 너무도 냉철하게 보여준다는 데 있다.

임권택은 유현목과 반대의 경우라고 할 수 있다. 유현목이 이북 출신이면서 남한으로 내려왔다면, 임권택은 이남 출신이면서 집안의 좌익 경력 때문에 고통을 받았던 사람이다. 남한에서 좌익 아버지를 둔 이들이 대부분 그런 것처럼, 임권택 역시 평생을 주눅 든 사람으로 살아왔다. 그런 그가 분단에 대한 발언을 마음대로 하기는 쉽지 않다. 데뷔작에서부터 반공 영화를 만들기 시작한 그는 1970년대에는 국책 반공(대작) 영화를 만들었다. 그런 그가 1970년대부터 현실에 뿌리를 둔 분단 영화를 만들기 시작했는데, 〈짝코〉(1980), 〈길소뜸〉, 〈태백산맥〉(1994)은 그런 경향을 보여주는 영화들이다. 임권택은 정말로 어려운 길을 걸어 자신의 자리로 돌아왔던 것이다. 세 편 모두 거론할 여지가 다분하지만, 그 가운데 〈길소뜸〉은 반드시 거론해야 할 영화이다.

약간의 과장을 하자면, 임권택은 〈길소뜸〉한 편만으로도 충분히 한국 영화사에 남을 감독이다. 이 영화에 드러난 그의 분단 의식은 너무도 냉철하다. 평생을 연좌제에 시달린 그답게 어떤 감정적 개입도 없다. 그렇게 보고 싶던 가족을 만난 순간 오히려 고통이 시작된다는 이 역설은 분단이 우리에게 만들어놓은 건널 수 없는 깊은 골을 확인하는 것과 다름 아니다. 한국전쟁 기간 동안 서로 약속이 엇갈려 헤어져야만 했던 동진(신성일 扮)과 화영(김지미 扮)은 이산가족 만남이 한창인 방송국 앞에서 30여 년 만에 재회한다. 그들의 기쁨도 잠시, 둘은 이제 잃어버린 자신들의 아이를 찾아 춘천으로 떠난다. 그러나 춘천으로 떠나기 전 둘 사이에는 이미 하나가 될 수 없는 벽이 있다는 것을 실감해야 했다. 그들은 각자 가족을 구성하고 있었으며, 무엇보다도 그들의 생활수준이 지나치게 차이가 났던 것이다. 평생 화영을 그리워하던 동진은 가난한 변두리 삶을 지탱하고 있었고, 새 삶을 시작한 화영은 좋은 남편을 만나 부유하게 살고 있었다. 그렇게 30년을 헤어졌던 그들은 하나가 되기 어렵다. 춘천에서 만난 (거의 아들인 것이 확실한) 석철(한소룡 扮)의 생활은 더욱 엉망이다. 고아로 어렵게 자라난 그의 삶은 거의 밑바닥 수준이다. 여기서 그들은 어떻게 할 것인가. 차라리 아니 만났으면 좋았겠다는 말이 절로 나옴직하다. 결국 화영은 가족과의 재회를 거부한 채 자신의 길을 걷는다. 냉정하게 현실을 바라본 것이다. 분단 때문에 발생한 이산가족의 문제를 감정을 걷어낸 채 들여다본 〈길소뜸〉은 한국 리얼리즘의 정수라고 할 수 있다.

마지막으로 박찬욱의 〈공동경비구역 JSA〉를 보자. 이 영화에 나타난 분단 의식은 전후 세대의 작품이라는 특징에 맞게 드디어 북한군을 온전한 인간으로 그렸다. 이 영화가 나오기 이전에 북한군을 이처럼 따뜻하게 그린 영화는 단연코 없었다. 대개의 영화에서 북한군은 잔혹한 공비의 무리이거나, 국군의 총 한방에 추풍낙엽처럼 쓰러지는 힘없는 무리이거나, 사람이기를 거부한 추악한 괴뢰집단일 뿐이었다. 이런 형상화는 1990년대에 이르기까지 거의 변하지 않았다. 그런데 이 영화에서 드디어 그런 인식이 바뀐 것이다. 물론 그 이전에도 몇몇 영화, 가령 〈간첩 리철진〉(장진, 1999) 같은 영화에서 북한군을 인간적으로 묘사하기도 했지만, 이 영화에서는 우리와 맞서 싸우는 북한의 정규군을 인간적으로 그렸다. 북한군을 이렇게 그릴 수 있었던 데에는 정치적 상황이 작용했다. 이 영화의 개봉은 김대중 대통령과 김정일 위원장이 평양에서 손을 마주 잡은 뒤였다.

박찬욱은 1963년 생으로, 한국전쟁이 끝나고서도 10년이 지난 시점에 태어난 감독이다. 때문에 위의 세 감독과 달리 그는 전쟁에 대한 경험이 전혀 없는 세대이다. 공교롭게도 이강천, 유현목, 임권택은 전쟁을 직접 겪은 세대들이다. 그런데 박찬욱에게는 그런 상처가 없다. 더군다나 어린 시절에라도 전쟁을 겪지 않았기에 전쟁의 문제, 이념의 문제로부터 자유로울 수 있었다. 이런 세대들이 대부분 그런 것처럼 박찬욱이 감독한 〈공동경비구역 JSA〉에는 북한군이 남한군과 똑같은 인간으로 그려져 있다. 아니 오히려 남한군보다 더 따뜻하고 포용적인

북한군을 인간적으로 재현한 박찬욱 감독의 〈공동경비구역 JSA〉.

인물로 그려져 있다. 북한군도 인간이라는, 너무도 당연한 사실을 휴전 이후 50년이 지나서야 재현한 것이다. 박찬욱과 같은 세대이지만, 냉전적 현실을 그만의 스펙터클과 멜로로 그려내는 강제규의 〈쉬리〉(1999)와 비교하면 박찬욱의 존재가 돋보인다.

　이 영화의 배경은 판문점이다. 그곳에서 경비를 서는 남한 병사와 북한 병사의 우정과 비극을 미스터리 기법으로 그리고 있다. 수색을 나갔다가 지뢰를 밟게 된 남한 병사를 북한 병사가 구해주면서 둘 사이에 우정이 싹트게 되고, 다시 이들의 우정은 넷의 우정으로 확대된다. 나이에 따라 형 아우 하던 그들 사이에 재미있는 에피소드도 많다. 그 가운데 잊을 수 없는 것은 초코파이를 먹던 오경필(송강호 扮)에게 이수혁(이병헌 扮)이 남으로 내려가자고 제의하는 긴장된 순간이다. 이때 오경필은 자신의 꿈은 공화국이 이보다 더 맛있는 초코파이를 만드는 것이라며 위기를 모면하는데, 이것은 남한으로의 흡수통일을 상징한다고 할 수 있다. 북한보다 국력이 훨씬 커진 남한으로의 통일을 이런 작은 에피소드로 그린 것인데, 북한의 자존심이 살아난, 그것을 존중해주는 장면이라고 할 수 있다. 그러나 영화는 아직도 분단 상태라는 것을 알려주면서 끝을 맺는다. 북한 초소에서 놀고 있던 그들에게 우연히 순찰 돌던 고참이 오게 되고, 그 순간 예기치 못한 총격전이 벌어진다. 아직도 평화를 꿈꾸기에는 우리의 상황은 엄혹한 분단의 현실이다. 동생을 죽였다는 자책감에 이수혁 병장도 결국 자살하고 만다. 〈공동경비구역 JSA〉는 2000년대에도 여전히 분단된 우리의 현실을 돌아보게 만드는 영화이다.

■ 분단은 지금도 진행형

이 글에서는 분단 영화의 개념과 함께 분단 영화 네 편을 분석해보았다. 빨치산을 다룬 영화에서부터 분단과 전쟁 때문에 발생한 문제, 이산가족의 문제, 현시대의 휴전 상태까지 돌아보면서 분단이 우리 영화에서 어떤 식으로 그려져왔는지 살펴보았다. 각 영화는 나름의 인식을 통해 분단이라는 문제를 깊이 고민하면서 영화적으로 형상화하고 있다. 반공 영화로 그린 〈피아골〉을 제외하면 나머지 세 편은 분단으로 인해 발생하는 문제를 매우 리얼하게 그리고 있는 편이다. 물론 그렇게 된 데에는 빨치산이나 북한군을 직접 그린 영화가 아니란 점도 있었지만(〈공동경비구역 JSA〉는 시대적 문제가 크게 작용했지만), 감독의 의식이 뛰어나다는 점도 빼놓을 수 없다.

사실, 한국 영화사에서 분단 문제를 냉정하게 인식하는 것은 거의 불가능했다고 해도 과언이 아니다. 문학에서도 그 문제를 제대로 다룬 것이 1980년에서야 가능했는데, 문학보다 강한 대중성을 지닌 영화야 말해 무엇하랴. 이 점에서 분단 영화의 한계는 명확해 보인다. 더군다나 어두운 현실을 그리지 못하게 했던 검열 때문에 분단의 고통을 드러낼 수도 없었던 통제적 현실을 고려해야 한다. 그러나 이런 조건 속에서도 분단의 고통과 현실을 냉혹하게 그려낸 영화를 통해 우리의 모습을 다시 한 번 볼 수 있다.

우리에게 분단 영화는 무엇인가? 그것은 우리의 모습이다. 분단은 해방 이후 50년을 넘게 남한과 북한을 얽어맨 유령이다. 남한과 북한은 이 유령에서 벗어나지 못한 채 과대망상에 사로잡혀 살아왔다. 이제 우리는 분단을 극복해야 할 시점에 서 있다. 아직도 전쟁의 위험에서 자유롭지 못한 한반도 상황을 보면서 하루빨리 분단을 극복해야 한다는 생각을 하게 된다. 분단 영화는 분단이라는 현실을, 때로는 국책 대결의 수단으로, 때로는 민중의 절절한 생활 현실로, 때로는 한 핏줄의 형제로 그려냈다. 중요한 것은, 그것이 어떤 것이든 분단은 지금도 진행형이라는 것이며, 때문에 반드시 평화적으로 극복해야 한다는 것이다.

2

제주 4·3항쟁
— 〈이재수의 난〉, 〈레드 헌트 2〉, 〈끝나지 않은 세월〉

제주 에서 끔찍한 학살이 일어났다는 이야기를 처음으로 들은 것은 대학에 입학하고 나서였다. 당시 대학에서는 4월 3일에 총학생회 발대식을 거행하면서 4·3항쟁의 희생자들을 기리는 행사를 동시에 진행하는 것이 연중행사(?)처럼 되어 있던 시절이었다. 제주항쟁을 처음 들었을 때 나는 그 사실을 믿을 수 없었다. 6년 6개월 동안 계속된 학살에 최소 3만~8만에 이르는 사망자가 발생했다는 것, 무엇보다 1948년 10월에서 1949년 3월 사이에는 군경토벌대에 의해 초토화 작전이 행해졌다는 것에 어찌 놀라지 않을 수 있겠는가. 정부가 존재하는 상황에서, 그것도 전시 기간이 아닌 평시에 어떻게 초토화 작전으로 무고한 양민을 학살할 수 있었을까? 더욱 놀라운 것은 당시 마을에서 죽은 이들은 대부분 노약자와 어린이였다는 사실이다. 젊은 사람들은 산으로 도망가서 그나마 죽음을 면했다고 한다. 아무런 저항도 하지 못하는 노약자가 살고 있는 마을을 소개(疏開)하고 완전히 초토화해버렸으니 이보다 더 잔인한 학살이 어디 있겠는가. 4·3학살에 비하면 광주학살은 그나마 다행이라는 생각이 들 정도로 잔인했다.

'미국의 양심'이라고 평가받는 노엄 촘스키는 한 언론과의 인터뷰에서 제주항쟁에 대해 다음과 같이 말했다.

제주도를 방문하고 싶다. 1948년 4·3항쟁이 일어난 곳이기 때문에 직접 가보고 싶은 것이다. 광주항쟁과 달리 제주항쟁은 미군정 치하에서 일어났던 사건으로 미군의 직접적인 지휘체계 안에서 일어난 무력진압이었다. 미국은 광주항쟁의 경우 한국군의 뒤에 있었지만 제주항쟁의 경우 직접적인 지휘권을 갖고 미군이 직접적으로 참가했다는 측면에서 광주와 다르다고 할 수 있다.

촘스키가 존경받는 것은 이처럼 날카로운 분석력 때문이다. 그런데 왜 이토록 엄청난 사건이 그토록 오랫동안 사람들의 뇌리에 묻혀 있었을까? 아마도 이승만 정권과 박정희 정권에 의해 철저히 가려졌기 때문일 것이다. 이 사건의 피해자들에게 사건의 진상에 대해 함부로 말하지 못하도록 강제했기 때문이다. 그래서인지 제주 사람들을 만나면 육지에 대한 뿌리 깊은 불신을 느끼게 된다. 제주에 많이 가보지는 못했지만, 제주 출신의 지인들과 자리를 함께하다 보면 가끔은 '육지 것들'에 대한 불신을 드러내는 이들을 만나게 된다. 아마도 그 뿌리는 4·3항쟁 때 육지에서 건너와 제주를 초토화시켰던 이들에 대한 불신이 아직도 남아 있기 때문일 것이다. 더 나아가면, 오랫동안 육지의 유배지였던 변방의 고통스런 역사와도 무관하지 않을 것이다. 제주는 아름다운 휴양지가 아니라 지독한 슬픔의 역사를 지닌 섬이다.

■ 〈이재수의 난〉: 반란의 고장 제주

제주를 배경으로 한 영화는 그렇게 많지 않다. 있다고 하더라도 낭만적인 관광도시이거나 육지생활에서 지친 몸을 잠시 쉬는 공간적 배경일 뿐이다. 거기서 더 나아간다고 해도 제주도의 특이한 환경에 집중하는 영화들이 대부분이었다. 때문에 이런 영화들은 제주도의 슬픈 역사를 제대로 그린 영화라고 하기 어렵다.

박광수 감독이 연출한 〈이재수의 난〉(1999)은 제주에서 실제로 일어난 이재수의 난을 소재로 하고 있다는 점에서 기존의 제주를 그린 영화와는 차원을 달리한다. 사회적인 문제에 유난히 관심이 많은 박광수 감독은 제주에서 발생한 민란의 원인을 이해하는 것에 많은 시간을 할애한다. 천민 출신 이재수(이정재 扮)가 어떻게 제주 백성들을 대신해 민란의 장두가 되었는지, 민란의 전개 과정이 어떠했는지 보여준다. 그래서 영화에서는 시작한 지 절반이 지나도 민란이 제대로 진행되지 않는다. 감독은 1901년에 일어난 민란의 배경에 대해 많은 설명을 하

1901년에 일어난 제주 민란을 통해 지금의 제주를 조망하는 박광수 감독의 〈이재수의 난〉.

고 있다.

영화는 까마귀의 시점에서 바라본 제주의 현재 모습에서 시작된다. 그리고 곧 장면이 전환되어 이재수가 군수의 심부름꾼인 통인 역할을 하는 장면에서부터 민란을 일으켜 성을 함락하는 것으로 끝을 맺는다. 마지막에는 비행기에서 내려다본 현재 제주의 모습을 보여주면서 아직도 제주는 슬픈 역사를 간직한 섬이라는 것을 강조한다. 결국 감독은 제주에서 왜 민란이 일어났는지, 그런 사회적 문제가 지금의 제주도와 무관하지 않다는 것을 말하고 싶은 듯하다.

영화는 1901년이라는 정확한 시기를 자막으로 보여준다. 이 시기 제주는 매우 어지러웠다. 정부에서 파견된 조선 말기의 관리들은 부패해서 가혹한 징수를 하고, 고종 황제의 칙서를 들고 와서 포교를 벌이는 프랑스 신부들은 타락한 교인들과 합세해 도민들을 괴롭힌다. 심지어 천민 시절 자신들에게 나쁜 짓을 했던 양반들에게 교인들을 무시했다는 이유로 폭력을 휘둘러 자살하게 만든다. 이런 상황에서 선정을 베풀어야 할 제주 목사는 일방적으로 천주교의 편만 든다. 참다 못한 제주 도민들은 결국 민란을 일으키고, 가장 미천한 계급이었던 이재수가 장두가 된다. 신분제가 사라졌다고는 해도 당시 천민이 장두가 된다는 것은 매우 혁명적인 사건임에 분명하다. 물론 장두는 민란이 진압되면 곧바로 사형되어야 하는 운명을 짊어진 직책이다. 실제로 이재수는, 영화에는 등장하지 않지만, 제주성을 함락한 지 3일 만에 원군에 진압되어 서울에서 사형을 당했다.

여기서 흥미로운 것은 민란이 일어난 원인이 천주교 때문이라는 것이다. 고종 황제의 칙서를 들고 온 신부들은 제주도의 행정체계를 마음대로 무시한다. 심지어 감옥에 갇혀 있는 이들도 교인이라는 이유로 마음대로 빼낼 정도이다. 타락한 도민들이 신부의 힘을 빌려 권세를 누리는 것도 이 때문이다. 그런데 도민들이 일으킨 민란을 프랑스 함대가 곧 출동해서 진압할 것이라고 주장하던 신부들은 가장 중요한 시기에 도망가버린다. 교인들의 생명을 책임져야 할 그들이 자신들의 목숨을 구걸하기 위해 도망가는 것이다. 이 영화에서 숱하게 등장하는, 재수 없는 까마귀의 색깔과 신부들의 복장이 같은 색이라는 것은 의미심장하다. 제국주의의 첨병으로 들어오는 기독교를 비판적으로 그린 감독의 영화적 기법인 것이다.

오래전부터 제주는 육지에 대한 불만이 많은 섬이었다. 이 영화에서도 그런 것은 노골적으로 드러난다. 중앙에서 파견된 관리는 도정을 살필 생각은 않고 최대한 빠른 시간에 최대한 많이 수탈한 뇌물을 중앙에 바쳐 제주에서 빠져나가려 한다. 이런 상황에 제국주의적 수탈이 더해졌으니 민란이 일어나지 않을 수 없다. 결국 이재수의 난은 봉건적인 관료제도의 문제점과 제국주의적 침략의 문제점이 중첩되어 발생한 사건이다. 그런데 이런 일이 반세기 뒤에 다시 일어났다. 육지에서 온 반공 청년단체에 의해 차마 말로 표현하기 어려운 잔인한 '빨갱이 사냥'이 진행된 것이다. 당시 세계 최강국인 미국의 협조와 지도 아래 엄청난 학살이 벌어진 것이다.

■ 〈레드 헌트 2〉 : 산 자들의 고통스런 기억

잊혀진 과거, 제주 4·3 학살 사건을 지금 불러오는 조성봉 감독의 카메라는 놀랍다. 엄청나게 많은 양민을 학살한 현장에서 기적처럼 살아남은 이들의 증언으로 전개되는 〈레트 헌트 2〉(1999)는 간간이 제주도의 노을과 바다, 바람 부는 산의 풍경을 통해 세월에도 무심한 자연의 모습을 담아내지만, 결국 그 모진 세월 동안 숨죽이면서, 할 말도 제대로 하지 못하면서 견뎌야 했던 이들의 모습을 담담하게 담아낸다. 너무도 단순한 화면 구성과 편집은 밋밋하지만, 그러나 증언자들이 토해내는 엄청난 학살의 진상은 보는 이를 압도하고도 남는다. 다큐멘터리의 핵심은 형식이 아니라 역시 내용의 진정성에 있는 것이다.

"1947년 3월 1일 미군정 하에서 일어난 이 학살 사건은 6년 6개월 동안 계속되었고 사망자가 최소 3만에서 8만에 이른다. 특히 군경토벌대의 초토화 작전 기간 동안인 48년 10월에서 49년 3월 사이 대부분의 사람들이 빨갱이라는 이름 아래 학살되었다. 우리는 그들, 지금까지 그 악몽의 세월을 공유하고 있는 노인들의 한 맺힌 증언과 삶을 통해 50년 전 제주의 참혹한 학살과 인권 유린의 실상을 드러내고자 한다. 이를 토대로 이승만 분단정권과 미국의 범죄행위의 책임을 묻는다."

〈레드 헌트〉를 시작하면서 하늬영상이 밝힌 제작 의도이다. 그들이 다큐에서 강조한 것은 지금까지 살아 있는 노인들의 구술을 통해 잔혹한 살상의 현장을 복원하는 것이다. 생생하게 재현되는 구술을 통해, 인간으로서는 도저히 감행할 수 없는 학살 현장을 복원하는 것이다. 이러한 구술사는 아래로부터의 역사를 기록하려는 시도이다. 아래로부터의 역사라는 것은, 기존의 힘 있는 자가 만든 역사가 지워버린 대항 기억(counter-memory)을 만드는 것을 말한다. 죽은 자들은 스스로 기억하지 못한다. 때문에 죽은 자들의 억울한 죽음을 현실에서 기억하도록 만드는 것은 산 자들의 몫이다. 산 자들의 기억 속에서 죽은 자는 다시 살아난다. 구술사는 바로 이런 역할을 한다. 그러므로 산 자들의 과거에 대한 구술은 고통스런 기억으로부터 해방될 수 있는 통로이자 주체적 기억의 역사를 만드는 장치이다.

하늬영상은 다큐멘터리 한 편이 얼마나 생생하게 역사를 추적할 수 있는지, 그 결과물이 지금 우리가 살고 있는 이 시대에 얼마나 큰 울림으로 다가올 수 있는지 증명해 보이고도 남는 결과를 낳았다. 때문에 그것을 보는 우리는 눈물과 울분과 분노와 격정을 지닌 채 75분 동안을, 그 어떤 시간보다도 굴욕적이고 힘들게 견뎌야 한다. 영화를 보면서 이렇게까지 괴로웠던 적이 과연 얼마나 있었던가? 영화를 보면서 이렇게까지 자신을 저주한 적이 또 있었던가? 〈레드 헌트 2〉는 바로 그런 영화이다.

제주 4·3항쟁은 미완의 사건이다. 사람은 죽었는데 아무것도 해결되지 않았고 진상도 밝혀지지 않았다. 이것은 명백히 국가 권력에 의한 학살이었다. 이승만 단독정부 수립을 반대하는 시위를 벌인 이들을 잔인하게 학살해버린 사건이었다. 아니다. 이렇게 말하면 실상을 은폐하는 것인지도 모른다. 산으로 숨어버린 젊은이에 대한 화풀이로, 마을에 남아 있던 무고한 노약자와 아낙네들을 모두 학살하고 마을을 소개해버린, 가장 잔인한 방법으로 몰살한 엄청난 범죄이다. 그들을 빨갱이로 몰아 자신들의 권력을 유지한, 비겁하고 구역질 나는 폭력이다. 그러나 잘못 시작된 역사는 쉽게 바로 서지 않았다. 사상자는 엄청나게 많았지만 학살자는 그 누구도 처벌되지 않았다. 아니, 오히려 출세 가도를 달렸다. 그리고 그것은 다시 거창으로, 광주로 이어져 아픈 현대사의 지울 수 없는 상처가 되었다.

조성봉 감독이 이 사건을 다루는 방식은 얼핏 단순해 보인다. 그는 영화 속에서 최대한 자신의 존재를 지운 채 증언자들의 증언을 영화의 중심에 세운다. 오래되었지만, 결코 잊을 수 없는 기억의 저편을 차분히 불러오는 그들의 모습은 처연하고 쓸쓸하고 고통스럽다. 영화는 놀라운 증언을 하는 그들의 얼굴과 목소리에 집중한다. 물론 감독은 그 사이사이에 제주도 풍광을 넣는 것을 잊지 않는다. 심지어 안치환의 식상한(?) 노래를 배경으로 하기도 한다. 그러나 그것은 너무나 생생한 증언들을 통해 격분한 관객의 감정을 쉬어 가는 정도이지 그것이 결코 주가 되지는 못한다. 마이클 무어의 영화가 등장한 시대에도 감독은 여전히 가장 진솔한 방식으로 다큐를 만들고 있는 것이다.

이런 방식으로 다큐를 만들 때 가장 힘든 것은 증언자들을 물색하는 일일 것이다. 연출진은 숱한 발품을 팔면서 말하기를 꺼리는 증언자들을 만나 그들과 친밀한 거리를 유지할 때까지 기다렸다가 결정적인 순간에 카메라를 들이대었을 것이다. 그러나 익히 아는 것처럼, 그것은 결코 쉬운 일이 아니다. 가족이 몰살당한 아픔을 간직한 그들이, 그 사건을 떠올릴 때마다 고통과 아픔과 핍박을 생각했을 그들이 그것을 입에 올리길 원하겠는가. 그래서 제작일지에는 연출부와 증언자의 고통이 오롯이 녹아 있다.

"우체부 아저씨에게 물어 남원 수망리 김두옥 할아버지 댁을 찾다. 뵙자마자 4·3 얘기하기 싫다며 여전히 남은 피해의 앙금을 내보인다. 들어가버리셨다. 처음 겪는 상황이다. 호흡을 가다듬고 틈새를 노린다. 글씨를 찍는 것을 시작으로 대화가 트이고 결국은 대략의 얘기를 다 들을 수 있었다. 돌이키기 고달픈 기억들을 강요하는 것 같아 미안하기 짝이 없지만 골을 메우고 원을 푸는 과정이라 생각하며 전의를 다진다."

어떻게 보면 다큐 감독이라는 게 참으로 못할 짓을 하는 사람 같다는 생각이 든다. 말하기 싫은 그들의 고통을 기어이 말하게 해서 기록으로 남겨야 하는 작업은 그들의 고통을 풀어주는 것인가, 오히려 배가시키는 것인가? 그러나 그들의 아픔은 개인의 아픔에 그치는 것이

제주 4·3항쟁에서 살아남은 이들의 생생한 증언을 담은 조성봉 감독의 다큐 〈레드 헌트 2〉.

아니다. 개인의 잘못 때문에 발생한 아픔이 아니라 국가 권력에 의해
의도적으로 자행된 폭력이다. 제목과 달리 〈레드 헌트 2〉는 빨갱이 학
살 사건을 추적하는 영화가 아니라 힘없는 노약자를 죽인 사건을 다루
고 있다. 국가 권력이 행한 범죄를 기록으로 남겨 더 이상 이런 일이 일
어나지 않도록 해야 한다는, 너무나 당연한 사실을 지금에서야 기록으
로 남기고 있는 것이다. 이렇게 우리는 이제라도 아픔을 지닌 그들의
한을 스스로 이야기하도록 해서 풀어야 한다. 그래서 그것을 넘어서게
해야 한다.

이 영화에는 숱한 증언자들이 등장한다. 그들의 증언은 어느 것 하
나 놀랍지 않은 것이 없다. 많은 시간이 지나 조소를 띠며 말하는 이들
도 있지만 대개는 진중하거나 울음을 터뜨린다. 그들은 하나같이 국가
를 비판한다. 더러운 세상을 욕하고 마지못해 살아온 인생을 저주하기

도 한다. 죽어버린 가족을 그리워하거나 애도하면서 살아남은 자의 고통을 호소한다. 그들에게 삶은 진정 삶이 아니었던 것이다. 이제 그들의 아픔을 국가는 어떻게 달래줄 것인가? "이런 국내 문제도 해결하지 못하면서 일본에게 배상하라고 하는 말이 설득력이 없다"라는 한 증언자의 말은 비수처럼 꽂힌다. 가족이 학살당한 현장을 찾은 한 중년은 "이렇게 여기 왔다 가면 한 3일은 아무것도 하지 못한다"라고 했다. 그들의 아픔을 우리의 아픔으로 만들 때 이 다큐는 진정 빛날 것이다. 그런데 정말 우리는 지금 어디에 서 있는 것일까?

영화의 결말은 살아남은 자들이 올리는 합동 위령제 장면이다. 학살의 현장을 일일이 찾아다니며 기록한 카메라는 어느 순간 위령제를 올리는 그곳에 멈추어 선다. 이제까지 걸어왔던 길을 뒤돌아보며, 마치 카메라 속에 담은 사상자의 원혼을 위령제의 제단에 고하러 온 것처럼 보인다. 이제 길고 긴 무당의 독백이, 무당의 몸을 빌린 죽은 원혼의 억울한 독백이 이어진다. 원혼이 "내가 왜 죽어야 했냐"라고 토로하는 처절한 장면을 카메라는 그냥 덤덤히 담아내기만 한다. 때문에 인권운동사랑방의 서준식 대표가 말한 것처럼 이 영화는 "대담하다기보다 다소 소심한 영화"인지도 모른다. 치고 나가야 할 때에도 카메라는 덤덤히 지켜보며 상황을 담아낼 뿐이다.

하지만 〈레드 헌트 2〉는 영화가 할 수 있는 최고의 선택을 했다. 억울하게 죽은 이를 찾아가 해원의 현장까지 기꺼이 그들을 이끌고 가서 결국에는 그것을 담아내면서도 결코 감독은 자신의 존재를 드러내지 않았다. 대담하게 치고 나가지 않고 지켜봄으로써 이 영화의 주체는 감독이 아니라 4·3으로 희생된 이들임을 보여주었다. 너무 쉽고 단순해 보이지만, 그러나 이것은 아무나 할 수 있는 것이 아니다. 삶에 대한 통찰이 있는 이들만이 할 수 있는 것이다. 자극적이지도 않고 선정적이지도 않지만, 이 영화는 그 어느 영화보다도 진솔하고 솔직하다. 이토록 진솔해서 깊은 울림을 주는 영화는 그리 많지 않다.

■ 〈끝나지 않은 세월〉: 제주인들이 만든 진혼곡

〈레드 헌트 2〉가 외지인의 손에 의해 만들어진 다큐라면, 〈끝나지 않은 세월〉(김경률, 2005)은 제주 사람들에 의해 만들어진 극영화이다. 다큐가 살아남은 자들의 고통스런 고백을 구술로 담아내는 것에 치중한다면, 극영화는 과거의 학살과 현재의 고통이 이어지는 과정에 중점을 두면서 아직도 제주에서는 4·3항쟁의 고통이 끝나지 않았음을 말한다. 물론 어느 것이 더 의미가 있다는 식의 평가는 하지 않는 것이 좋다. 두 편 각각의 장단점이 있는 것이다. 다만 〈끝나지 않은 세월〉을 통해서 비로소 제주 사람들이 직접 4·3항쟁을 다루었다는 의미는 강조해야 할 것이다.

〈끝나지 않은 세월〉은 과거와 현재를 오가는 방식을 택한다. 1948년의 학살과 2005년의 현실이 교차 편집되면서 과거의 아픔과 현재의 상처가 반복되는 구조를 지닌다. 영화의 근본은 1948년의 잔혹한 학살이지만, 그러나 현재의 아픔과 고통에 더 많은 의미를 둔다. 그것은 4·3항쟁에 대한 현실 규명과 사죄가 전혀 이루어지지 않았고, 국가적 차원의 어떤 조치도 취해지지 않았기 때문이다. 아직도 억울하게 학살당한 이들의 아픔만 존재할 뿐, 아무런 사후 대책이 없기 때문이다(참고로 이 영화가 발표되고 1년 뒤인 2006년에 노무현 대통령이 제주의 4·3항쟁 기념식에 참석해 국가권력이 불법하게 행사했던 잘못에 대해 사과했다).

과거와 현재를 오가는 빈번한 편집이 몰입을 방해한다. 그도 그럴 것이 무명에 가까운 배우가 다수 등장하면서 빈번하게 과거와 현재가 교차하니 몰입이 쉬울 리가 없다. 게다가 제주 사투리가 사용되어 타 지방 사람들이 보기에는 더욱 어렵다. 그러나 영화는 철저하게 '제주도'의 '오늘'의 시점에서 그렸다. 언젠가 감독은 "4·3의 현실을 말하기 위해, 즉 과거의 사건이지만 아직도 끝나지 않은 현재의 이야기라는 것을 보여주는 방식으로 과거와 현재의 빈번한 편집을 시도했다"라고 말한 적이 있다. 제주도의 방언을 사용한 것도 제주도의 영화이기 때문에 그렇게 한 것이다.

그렇다고 〈끝나지 않은 세월〉이 재미가 없는 영화라는 말은 아니다. 상황을 단숨에 파악하기 어려운 구조를 지니고 있다는 이야기일 뿐이다. 독립운동을 하듯이 영화를 만드는 독립영화계의 열악한 환경에도 불구하고 이 영화는 꽤 잘 만든 영화라고 하지 않을 수 없다. 연극배우 출신 배우들의 연기도 매끄러웠고, 영상도 노력한 흔적이 역력하며, 무엇보다 4·3항쟁을 과거의 사건이 아니라 현재의 아픔과 연관시킨 것이 다가온다. 학살을 그렸지만 과거에 대한 포근하고 따뜻한 정서도 느껴진다. 제주에 대한 깊은 사랑도 느껴진다.

〈끝나지 않은 세월〉의 가장 큰 장점은 사건을 극을 통해 보여주기 때문에 (다큐에 비해 생생한 면은 떨어지지만) 공감하기 쉽다는 것이다. 주인공의 상처의 풍경을 따라가다 보면 한국 현대사의 가장 큰 비극 가운데 하나인 4·3항쟁의 한가운데를 관통하게 된다. 지금까지도 지워지지 않은 상처를 지니고 있는 이들을 통해, (현재와 과거의) 제주 민중들이 지니고 있는 감정의 깊이를 이해할 수 있다. 더불어 관광 도시로 전락한 지금의 제주가 아니라 상처로 가득한 '불모의 땅', 즉 제주의 '쌩얼'을 만나게 되는 것이다.

김경률 감독은 이 영화를 완성하고 얼마 지나지 않아 젊은 나이로 갑작스럽게 세상을 떠나고 말았다. 생전의 그를 두 번 만난 적이 있다. 한 번은 서울에서, 한 번은 제주에서였다. 두 번 모두 그에게 좋은 이야기를 해주지 못했다. 영화의 개봉 때문에 괴로워하는 그에게 편집을 다시 하고 음악도 새로 입혀야 할 것 같다는 모진 말을 하고 말았다. 독립영화를 만드는 것이 얼마나 고통스러운 작업인지 모르는 바 아니지만, 개봉을 위해서는 그렇게 하는 것이 필요할 것 같아서였다. 그러나 그는 너무나 완고했고, 대화는 별 진전이 없었다. 그때 그에게 따뜻한 말을 해주지 못한 것이 지금도 못내 아쉽다.

■ 역사를 복원하는 영화

2005년 4월 3일, 나는 제주에 있었다. 4월 2일 진행된 전야제부터 시작해 다양한 문화행사, 그리고 4·3평화공원에서 공식적으로 행해지는 행사까지 보고 서울로 돌아왔다. 그때 뇌리에 남은 것은 4·3평화공원에서 거행된 추모식이었다. 동네별로 천막을 치고 도시락을 싸서 온 수많은 제주 민중들은 남녀노소 할 것 없이 슬픔에 잠겨 있었다. 특히 나이가 지긋하신 노파들이 조용히 국화꽃을 올리고 망자의 이름이 새겨진 비석을 말없이 더듬을 때 나는 형언할 수 없는 슬픔을 느꼈다. 숱한 세월이 지난 지금까지도 그들의 아픔이 오롯이 살아 있다는 것이 참으로 서글펐다.

그날 밤 나는 매우 공포스러운 이야기를 들었다. 제주의 관문인 제주공항은 바다를 배경으로 하는 아름다운 곳이지만, 지금도 그곳의 활주로 밑에는 수많은 유골들이 묻혀 있어 비행기가 이착륙할 때마다 고통스러워한다는 것이다. 제주항쟁 당시 학살당한 민간인들이 그곳에 묻혔는데, 빨갱이라고 그들의 존재를 부정했던 정부는 그곳에 공항을 만들고 말았다. 문제는 유골을 수습하고 나서 활주로를 만들 수 있음에도 불구하고 공사를 강행했다는 것이다. 그들의 원혼을 달래고 유골을 수습해주는 않는 한, 언젠가 제주공항에서는 큰 사고가 날 것이라는 불길한 기운이 있다는 말을 들었다. 그 이야기를 들은 날 밤, 나는 등골이 오싹할 만큼 무서웠다. 제주도에 가는 것이 두렵기조차 했다.

역사학자 카는 "역사는 산 자와 죽은 자의 대화"라고 말했다. 죽은 자는 말을 할 수 없지만, 살아 있는 자의 노력에 의해 말을 할 수도 있다. 제주 4·3항쟁을 다룬 두 편의 영화는 그들의 아픔과 고통을 생생히 복원하고 재현해서 죽은 자들이 다시 말하게 만든다. 단지 과거의 기억이 아니라 현재와의 관계 속에서 말하게 만든다. 두 편의 영화를 볼 때 만감이 교차하는 것도 이런 이유 때문이다. 그런 의미에서 두 편은 살아 있는 역사이고, 온전한 과거의 복원이며, 현재의 조명인 동시에 (무엇보다) 카메라로 올리는 진혼제이다. 다만 두 편의 영화가 독립영화이기 때문에 일반인들이 쉽게 접할 수 없다는 점은 무척이나 아쉽다.

3

한국전쟁
—〈웰컴 투 동막골〉,〈그 섬에 가고 싶다〉

분단 체제가 아직도 유지되고 있는 한반도에서 한국전쟁에 대해 거론하는 것은 위험하다. 남한체제의 편을 들지 않는 한 한국전쟁을 거론하는 것은 매우 곤란한 일이다. 일례로 강정구 교수는 한국전쟁을 두고 "북한의 지도부가 시도한 통일전쟁"이라고 말했다가 '빨갱이'로 몰리는 처지가 되었다. 어떻게 보면, 이 말은 북에 의한 남침임을 인정한 것인데도 우익의 여론몰이는 그런 것을 전혀 고려하지 않았다.

이처럼 아직도 우리는 분단시대를 살고 있다. 김대중 전 대통령과 노무현 전 대통령의 적극적인 대북 정책으로 긴장이 많이 완화된 것은 사실이지만, 아직도 언제든지 전쟁이 일어날 수 있는 '화약고'에서 살고 있다는 것을 천안함 사건 이후 몸소 겪었지 않은가. 조지 부시가 미국을 집권하던 시절, 수시로 들려왔던 미국의 선제공격 시나리오는 어떠했는가. 한 번 전쟁을 경험했지만 통일을 이루지 못한 한반도는 아직도 냉전시대에서 벗어나지 못하고 있다.

이런 땅에서 살고 있는 사람들에게 한국전쟁과 분단체제에 대한 기억은 결코 지울 수 있는 것이 아니다. 고로 수많은 예술작품에서도 한국전쟁과 분단은 단골 소재이다. 영화라고 예외는 아니다. 분단과 한국전쟁을 소재로 한 한국 영화는 무수히 많다. 영화라는 것이 기본적으로 관객들에게 판타지를 심어주는 것이라면, 전쟁만큼 사람들의 관심을 끄는 소재도 없다. 멜로드라마는 운명적인 사랑을 강조하기 위해 전쟁이라는 극단적 상황 속으로 인물을 몰아넣어 사랑의 고난과 성숙을 이야기한다. 액션 영화는 볼거리로서의 전쟁 장면을 통해 사나이다움을 강조하면서 통쾌함을 선사한다. 분단의 고통을 치열하게 고민하는 문예 영화도 많다. 심지어 선전 효과가 큰 영화를 통해 국책인 반공을 강조하는 반공 영화도 있다.

이렇게 다양한 영화들이 있지만, 적어도 1990년대 초반이 오기까지 분단과 한국전쟁을 그린 영화는 대부분 반공이라는 틀에서 자유로울 수 없었다. 말로는 자유민주주의라고 하지만 실제로는 자유도 없었고 민주도 없었던 사회에서 어찌 표현의 자유가 있을 수 있었겠는가. 무엇보다 대중적 파급 효과가 큰 영화를 정권이 가만히 둘 리 없다. 전쟁을 통해 큰 상처를 입은 남북의 지도자는 반공과 자유민주주의를, 인민해방과 주체사상을 구호로 삼으면서 자신들 정권의 기반을 더욱 굳

혀나갔다. 때문에 남한에서 한국전쟁을 그린다는 것은 예외 없이 반공을 전제해야 했고, 북한에서 한국전쟁을 그린다는 것은 예외 없이 반미를 전제해야 했다. 거장의 작품이라고 예외였던 것은 아니다.

그런데 재미있는 것은 한국 영화계에서 엄청난 흥행을 기록한 영화는 대부분 분단과 한국전쟁을 비롯한 한반도의 특수한 사정을 다루고 있다는 점이다. 〈괴물〉(봉준호, 2006)은 분단 이후 가장 막강한 힘을 발휘한 미국의 영향력 아래 있는 남한의 정치·행정·언론의 관계를 한강에 등장한 괴물을 통해 보여주고 있고, 〈태극기 휘날리며〉(강제규, 2004)는 한국전쟁 시기 발생한 형제의 비극을 다루고 있으며, 〈실미도〉(강우석, 2003)는 분단 시기 '김일성의 목을 따야' 하는 임무를 띤 특수부대의 비극을 그리고 있다. 〈타이타닉〉(제임스 카메론, 1997)의 흥행 성공을 꺾던 〈쉬리〉(강제규, 1998)는 분단의 긴장을 액션과 멜로를 통해 혼합했고, 〈공동경비구역 JSA〉는 JSA 구역 내 남북한 병사들의 '금지된 우정'에 관한 영화이다. 이렇게 분단과 한국전쟁을 배경으로 한 많은 영화가 엄청난 흥행을 하고 있는 현상은 흥미롭지 않을 수 없다.

왜 이런 일이 가능할까? 그것은 의외로 간단하다. 분단체제를 다룬 영화가 엄청나게 흥행을 하는 이유는 그것이 대한민국에서 살아가는 사람들이라면 누구나 공감할 수 있는 소재를 다루기 때문이다. 분단과 전쟁을 겪은 세대들은 자신들의 경험을 영화를 통해 재확인할 것이고, 전쟁을 겪지 않은 세대들은 영화를 통해 간접 경험을 하면서 분단의 현실을 되돌아보게 된다. 프레드릭 제임슨(Fredric Jameson)은 이런 상황을 '민족적 알레고리(national allegory)'라는 개념으로 설명했다. 즉,

한 민족이 집단적으로 가지고 있는 역사적 경험이 문화적 텍스트를 통해 알레고리로 드러난다는 것이다.

조금 더 설명을 하자. 한 영화가 관객 1,000만 명을 돌파했다는 것은 어마어마한 것이다. 4,900만 명이 살고 있는 이 땅에서 한 영화가 1,000만 명의 관객을 동원하려면 영화의 주 관객층인 10대 후반과 20대 초반의 여성 관객으로는 도저히 불가능하다. 갓 태어난 아이부터 죽기 직전의 노인까지 모두 합쳐 네 명 가운데 한 명이, 그것도 불법다운의 천국인 한국에서 비디오가 아니라 '극장에서' 〈태극기 휘날리며〉를 봤다는 사실은 실로 엄청난 것이다. 무작위로 길 가는 사람을 잡으면 네 명 가운데 한 명은 극장에서 이 영화를 본 것이다. 이런 관객 동원이 가능하려면 40대 이상, 아니 1년에 극장에 한 번 올까 말까 한다는, 그 '무서운' 50대 이상의 중장년 관객들이 극장을 찾아야 한다. 물론 분단과 한국전쟁을 그린 '모든' 영화가 흥행에 성공하는 것은 아니다. 작품성과 영화적 성향이 관객의 취향과 맞아야 한다.

■ 〈웰컴 투 동막골〉은 왜 다른가?

2005년에 개봉해서 800만 명의 관객을 동원한 〈웰컴 투 동막골〉(박광현, 2005)은 참으로 재미있는 영화이다. 제목부터가 그렇다. 동막골에 온 것을 환영한다니, 도대체 동막골은 어떤 사람들이 살고 있는 곳일까? 단정적으로 말하면, 그곳은 일종의 유토피아다. 순진무구한 사람들만 살고 있는 곳이라는 말이다. 말 그대로 '어린이(童)' 같은 심정을 가진 사람들이 '마음 내키는 대로(奧)' 살아가는 곳이다. 자연과 더불어 인간이 가장 행복하게 어울려 살아갈 수 있는 곳. 이념의 대결도 없고 갈등도 존재하지 않는, 그러니까 이곳은 일종의 민족화합의 '무릉도원'인 것이다. 감독은 이런 공간을 통해 분단 이전의, 분열도 미움도 없는 이상향으로 돌아가고자 한다.

세속과는 철저하게 동떨어져 살아가는 깊은 산골에 어느 날 미군, 국군, 인민군이 차례로 찾아온다. 처음에는 대결하던 이들도 곧 동막골의 순진한 기운에 전염된다. 그래서 남북 병사들의 대결 때문에 파괴된 곡식창고를 가득 채울 때까지 그곳에서 함께 일하기로 한다. 이제부터 남북 병사들은 서로에 대한 의심은 지니고 있지만 마을 사람들을 도우며 열심히 일한다. 일하는 도중 마음을 열고 진정으로 서로를 이해하게 되는 것은 정해진 수순. 심지어 미군도 함께 동화되어 마침내 하나가 된다.

이들 사이의 교각 역할을 하는 미친 여자(강혜정 扮)는 가장 정겹고 아름답고 깨끗하고 순수한 여자이다. 이성적인 기준에서 보면 그녀는 비정상적이라고 판단할 수 있지만, 아군과 적군을 가리지 않고 모두를 포근한 친구로 대하는 그녀의 행동이야말로 지극히 정상적인 행동이며 따뜻한 행동이라고 하지 않을 수 없다. 같은 민족끼리 총을 겨누고 전쟁을 하고 있는 상황을 비웃으며 서로가 친구라고 이야기하는 장면은 영화를 보는 이들을 행복한 웃음의 세계로 안내한다. 수류탄이 터져 팝콘이 되는 유쾌한 상상력은 그녀만의 매력적인 상상력임에 분명하다. 그녀에게는 마을에 온 반가운 손님들을 환영하는 카니발인 것이다.

흥미로운 것은 이 영화가 한국전쟁과 분단을 다루는 방식이다. 기존의 영화는 대개 냉철한 현실을 다루는 편이었다. 〈실미도〉는 체제 대결의 극단적인 상황이 만든 '살벌한' 현실을 그리고 있고, 〈태극기 휘날리며〉는 남북이 서로에게 총질을 해대는 것을 형제라는 알레고리로 설정하고 있으며, 〈쉬리〉는 분단을 냉전적 시각으로 바라보고, 〈공동경비구역 JSA〉는 화해를 그리지만 결국 냉엄한 죽음의 현실로 돌아와야 했다. 〈웰컴 투 동막골〉이 이 영화들과 갈라서는 지점은 바로 이 부분이다. 여기에서 인민군은 더 이상 적이 아니다. 인민군도 국군을 괴뢰군이라고 부르고, 국군도 인민군을 괴뢰군이라고 부른다. 이처럼 총들고 전쟁하고 있는 그들은 모두 괴뢰군인 것이다. 게다가 동막골 사람들에게 남북의 병사들은 별다른 차이가 없다. 단지 같은 민족일 따름이다. 때문에 그들은 별다른 적대감이나 무서움 없이 편하게 그들을 대할 수 있다.

〈공동경비구역 JSA〉에서 그나마 북한 병사를 인간적으로 그렸는데, 이 영화는 거기서 한발 더 나간다. 분단되기 이전의, 이데올로기 대립 이전의 포근하고 아늑한 고향으로 돌아간 것이다. 그곳은 하나된 형제가 행복하게, 모든 것을 잊고 살아가는 곳이다. 때문에 이 영화는 이제까지 나온 그 어떤 영화보다도 북한을 인간적으로 그렸다. 북한 사람도 우리와 다름없는 사람이라는 것을 이제서야 그리게 된 것이다. 코믹한 설정도 좋고, 배우들의 연기도 좋고, 중반까지의 내러티브도 좋지만 무엇보다 〈웰컴 투 동막골〉의 가장 큰 성과는 바로 이것이다.

분단 이전의 순수한 모습을 이상적으로 그린 〈웰컴 투 동막골〉.

하지만 이 영화를 다 보고 나면 상쾌하면서도 한편으로는 씁쓸한 생각이 드는 것을 부정할 수 없다. 왜일까? 그것은 이 영화가 지니고 있는 후반부의 비장미에서 많은 부분 기인한다. 미군 조종사, 인민군, 국군이 행복하게 살던 이곳에 불운한 기운이 엄습한다. 연합군의 비행기가 두 번이나 추락한 깊은 계곡인 동막골에 인민군의 은폐진지가 있는 것으로 간주한 연합군이 포격할 계획을 세운 것이다. 마침내 연합군은 추락한 미군 조종사를 찾을 특수부대를 파견하고서 그곳을 융단폭격하기로 결정한다.

이제 가을이 되어 추수가 끝난 후 곡식 창고가 가득히 채워져 동막골에서는 축제가 벌어진다. 서로의 노고를 격려하면서 마을 사람들과 남북 병사, 미군 병사가 함께 즐기는 그때, 연합군이 쳐들어온다. 임무 수행 중이라는 이유로 연합군은 노인을 잔인하게 구타하고 다른 이들을 위협하다가 인민군과 국군의 '연합군(?)'에 사살당한다. 동막골에 폭격이 있으리라는 사실은 전해들은 인민군과 국군은 마을을 떠나면서 연합군을 유인할 계획을 세운다. 마침내 그들은 다른 봉우리에 진지를 구축해서 연합군을 유인하고 장엄하게 최후를 맞는다.

먼저 여기서 문제가 되는 것은 동막골이라는 장소가 지닌 퇴행적 성격을 들 수 있다. 이 영화는 결코 현재를 말하지 않는다. 동막골 사람들은, 한국전쟁 시기임에도 불구하고 그것과 아무런 상관이 없는 사람들이다. 남과 북이 전쟁을 벌이는 상황에서도 이상향인 동막골은 전쟁이 일어났다는 사실 자체를 모른다. 아니, 그들은 분단된 사실도 모르고 있다. 그래서 전쟁이 일어났다고 하니 왜놈이나 떼놈이 쳐들어온 줄로 착각한다. 결국 그것은 분단 이전의 상태로 돌아가야 한다는 전언이지만, 현실을 지나치게 무시하는 과거 지향적 이상향의 표현에 그치고 만다. 때문에 영화는 한국전쟁 당시의 '이상하고 아름다운' 마을을 2005년에 그리고 있지만, 그 힘은 한국전쟁 당시의 상황에서 그쳐버리고 현재의 공간으로 이동하지 못한다. 〈태극기 휘날리며〉처럼 전쟁의 비인간적인 면이 현재에도 이어진 것을 강조하거나, 〈공동경비구역 JSA〉처럼 분단된 한반도의 비극을 말해주지 못한다. 단지 비현실적인 공간을 통해 대리만족을 느낄 뿐이다.

그런데 이 영화가 정말 무서운 것은 영화 속에 녹아 있는 강렬한 민족주의 정서 때문이다. 동막골은 전쟁 동안에도 이념으로부터 자유롭다. 지독한 산골이라는 설정을 이해한다고 하더라도 감독은 의도적으로 이데올로기로부터 거리를 둔 원시적 민족 공동체의 원형을 그리고 있다. 다시 말하자면, 동막골에는 좌도 없고 우도 없다. 심지어 미군도 없다. 그곳에 들어온 인물들은 모두 하나가 된다. 엄밀히 말하자면, 동막골의 정서를 받아들이는 미군도 동막골의 일원이 되는 것이다. 그래서 일원이 된 미군은 동막골이 파괴되는 것을 막기 위해 필사적으로 연합군 본대를 찾아간다. 하지만 엄밀히 말하면, 폭격으로부터 벗어나 자신이 살아남기 위해 가는 것이다. 인민군과 국군이 동막골을 살리기 위해 죽어갈 때 그는 살아남는다. 결국 그는 인민군과 국군과는 다른 존재임을 보여주는 것이다.

영화에는 '우리 민족끼리' 살아가야 한다는 강한 메시지가 들어 있다. 외세를 배격하고 이념을 넘어 우리 민족이 주체가 되어 행복하게 살아가야 한다는 메시지가 너무도 노골적으로 들어 있다. 극단적으로 말하자면, 그것을 위해서는 몇은 희생해도 된다는, 또는 기꺼이 희생해야 한다는 메시지가 들어 있다. 민족공동체의 운명을 위해 기꺼이 죽어야 한다는 과도한 민족주의는 영화의 마지막 장면에서 처절하도록 아름답게 구현된다. 특히 죽은 그들이 다섯 마리의 나비가 되어 날아가는 장면은 그들의 죽음을 최대한 미화한다. 민족을 위해 기꺼이 목숨도 바쳐야 한다는 과도한 민족주의는 우리의 저변에 깊게 깔려 있지만, 그것을 강요하다시피 하는 이 영화는 분명 유쾌하게만 볼 수 있는 영화는 아니다. 우리는 민족주의를 버릴 수는 없지만 민족주의가 만병통치약이 되어서도 안 된다. 민족주의만이 살 길이라고 주장하거나 지금의 세계정세를 무시한 민족주의는 결코 대안이 될 수 없다. 그런 면에서 이 영화는 약간은 위험한 영화라고 할 수 있다.

■ 〈그 섬에 가고 싶다〉: 과거의 현재화

박광수 감독이 1994년에 연출한 〈그 섬에 가고 싶다〉는 한국전쟁을 다루고 있음에도 불구하고 〈웰컴 투 동막골〉처럼 무척이나 따뜻한 영화이다. 이 영화가 따스할 수 있었던 이유는 어린이의 시선을 통해 세상을 보기 때문이다. 더 정확히 이야기하자면 어른이 되어서 찾아온 고향의 섬마을에 대한 어린 시절의 기억이 주를 이루기 때문이다. 서울에 살다가 우연한 기회에 들른 섬은 어릴 적 기억의 보고이다. 이제부터 영화는 섬을 둘러싼 기억의 보석들을 하나씩 펼쳐놓는다. 어머니가 일찍 돌아가셔서 초등학교 선생인 아버지와 외롭게 살아가는 철이에게 섬은 즐거운 놀이터이자 외로움을 달래주는 공간이었다. 친구들과 어울려 놀이를 하고 바닷가에서 수영을 하다가 저녁에는 마루에 누워 별을 보며 지내는 것이 생활의 전부이다. 지금은 폐허가 된 마을을 돌아보며 그는 깊은 회상에 잠긴다.

그런 점에서 이 영화는 〈웰컴 투 동막골〉의 원조 격이라고 할 수 있다. 〈웰컴 투 동막골〉이 전쟁의 와중에 남한군과 북한군, 유엔군이 모두 모여 하나가 되는 공동체를 꿈꾸고 있었다면, 〈그 섬에 가고 싶다〉는 전쟁 중에도 좌와 우의 구별이 없는 섬마을의 생활상을 그리고 있다. 심심산골의 마을이나, 육지에서 한참 떨어진 섬은 모두 속세와 거리가 있는 공간이다. 이런 공간은 시간도 초월하는 법이다. 〈그 섬에 가고 싶다〉에 그려진 섬사람들의 공동체는 유교적 질서가 살아 있고 서로가 서로를 위해주는 공동체이다. 원시적 공동체처럼 순박하지는 않지만 포근한 질서가 존재하는 곳이다. 어린이의 눈에 비친 섬의 공동체는 세계와 소통하는 하나의 창(窓)이다. 자연과 더불어 마냥 즐겁게 뛰어노는 공간이다. 그곳에는 나의 부모, 남의 부모가 따로 없다. 어머니가 안 계신 철이는 다른 집에서 그들과 함께 수시로 밥을 먹는다. 이를 아무도 이상하게 생각하지 않는다.

특히 영화 속에 그려진 옥님(심혜진 扮)은 순진무구한 인물을 상징한다. 정신적으로 이상이 있기 때문에 아이들과 어울려 놀지만, 오히려 그녀의 정신이상적인 증세 때문에 현실의 고통을 넘어서는 인물이 된다. 철이가 어머니를 그리워하며 아플 때 그를 달래주는 것은 다름 아닌 옥님이다. 어머니가 그리운 철이의 마음을 안 그녀는 자신의 저고리를 풀어 젖을 먹이고, 모든 사람은 죽어서 별이 되니 철이의 어머니도 별이 되었다고 말한다. 철이는 밤하늘에 빛나는 수많은 별들을 보며 옥님의 품에서 달콤한 잠에 빠진다. 옥님의 이런 순진무구한 생각들은 분단의 아픔을 넘어서는 인물이 되게 한다. 그녀는 북한군 제복을 입고 빨갱이를 가려내려는 남한군을 보고 운동장에서 운동회를 하고 있는 것으로 착각한다. 마을 사람들 가운데 좌익을 속출하려는 남한군에게는 이것이 영리한 계획인지 모르겠지만, 옥님에게는 아이들의 놀이와 다를 바 없다. 순진한 섬마을에 어떻게 좌익과 우익이 존재할 수 있겠는가. 순박하게 자연과 더불어 살아가는 마을을 분란 속으로 빠뜨린 것이 바로 전쟁이다. 김 선생의 말처럼, 좌우익을 구분하려는 행동이 아이들의 병정놀이보다 더 유치한 발상인 것이다. 이렇게 보면 옥님은 〈웰컴 투 동막골〉의 광녀와 똑같은 역할을 한 것이다. 하긴 한민족끼리 전쟁을 하면서 수많은 살상을 저지른 것이 어찌 제정신을 가진 사람들이 할 수 있는 짓이겠는가.

그러나 한국전쟁의 기운은 전라도의 외딴 섬까지 영향을 미쳤다. 영화의 시작은 한 노인의 운구를 실은 배가 섬에 도착하지만 섬마을 사람들이 섬에 매장을 허용하지 않는 것에서 시작된다. 무슨 일이 있었기에 죽은 사람의 묘소마저 쓰지 못하도록 하는 것일까? 이 영화는 바로 그 이야기를 다루고 있다. 문성근이 1인 2역을 하는 현재의 아들과 과거의 아버지, 안성기가 1인 2역을 하는 현재의 김철 시인과 과거의 아버지 역할은 한 세대의 시간이 흘러도 여전히 사라지지 않고 있는 전쟁의 상처를 보여준다. 한 평자의 말처럼 전쟁의 상처를 "역사화해 현재화"하는 것이다. 한 세대가 흘러도 치유되지 않는 과거의 상처를 현재의 시점으로 보여주는 것이다.

문제의 핵심은 운구로 섬에 돌아온 문덕배(문성근 扮)라는 인물에게 있었다. 그는 어느 마을이나 존재하는 바람둥이 같은 사람이다. 그의 아내는 곱사 딸을 낳았는데, 이를 이유로 다른 섬의 젊은 여자와 눈이 맞아 집을 돌보지 않는다. 곱사 딸이 죽자 본부인이 정신병이 들었는데 그녀를 치유한다고 육지로 데려간 지 얼마 지나지 않아 만삭의 새 여자를 데리고 온 것이다. 결국 동네 어른들이 그를 동네에서 쫓아내는데, 이에 대한 보복으로 섬에 빨갱이가 있다며 국군을 데리고 온 것이다.

그들의 전략에 속아 죽임을 당한 이들의 후손이 엄연히 존재하는 섬에 문덕배의 시신을 안치할 수 없는 것은 어쩌면 당연해 보인다. 이제

분단의 상처가 아직도 치유되지 않은 인물들의 갈등, 〈그 섬에 가고 싶다〉.

어떻게 할 것인가? 해결의 과정은 쉽지 않지만, 결국 아픔을 극복해야 한다고 감독은 나직이 말한다. 시신 안치를 결코 받아들일 수 없었던 마을 사람 가운데 한 명이 운구를 실은 배에 불을 지르고 만다. 그러나 불에 탄 그 배를 마을 사람들이 밧줄로 당기는 것으로 영화는 끝을 맺는다. 문덕배의 영혼과 대화하는 무당의 소리가 들리는 가운데 멀리 익스트림 롱 쇼트(Extreme long shot)로 보이는 이 풍경은 마치 40년 전에 죽은 이들과 최근에 죽은 문덕배의 시선으로 분단의 고통을 넘어서려는 마을 사람들을 격려하듯 바라보는 것 같다는 생각이 들게 만든다.

이 영화는 한국전쟁의 상흔을 전통적인 샤머니즘의 정서로 치유했다는 점에서 긍정적인 평가를 받을 수 있지만, 한편으로는 샤머니즘에 기대어 쉽게 해결을 구했다는 비판에 직면하게 된다. 이런 점에서는 민족상잔의 비극을 삼촌과 외삼촌의 대결, 할머니와 외할머니의 대결로 그리다가 샤머니즘으로 해결을 도모한 〈장마〉(유현목, 1979)와 비슷한 결말을 보여주지만, 과거의 대립이 아니라 현재까지 남아 있는 상처를 치열하게 보여주었다는 점에서는 변별점을 찾을 수 있다. 이 부분에서 박광수 감독은 현실의 분단 문제를 극복해야 한다고 주장한다. 갈등이 해소된, 그래서 '가고 싶은 섬'이 되어야 하는 것이다. 소년의 기억을 통해 따뜻하게 과거를 회상하고, 현실의 문제를 죽음의 의식이라는 과거의 일로 돌리며 샤머니즘의 전통 속에 녹여냄으로써 분단 의식을 어떻게 넘어서야 하는지 〈그 섬에 가고 싶다〉는 포근하게 이야기하고 있다.

4

빨치산에 대한 기억
—〈피아골〉, 〈남부군〉, 〈태백산맥〉

나는 배고픔의 기억을 모르는 세대에 속한다. 때문에 보릿고 개라는 말은 적어도 나에게는 교과서에나 등장하는 단 어일 뿐이다. 그러나 혹독한 추위의 고통은 조금(?) 겪어본 사람이다. 어린 시절 십 리 산길을 걸어 학교에 다녔다. 9년을 그렇게 다닌 나에 게 가장 고통스런 계절은 겨울이었다. 아침마다 아버지께서 쇠죽 끓이 는 솥뚜껑에 따뜻하게 데워주신 운동화를 신고 집에서 출발하지만 얼 마 지나지 않아 고갯길에서 마주치는, 살을 에는 듯한 '칼' 바람에 온몸 이 얼어붙는 고통에 직면해야 했다. 발이 얼기 시작하면 걷기가 힘들 어진다. 발끝의 감각이 둔해지고 손가락의 감각이 없어지며 볼도 심하 게 한 대 맞은 것처럼 얼얼해진다. 어느 날 아침에는 감은 머리를 미처다 말리지 못하고 학교에 가다가 얼어버리는 황당한 경험을 한 적도 있었다. 산골의 겨울바람은 참으로 혹독한 것이다.

군대 기억도 쓰라리긴 마찬가지다. 근무했던 강원도 산골의 추위는 정말로 무섭다. 밤이 되면 통상 영하 15도 이하로 내려간다. 이런 강도의 겨울밤 추위는 겪어본 사람만이 안다. 영하 20도에 보초를 서러 밖에 나가면 옷을 몇 겹으로 입고 아무리 방비를 잘해도 단 5분도 지나지 않아 추위와 사투를 벌여야 한다. 그런 상황에서 1시간 반을 보초를 서야 했다. 무엇보다 무서운 것은 혹한기 훈련이었다. 말이 혹한기 훈련이지 혹한기가 지난 2월에 훈련을 나가지만, 하얀 눈 위에 텐트를 치고 자야 하는 고통은 말로 표현하기 어렵다.

나는 빨치산 하면 추위가 먼저 떠오른다. 굶주림은 그 다음이다. 깊은 산에서 추위에 노출된 채 밤을 지새워야 한다는 것은 나로서는 감히 상상할 수 없는 고통이다. 살을 에는 추위 속에서 이불 한 장 없이 밤을 지새워야 하는 상황, 그것도 토벌대에게 쫓기기 때문에 잠도 제대로 잘 수 없는 상황이라는 점을 고려하면, 나약한 나는 두려워진다. 게다가 그들에게는 식량조차 없었다. 그런 악조건 속에서 다만 '좋은 세상이 오기'만을 기다리며 그들은 무작정 싸우다가 결국은 소멸되고 말았다.

빨치산의 근거지였던 지리산을 두고 시인 김지하가 "눈 쌓인 산을 보면 / 피가 끓는다"라고 한 것도 그런 추위 속에 맞서 싸웠던 "흰옷들의 눈부심"이 떠올랐기 때문일 것이다. "한 자루의 녹슨 낫과 울며 껴안던 그 오랜 가난과 / 돌아오마던 덧없는 약속 남기고 / 가버린 것들"

에 대한 그리움과 "내 가슴에 울부짖는" 분노 때문일 것이다. 가진 것 없고 배운 것 없는 이들이 세상을 변혁시키겠다는 의지 하나로 떨쳐 일어났지만, 결국 그들은 지리산에서 운명을 다하고 말았다. 한국의 현대사에서 빼놓을 수 없는 존재들 가운데 하나가 바로 빨치산이다.

■ 〈피아골〉: 반공 영화의 효시이자 정석

빨치산을 다룬 영화는 많지만, 효시는 〈피아골〉(이강천, 1955)이라고 할 수 있다. 영화는 지리산 토벌이 아직 끝나지 않았던 1954년 봄에 제작 계획을 수립하기 시작하여 가을에 촬영에 들어갔다. 그러니까 실제로 빨치산이 지리산에서 활동하고 있던 시기에 지리산에서 영화를 촬영한 것이다. 이렇게 보면 이 영화야말로 가장 대담하고도 리얼한 기획이다. 또한 영화가 얼마나 대중적인 힘이 있는 매체인지 검증할 수 있다. 이 영화를 통해 정부는 빨치산이 어떤 인간들이며 어떻게 괴멸해갔는지 보여주려고 한 것이다.

때문에 영화에 그려진 빨치산의 생활은 매우 비극적이다. 맥아더가 지휘한 인천상륙작전으로 허리가 잘린 남부군은 지리산으로 들어가 투쟁을 하지만 공화국에서는 다시 내려올 기미가 보이지 않는다. 무엇보다 빨치산을 두렵게 하는 것은 이렇게 고립되어 죽을 것이라는 공포이다. 이런 공포 속에 빠진 빨치산은 정상적인 인간이라고 할 수 없는 생활을 한다. 진퇴양난에 처한 그들의 고뇌를 깊이 있게 그리지 않았을 뿐 아니라, 빨치산을 살인마이자 인간 이하의 짐승으로 그리고 있다. 지리산에서 산 생활을 하고 있는 이들은 마치 동물들처럼 그려져 있다. 보급투쟁에서 부상을 당해 총을 잃어버린 대원을 아가리 대장(이예춘 扮)이 직접 사살한다. 어떤 마을에서는 인민의 적이라며 대원의 어머니를 죽이고, 그것도 모자라 그의 외삼촌까지 동네 사람들이 죽이도록 만들며, 심지어 그렇게 외삼촌을 죽인 사람들을 동네의 세포로 '심는다.' 결국 반동 외삼촌을 두었다는 죄로 어린 대원도 죽이고 만다. 그들의 만행은 여기서 그치지 않는다. 토벌대의 공습을 피해 온 여대원을 겁탈해서 죽이고, 그것을 숨기기 위해 무고한 다른 대원을 또 죽인다. 대장은 부하 여성을 강간하고, 자신의 비서에게 수작을 부린다. 이런 생활에 환멸을 느낀 지식인 출신의 김철수(김진규 扮)는 자수를 하려고 하고, 그를 사랑하는 애란(노경희 扮)도 동참한다. 결국 이 영화는 짐승 같은 빨치산 생활을 청산하고 '자유 대한'의 품에 안기는 내용을 담고 있는 것이다.

겉으로 드러난 내용을 보더라도 반공 영화라는 것을 한눈에 파악할 수 있다. 이 영화는 빨치산을 지나치게 잔혹하고 동물적인 광기의 집단으로 그리는 데 많은 부분 치중했기 때문에 분단의 현실을 제대로 그리지 못했을 뿐 아니라 분단을 넘어서려는 의식을 전혀 보여주지 못했다. 그들이 왜 빨치산이 되어야 했는지, 즉 인민군의 편에 서서 그들을 지지했던 이들이 인천상륙작전 이후 왜 자수하지 않고 지리산으로 들어가서 숱한 시간을 고생하고 있는지, 특히 영화에서처럼 공화국은 그들을 버렸는데 왜 그들은 공화국을 버리지 않았는지 아무런 설명이 없다. 단지 부하를 잔인하게 죽이고, 무고한 양민을 학살하며, 여성 빨

빨치산을 다룬 영화의 효시, 〈피아골〉. 이후 이 영화는 반공 영화의 정석이 되었다.

치산을 강간해 살해하는 인간 이하의 모습만 그릴 뿐이다.

영화에 대한 안타까움은 여기서 그치지 않는다. 〈피아골〉이 빨치산을 그린 거의 최초의 영화이기 때문에 이후에 등장하는, 빨치산을 다룬 영화는 이 영화를 참조하지 않을 수 없었다. 반공이 국시이던 이승만 정권 시절과 쿠데타로 권력을 잡은 박정희 정권 시절 반공은 누구도 거스를 수 없는 국시였다. 이런 시대의 대중 영화 속에 그려진 빨치산은 짐승 같은 살인마의 형태에서 벗어나지 못했다. 특히 한국 영화의 황금기라는 1960년대에 만들어진 영화들에 나오는 빨치산과 북한군은 대부분 이 영화의 이미지에서 응용된 것이다.

〈피아골〉 이후 남한에서 만들어진, 빨치산을 다룬 영화는 대부분 반공 영화였다. 검열을 통과해야 하는 상황과, 대종상에서 반공 영화상을 수상해 외화 수입 쿼터를 따야 했던 상황을 고려하면 이해 못할 것도 아니다. 그러나 이런 상황은 오랫동안 한국 영화에서 분단현실을 올바르게 그리지 못하도록 만들었다. 심지어 한국 영화의 거장이라는 유현목의 작품에서도 빨치산은 치열한 신념을 지닌 이들이 아니라 희화화의 대상으로 추락한다. 가령 〈장마〉(1979)에서 주인공의 삼촌은 인민군이 마을을 지배할 때 아무것도 모르는 무식쟁이기 때문에 빨간 완장을 찼다가 입산하는 것으로 되어 있다. 특히 대학을 다니다가 국군이 된 외삼촌과 비교되면서 빨치산은 희화화된다. 그나마 이런 상황은 나은 것이다. 대부분의 영화에서 빨치산은 인간 이하의 존재로 그려졌다.

■ 〈남부군〉 : 치열한 고뇌의 현장

빨치산 출신의 작가 이태가 펴낸 동명소설 《남부군》을 정지영 감독이 영화화한 것은 1990년이었다. 대통령이 된 군인 출신의 노태우는 당시 북방외교를 활발하게 했는데, 아이러니하게도 북방외교를 하다 보니 좌익 작가들에 대한 대대적인 해금을 하지 않을 수 없었다. 물론 월북 작가들을 해금한 이유에는 민주화 운동의 성과도 있을 것이다. 빨치산을 매우 인간적으로 그린 〈남부군〉이 영화로 제작된 것도 이런 상황 덕분이었다. 전두환 정권 시절만 해도 이런 소재를 영화화한다는 것은 감히 상상도 할 수 없는 일이었다. 검열에서 이런 내용이 통과될 수 없는 것은 물론이고 감독이 감옥행을 각오해야 했다. 그러나 시대는 서서히 변화하고 있었다.

영화의 배경은 1950년이다. 한국전쟁 시기에 북한군의 종군 기자로 전주에 온 이태(안성기 扮)는 전세가 불리해지자 빨치산에 합류해 지리산으로 들어간다. 이제부터 영화는 지리산에서 빨치산 활동을 하는 이태의 남부군 부대와 그들을 쫓는 토벌대의 싸움이 큰 틀을 이루고, 남부군 안에서도 다양한 인간들을 형상화해 이념의 시대에 대해 고민하게 만든다. 영화에서는 해방 후 좌우의 대립 속에서 왜 남부군이 될 수밖에 없었는지 그들의 고뇌를 설명한다. 그런 생활 속에서 이태는 사랑도 느끼고, 추위와 굶주림의 숱한 고통과 죽음의 위기를 경험하지만, 결국 살아남아 토벌군의 포로가 된다.

이 영화가 기존의 빨치산을 다룬 영화와 다른 점은 몇 장면만 봐도 알 수 있다. 〈남부군〉에서 빨치산은 이유 없이 민중을 죽이거나 그들의 물건을 강탈하지 않는다. 〈피아골〉에서 양민을 학살하는 빨치산과는 선명한 대조를 이룬다. 강간의 모티프도 마찬가지다. 〈피아골〉에서 빨치산이 여성 동료를 강간하고 죽인 뒤 그 죄를 다른 동료에게 씌우는 것에 비해, 〈남부군〉에서는 경찰 부인을 강제로 강간한 황대용(트위스트 김 扮)은 인민재판을 통해 자살한다. 인민의 세상을 만들기 위해 일어선 그들이 인민을 강간하고 강탈하는 것을 좌시하지 않는 것이다.

〈남부군〉이 그린 빨치산은 치열한 내적 고민을 하는 사람들이다. 종군 기자였던 이태는 빨치산이 되고 나서 숱한 고민을 한다. 간호부 박민자(최진실 扮)를 만나 사랑하게 되고, 시인 김영(최민수 扮)을 만나 동족상잔의 허무를 고민하게 되며, 남부군 김희숙(이혜영 扮)을 만나

126

그녀의 용맹성에 감탄하게 된다. 나약한 지식인이었던 이태는 이렇게 다양한 인물을 만남으로써 자신이 어떤 존재인지, 한국전쟁이 어떤 전쟁인지 깨닫게 된다. 오빠를 죽인 빨치산에 입산한 박민자, 어느 한 편을 선택해야 하기 때문에 입산한 김영, 아버지의 원수를 갚기 위해 입산한 김희숙을 통해 이태는 복잡한 당시 상황을 고뇌하게 된다.

결국, 〈남부군〉이 강조하는 것은 빨치산이 되지 않을 수 없었던 사람들의 인간적인 고민이다. 해방 정국의 혼란 속에서 왜 좌익을 선택했는지, 좌익이 추구하는 것이 무엇인지 이제야 설명한다. 좌익과 우익 가운데 어느 한쪽을 선택하지 않을 수 없었던 이들은, 특히 무산층과 지식인 가운데 많은 이들은 좌익의 편에 섰다. 노동자와 농민의 세상을 만들고자 했으며, 친일파를 척결했던 좌익에 대한 민중들의 호응도는 높았다. 지식인 역시 당시로서는 세상을 변혁시키는 마르크스주의에 매료되었다. 이렇게 좌익 활동을 했던 그들이 인천상륙작전 후 빨치산이라는 생사의 현장에 서야 했다. 자신이 선택한 길을 버리지 못해 끝까지 투쟁했던 이름 모를 민초들의 모습은 눈물겹도록 처절하고 슬프고 아름답다.

한편으로 영화는 인간적인 측면에 많은 부분을 할애하다 보니 다소 낭만적인 시선도 포함되어 있다. 빨치산 투쟁의 과정에서 박민자와 사랑을 속삭이는 부분이나 김영과 흰나리의 사랑 등은, 인간세상에 사랑이 포함되는 것은 당연하지만 그럼에도 불구하고 치열한 이념 투쟁의 현장을 희석시키는 역할을 한다.

개인적인 감회를 말하자면, 영화를 볼 때마다 영화 속에 그려진 혹

빨치산의 고뇌를 치열하게 그린 〈남부군〉.

독한 추위가 가장 먼저 다가온다. 토벌대의 추적은 점점 범위를 좁혀
오고, 추위와 굶주림은 더해가는 가운데 그들은 갈 곳이 없다. 그들의
선택은 단순하다. 하나둘씩 처연하게 죽거나 훗날을 기약하며 토벌대
에 생포되는 것이다. 그들이 그렇게 싸우다 간 지리산은, 그러므로 단
순한 산이 아니다. 그곳은 그들의 꿈과 희망이 피어났다가 처절하게
무너진 곳이다. 그 깊은 계곡을 따라 빨치산의 피어린 울음이 깃든 곳
이며, 그런 울음이 지금도 진달래 꽃무덤을 따라 피어나는 곳이다. 그
러나 인간이 도저히 겪을 수 없는 극단적 상황을 견디면서, 좋은 세상
을 만들기 위해 싸웠던 그들의 투쟁은 과연 좋은 세상을 만들었는가,
지금 생각하면 조금은 서글퍼진다.

■ 〈태백산맥〉: 좌우의 대립보다 중요한 민족

〈남부군〉처럼 빨치산들의 치열한 고민을 담고 있지만, 그들의 이념이 과연 좋은 세상을 만들었는가에 대해 회의적인 시선을 던지는 영화가 임권택의 〈태백산맥〉(1994)이다. 영화는 조정래의 원작을 영화로 만들었지만, 너무도 방대한 원작에 비하면 다소 평면적인 이야기들이 에피소드 식 구성처럼 연결되어 있다. 다르게 말하자면, 원작에는 치열한 신념의 실천으로서 빨치산이 등장한다. 염상진, 하대치, 정하섭 등은 너무도 치열하게 현실을 고민해서 자생적으로 좌익 사상을 받아들인 이들이다. 이들은 누구보다 냉철하고 이성적이며 현명하다. 자신의 굳센 신념 때문에 빨치산이 되고, 굶어 죽고 얼어 죽고 맞아 죽을 각오를 하고 투쟁을 벌인 이들이 짧았던 해방구 기간 동안 인민의 해방을 추구하지 못하고 결국에는 개인적 복수에 그치고 말았다는 것을 〈태백산맥〉은 보여준다. 어떻게 보면 개인적인 복수에 그치고 말았다는 시선은, 원작과 달리 임권택 감독의 것이다.

영화는 여순반란사건에서 시작된다. 제주도의 4·3항쟁을 진압하기 위해 출발해야 할 군인들이 반란을 일으킨 것이다. 빨치산으로 활동하던, 마을의 수재 염상진(김명곤 扮)은 벌교를 접수하고 인민위원회 활동을 시작한다. 그러나 곧 전세가 밀리자 조계산으로 들어간다. 이제 벌교에서는 좌익에 대한 우익의 복수가 시작된다. 산에 있던 염상진이 다시 율어를 해방구로 만들어 개혁을 실시하지만, 곧 들이닥친 토벌대의 공격에 다시 도망간다. 벌교는 우익들의 세상이 되어 토지 개혁도 없고 그들의 복수만 있을 따름이다. 이때 전쟁이 일어나 다시 염상진은 벌교로 내려와 개혁을 진행하지만 북에서 내려온 이들과 갈등을 빚는다. 결국 인천상륙작전 때문에 후퇴하면서 염상진은 자신이 만들고자 했던 인민세상이 왜 이루어지지 않는지 깊은 고민을 한다.

영화에서 먼저 거론해야 할 것은 형 염상진과 동생 염상구(김갑수扮)라는 형제의 갈등이다. 마을의 수재였던 염상진에 비해 염상구는 벌교의 깡패였다. 염상진은 가난하고 배고팠기 때문에 좌익 사상을 쉽게 받아들였던 데 반해 염상구는 가난하고 배고팠기 때문에 주먹을 휘둘러 야비하게 먹고살았다. 염상진은 동생 염상구를 부끄러워하고, 염상구는 형 염상진을 경멸한다. 물론 모범생이었던 염상진에 비해 주먹을 휘두르고 여자를 강간하는 염상구는 나쁜 인물임에 틀림없다. 그러나 우익이 벌교를 장악할 때 염상진의 가족들을 알게 모르게 보호해주는 것은 염상구이고, 좌익이 벌교를 장악할 때 숨어 있던 염상구를 도망가게 도와주는 것은 염상진이다. 이를 통해 임권택은 외국에서 들어온 이념보다 형제에 대한 정이 더 중요하다고 말하고 있다. 이념 때문에 형제가 갈라져 싸우지만 이념은 그리 중요하지 않다는 것이다.

이런 시각은 영화의 주인공인 김범우(안성기 扮)를 통해 더 잘 드러난다. 원작에서도 매력적인 민족주의자로 그려진 김범우는 영화에서는 더욱 매력적으로 그려져 있다. 지주의 아들이면서 소작인들에게 아주 인간적으로 대하고, 토벌대 대장에게도 세심하게 벌교의 상황을 설명하며, 좌익의 선생에게 물자를 구호해주기도 한다. 그에게 가장 중요한 것은 민족이다. 그는 이상 때문에 학살을 행하는 좌익의 비인간성을 인정할 수 없고, 부정과 부패에 빠져 있으면서도 반성하지 않는 우익의 행태도 받아들이지 못한다. 그래서 그는 좌익과 우익으로부터 한쪽을 선택하길 강요받는다.

그런데 흥미로운 것은 임권택이 그린 영화의 공간적 배경이다. 영화에서 좌익은 반성하지만 우익은 반성하지 않는다. 좌익은 개혁해서 좋은 세상을 만들려고 하지만, 우익은 자신들의 기득권만 유지하려고 한다. 이렇게만 보면 좌익을 더 긍정적으로 그렸다고 할 수 있다. 그런데 영화 속에 나타난 공간은 우익의 시간과 공간이 더 많고, 우익 가운데서도 심재모 같은 인물, 그리고 넓은 의미의 우익인 김범우 같은 인물을 통해 건전한 우익의 모습을 그린다. 때문에 영화는 우익으로부터 외면당했고 좌익으로부터 비판받았다. 영화가 개봉할 즈음에도 좌우의 대립에서 벗어나지 못한 한반도의 한 단면을 보여주는 것이라고 하지 않을 수 없다.

그러나 임권택이라는 개인을 알고 나면 이런 선택을 충분히 이해할 수 있다. 좌익 집안에서 자랐고, 그래서 좌익의 이념을 누구보다 잘 알고 있었지만, 연좌제에 얽매여 평생을 고통 속에 살았던 임권택이 숙명처럼 재현한 한국전쟁 시기 좌우의 대립은 이런 식의 접근밖에 허용하지 않았다. 좌익 때문에 집안을 몰락의 길로 걷게 했던 부모 세대에 대한 원망도 있고, 연좌제 때문에 고통 속에 살게 만든 남한 사회에 대한 불만도 있을 것이다. 이렇게 보면 영화는 임권택 개인의 고통스런 고백임을 알 수 있다.

■ 반공 영화를 넘어 분단 극복으로

반공 영화는 분단 영화의 한 갈래에 속한다. 분단을 소재로 하지만, 반공 이념을 전면에 내세워 선전하는 영화이다. 그러므로 반공 영화는 분단 체제 유지에 기여한다는 점에서 지금 우리에게 전혀 도움이 되지 않는 영화라고 할 수 있다. 그것은 북의 시각에서 봐도 마찬가지다. 남에서의 '반공' 영화는 북에서는 '반동' 영화가 될 것이다. 반공 영화는 남과 북 양측에서 모두 배척당할 영화임에 분명하다.

그렇다고 반공 영화가 우리에게 아무런 쓸모가 없는 것은 아니다. 그것은 거부할 수 없는 우리의 한 모습이다. 체제 대결을 명목으로 삼은 산업 경쟁의 장에서 반공은 당연시되었다. 어떻게 하든 사회주의 북한을 뛰어넘는, 우수한 자본주의 체제를 증명해야 했다. 그 시대에 어느 누구도 반공에 이의를 달 수 없었다. 그러나 이제는 반공을 넘어서야 한다. 미국의 선제공격에서 자유롭지 못한 북한, 북한을 중국의 일부로 포함시키려는 동북공정, 보수가 힘을 지닌 일본의 야심, 이 모든 것들이 분단에서 비롯된 문제다. 분단을 하루빨리 극복해야만 하는 절대 절명의 이유가 여기에 있다. 그런 의미에서 반공 영화는 박물관에 머물러야 하고, 분단극복 영화가 극장에서 대중과 만나야 한다. 그것이 우리가 살 길이다.

엄혹한 그 시대에 지리산의 살벌한 눈 속에서 죽어간 그들이 바랐던 것도 이와 다르지 않을 것이다. 그들은 '더 좋은 세상과 조국의 통일'을 바라고 자신의 모든 것을 바쳤던 인물들이다. 결국 그들은 남과 북

양쪽에서 버림받았지만, 자신들의 신념은 결코 버리지 않았다. 자신의 신념을 위해 모든 것을 버릴 수 있는 사람이 과연 몇이나 되겠는가. 아직도 분단이 극복되지 않은 이 시대에 신념을 위해 처절하게 투쟁하다가 죽어간 빨치산이 주는 교훈은 결코 무시할 수 있는 것이 아니다.

5

이산가족
─〈그해 겨울은 따뜻했네〉, 〈길소뜸〉, 〈비단구두〉

이미 언급한 것처럼, 한국 현대사의 비극은 식민지와 분단, 동족상잔의 전쟁, 군부독재라는 요소에서 기인하지만, 이런 고난의 역사에서 가장 큰 고통을 받은(또는 지금까지도 받고 있는) 이들을 거론하라면 결코 빼놓을 수 없는 사람들이 바로 이산가족이다. 사람의 힘으로는 도저히 어찌할 수 없는 상황에 의해 가족과 헤어져 평생을 그리워하면서도 만나지 못하는, 만난다고 하더라도 다시 헤어져야만 하는 그들의 아픔을 어찌 말로 다 표현할 수 있겠는가. 이런 점에서 역사적인 6·15 남북정상회담 이후 이산가족 상봉이 간헐적으로나마 이루어지는 상황은 그나마 다행스럽다. 백발이 된 이산가족이 60여 년 만에 만나 절을 하고 손을 맞잡고 우는 것을 보면서 그들의 슬픔의 깊이를 조금이나마 짐작할 수 있다.

이산가족은 한국전쟁을 통해서만 생긴 것이 아니다. 일제강점기에 간도를 중심으로 이주했다가 해방 후 남한과 국교가 단절되어 입국하지 못한 경우도 있고, 강제징용에 끌려갔다가 돌아오지 못한 경우도 많다. 이들 해외 이산가족은 무려 200만 명을 넘는다고 한다(그러니 우리가 조선족을 차별하는 것은 터무니없는 일이다. 하루빨리 그들에게 국민의 권리를 주어야 한다). 하지만 가장 많은 이산가족이 생긴 것은 한국전쟁 때문이었다. 분단과 전쟁을 겪으면서 월남한 사람들은 휴전 이후에도 북한으로 돌아가지 못하고, 월북하거나 납북된 이들도 휴전 이후 남한으로 돌아오지 못해 이산가족으로 남았다. 이렇게 이산가족은 해외에도, 남한에도, 북한에도 존재하는데, 그 수가 1,000만 명을 넘는다고 한다.

이산가족은 단지 가족이 헤어져 생사를 모른다는 점에서만 고통을 당하는 것이 아니다. 서로를 적대시하던 분단체제에서 가족 가운데 한 명이라도 다른 체제로 넘어갔거나 그곳에서 살고 있으면 고통을 당해야 했다. 이런 경우에는 정부의 감시 대상이 되었기 때문에, 그 피해가 심각했다. 연좌제가 서슬 퍼렇던 시절에는 월북한 가족을 그리워한다는 말조차 감히 할 수 없었다. 월북 가족이 있다는 이유 탓에 다른 가족 구성원이 해외에도 나가지 못하는 것은 물론이고 취업에서도 차별을 당해야만 했다. 이런 상태에서도 그들에게는 철저하게 침묵이 강요되었다.

월남인이라고 편하게 살 수만은 없었다. 이름과 달리, 자유가 없었던 자유당 시절, 민주가 없었던 민주공화당 시절, 민주와 정의 모두 없던 민주정의당 시절, 월남인들은 반북·반공 투사가 되기를 강요받았다. 실제로 반북·반공 투사가 없는 것은 아니지만, 그 많은 월남인들에게 가장 시급한 것은 생존 문제였다. 혈혈단신으로 또는 가족을 책임지고 월남한 그들은 생계 이전에 생존을 걱정해야 했다. 남산 기슭을 깎아 차곡차곡 하늘을 행해 올라가던 달동네, 해방촌은 그들의 아픔을 담고 있는 곳이다. 말 그대로, 토막(土幕) 같은 곳에서 실향의 아픔을 견디며 생존의 길을 모색하는 곳이었다.

1960년대 황금기를 누리면서 한 해에 200편 이상 제작되었던 한국 영화계에서 이산가족을 다룬 영화가 등장하지 않는다면, 오히려 이상할 일이다. 분단과 전쟁, 가족의 아픔이라는 소재는 볼거리로서의 스펙터클, 감정이입으로서의 멜로, 현실을 비추는 리얼리티를 고루 지니고 있다. 그러나 본격적으로 이산가족의 문제를 그린 영화는 그리 많지 않다. 전쟁이라는 극한적 상황에서 헤어져야 했던 연인의 아픔을 신파적 코드로 그린 영화, 이산가족이 전쟁의 한 부분으로 잠시 등장하는 전쟁 영화, 아니면 남파된 가족이나 친척을 설득해서 '자유 대한'의 품으로 돌아오게 하는 반공 영화가 많은 편수를 차지했다. 반공을 국시로 삼았던 상황에서 이산가족의 아픔을 절실하게 그린다면, 검열 통과는 고사하고 사상범으로 내몰릴 위험이 있기 때문에 피상적이고 대중적인 차원에서 접근하는 것 외에는 다른 방법이 없었을 것이다.

■ 〈그해 겨울은 따뜻했네〉 : 버린 자의 죄의식과 버림받은 자의 고통

　1980년대 배창호 감독은 '한국의 스필버그'였다. 〈적도의 꽃〉(1983), 〈고래사냥〉(1984), 〈깊고 푸른 밤〉(1985), 〈고래사냥 2〉(1985) 등으로 이어지는 흥행 대열은 누구도 범접할 수 없는 경지를 이루었다. 이런 흥행의 시기에 배창호가 박완서의 원작을 토대로 만든 영화가 〈그해 겨울은 따뜻했네〉(1984)이다. 당시 최고의 스타인 안성기, 이미숙, 유지인, 한진희가 등장했다는 이유만으로도 화제가 되었지만, 무엇보다 놀라운 것은 이 영화가 이산가족을 다루고 있다는 점이다.

　영화는 한국전쟁으로 인해 헤어진 자매의 이야기를 중점적으로 하고 있다. 부모가 돌아가시고 오빠는 학병을 피해 먼저 월남한 상황에서 피난을 가던 언니 수지(유지인 扮)는 동생 오목(이미숙 扮)만 없다면 살 수 있을 것 같아 동생을 버리고 피난을 간다. 남한에서 오빠를 만나 대학을 다니던 수지는 우연히 고아원에서 오목을 만나지만 동생이라는 결정적인 증거가 없다는 이유로 피하고 만다. 이후 수지는 자신의 약혼자 인제(한진희 扮)의 공장에서 일하고 있는 오목을 만나지만 여전히 동생이라고 인정하지 않는다. 오목은 수지의 약혼자에게 정조를 잃고 임신까지 하고 이를 지켜본 고아원 동기 일환(안성기 扮)과 결혼하지만 화목하지는 않다. 온갖 고생 끝에 수지의 주선으로 탄광에서 행복하게 살려는 순간 갱이 무너져 일환은 죽고 오목도 병으로 죽고 만다. 이때 오목의 옆에서 수지는 자신이 언니라며 뒤늦은 고백을 한다.

　영화는 전형적인 멜로드라마의 공식을 따르고 있다. 언니의 남편에게 정조를 빼앗기고 그의 아이까지 키우는 오목의 처지, 게다가 이 사실을 아는 '폭군' 남편과 함께 고생하며 살아가는 처지가 편할 수 없다. 이런 오목의 처지를 알면서도 계속해서 인정하고 싶지 않은 수지의 입장도 편치 않기는 마찬가지다. 오목이 수지의 동생이라는 것을 아는 인제나, 이 사실을 모르지만 동생을 찾고 있는 오빠도 마찬가지다. 감독은 이들이 수시로 우연을 가장해서 만나게 하는 멜로드라마의 컨벤션을 유감없이 사용했다. 이 영화가 흥행에 성공할 수 있었던 것도 이와 무관하지 않다.

그러나 영화가 단순히 멜로드라마적 컨벤션 속에서만 작동하는 것은 아니다. 한국전쟁 때문에 헤어진 이산가족의 문제를 인간의 심리와 현재의 시점에서 다루고 있다. 전쟁이라는, 너무나 참혹한 현실적 조건 때문에 동생을 버릴 수밖에 없었지만, 성공한 다음에 고아원에서 봉사를 하며 동생을 찾으려는 수지의 노력은 이율배반적이다. 목걸이를 확인하고 동생이라는 것이 밝혀졌음에도 수지는 오목을 동생으로 인정하지 않는다. 고아원을 찾아 도움을 줘야만 죄의식에서 벗어나지만 바로 이 때문에 친동생을 친동생으로 인정하지 않는다. 그래서 그들이 가급적 서울에서 먼 곳에서 살도록 주선을 한다. 동생이 눈에 보이면 괴로운 것이다. 아마 그녀는 평생을 죄의식의 굴레에서 벗어나지 못할 것이다.

버림받은 동생은 하층민의 삶을 살아간다. 그녀는 어려울 때마다 자신은 대갓집 딸이라고 스스로 최면을 걸며 살아간다. 그러나 남한에서 피붙이 없이 홀로 살아가는 그녀의 삶은 점점 깊은 나락의 구덩이에

언니와 동생의 비극을 통해 민족 분단을 재현한 〈그해 겨울은 따뜻했네〉.

빠져든다. 월남전에서 부상당한 남편은 정상적인 삶이 불가능한데다가, 자식이 자신의 씨가 아니라는 것을 안 이후 자학적인 삶을 살아간다. 숱한 고생 끝에 겨우 탄광촌에서 살 만하니까 갱도가 무너져 남편은 죽어버리고, 오목도 병으로 죽고 만다. 상류층에 편입된 언니와 오빠가 있음에도 그녀의 불행은 계속해서 이어져갔다.

결국 〈그해 겨울은 따뜻했네〉는 현재의 분단 상태에 대해 이야기하고 있다. 개인의 의지와는 무관하게 헤어진 자매는 쉽게 서로를 인정하지 못하고 끊임없이 갈등하며 살아간다. "네가 내 동생"이라고 한마디만 하는 되는데 상황은 그렇게 되지 않는다. 이런저런 상황 때문에 그것이 쉽지 않다. 이것을 남과 북의 분단 상태에 대입해보면 마찬가지다. 남과 북이 같은 민족이라고 한마디만 하면 되는데, 그래서 악수하며 통일의 초석을 닦으면 되는데, 상황은 그렇지 않다. 한 번 분단된 한반도는 남과 북의 내부 문제, 주위 강대국의 문제 등 다양한 상황과 조건들 때문에 통일이 녹록하지 않다. 〈그해 겨울은 따뜻했네〉는 한국 전쟁 때문에 이산가족이 된 자매의 이야기를 통해 현재 분단된 한반도의 상황을 이야기하고 있는 것 같다. 과연 언제쯤 따뜻한 겨울을 맞이할 수 있을까? 아니면 언제쯤 '그해 겨울은 따뜻했다'고 회상할 수 있을까?

■ 〈길소뜸〉 : 차라리 아니 만나는 편이 낫다

임권택 감독이 1985년에 연출한 〈길소뜸〉은 이산가족을 그린 영화 가운데 가장 탁월한 현실인식을 보여주는 작품이다. 이 영화가 그런 평가를 받는 이유는, 서로를 그리워하는 이산가족도 오랜 세월 헤어져 소식 없이 지내면, 결국 그 벽을 넘을 수 없다는 것을 보여주기 때문이다. 왕래를 하는 형제들도 결혼과 더불어 각자의 삶을 살다가 계급적 격차가 벌어지거나 가족 분쟁에 휘말리면 불편해지고 심지어 왕래를 하지 않는 경우가 있는데, 30년 이상을 떨어져 살았던 이산가족의 경우는 말할 필요가 없을 것이다. 그렇게 오랜 시간을 헤어졌던 이들이 서로 다른 환경과 계급의 벽을 쉽게 넘을 수는 없을 것이다. 설령 부모와 자식의 관계라고 하더라도.

영화 배경은 1983년 여름에 시작된 KBS의 '이산가족 찾기'이다. 방송국 건물을 온통 도배하고 있는 이산가족 찾기의 열기는 당시 전국을 '눈물바다'로 만들었다. 괜찮은 집, 능력 있는 남편, 토끼 같은 자식이 있는, 중산층의 화영(김지미 扮)에게는 아픈 과거가 있다. 조국이 해방되어 길소뜸의 아버지 친구 집에 왔지만, 가족이 전염병으로 모두 죽고 그녀만 살아남았다. 아버지 친구 집에서 머물던 그녀는 그 집의 오빠 동진(신성일 扮)과 어느덧 사랑하는 사이가 되어 동진의 아이를 가졌다. 이 사실을 알게 된 동진의 아버지는 노발대발하며 화영을 춘천의 외가로 보냈는데, 바로 그때 한국전쟁이 발발해 둘 사이에 소식이 끊긴 것이다. 화영은 춘천에서 아이를 낳았지만 아이를 잃어버리고 말았다. 한편 동진은 화영을 찾아 헤매다 신세를 진 아저씨의 소경 딸을 책임져야 하면서 다른 길을 걷는다.

화영과 동진이 방송국 앞에서 만나는 장면은 매우 상징적이다. 동진은 평생 동안 화영을 생각하며 살았다. 아저씨의 유언 때문에 그의 딸을 책임지게 되었지만, 그는 한 번도 화영을 잊은 적이 없다. 때문에 그는 세 아들을 키우면서 제대로 된 생활을 할 수 없었다. 변두리의 작은 집에서 겨우 생계를 유지하는 정도이다. 그렇게 초라한 행색의 동진이 먼저 화영을 알아본다. 화영은 초라한 행색의 동진을 알아보기 어렵다. 적어도 자신과 비슷한 생활을 할 것으로 믿었기 때문이다. 영화는 이 부분에서부터 동진과 화영이 다시 결합할 수 없다는 것을 극명하게 보여준다.

그들의 아픔이 더욱 슬픈 것은 그들이 낳았던 아들 때문이다. 전쟁통에 부모를 잃고 거칠게 자라난 아들은 자신들이 기대했던 것과는 전혀 다른 삶을 살고 있다. 아들의 입장에서 본다면, 고아로 자란다는 것이 얼마나 어려운 일인가. 죽지 않고 살아남았다는 것만도 대단한 일이다. 부모가 자신을 구해주기를 기다리며 살았기 때문에 그렇게 할 수밖에 없었을 것이다. 그러나 사람에 대한 예의와 격식을 전혀 모르는 그를 보고 화영은 물론 동진도 상심하고 만다. 함께 이동하던 중 사고로 개를 치었을 때 이것은 극명하게 드러난다. 아들은 집에 가서 개고기를 먹을 생각에 횡재했다고 생각하지만, 화영은 죽은 개를 차에 실으려는 아들에게 소리치며 나무란다. 30년 이상을 다른 환경에서 살아왔기 때문에 그들은 쉽게 가족이 될 수 없는 것이다.

유전자로 친자 확인을 했지만, 친자가 되지 못할 이유가 없음에도 화영은 그들을 두고 떠난다. 평생 여자를 찾아 헤매느라 자기 가족을 돌보지 못한 그런 인물에게 바랄 것이 없고, 예의도 없고 격식도 없는 아들도 받아들이고 싶지 않은 것이다. 그러나 동진은 아들을 자신의 호적에 올리겠다고 한다. 평생 화영을 그리워하며 살아온 사람이기 때문이다. 하지만 부인의 반대도 만만치 않다. 딴 여자를 그리워하며 집안을 살피지 않던 사람이 이제 와서 밖에서 낳은 아들을 입적시키겠다니 어느 부인이 받아들이겠는가. 동진과 화영, 아들은 각자의 길을 간다. 살아온 삶이 다르고, 그리던 모습이 달랐기 때문에 받아들일 수가 없는 것이다. 오히려 이들은 만나지 않았다면 더 좋았을 것이다.

모두를 울게 만들던 그 많은 가족의 상봉 후 과연 그들은 행복하게 살고 있을까? 30년이라는 세월의 벽을 넘어 그들은 평화롭고 즐거웠던 그 옛날로 돌아갔을까? 만약 그들이 남북의 부부였다면 재결합할 수 있을까? 만약 둘 중에 하나라도 재혼을 했다면 어떻게 할 것인가? 임권택 감독은 그들이 오히려 만나지 않는 것이 더 나을지도 모른다고 아주 냉철하게 잘라 말한다. 헤어진 이산가족을 만나면 잘살 수 있으리라는 기대가 처참하게 무너지면서 오히려 더 힘들어진다는 것이다. 사람에게는 때가 중요하다. 한 번 그것을 놓치면 되돌리기는 거의 불가능하다.

이 영화를 두고 통일 후 한반도의 모습을 그렸다고 평가하는 평자들이 있다. 분단되어 60년이 넘은 세월이 지났다. 이미 두 세대만큼의 시간이 지난 것이다. 게다가 그동안 교류도 많지 않았다. 적대와 미움만 쌓인 상태에서 서로를 이해할 아무런 준비가 되지 않았으니, 이런 상태에서의 통일은 엄청난 혼란을 불러올 것이라는 의견이다. 충분히 일리 있는 주장이다. 그러니 이제부터라도 북한은 남한을, 남한은 북한을 이해하려고 노력해야 하지 않겠는가. 어차피 같이 살아야 한다면.

■ 〈비단구두〉: 남은 시간이 많지 않다

그리워하던 가족을 만났지만 현실의 벽에 갇히고 마는 비정한 이야기가 〈길소뜸〉의 내용이라면, 북에 가족을 두고 온 실향민의 아픔을 그린 영화들도 있다. 비교적 최근에 만들어진 이런 영화들은 황혼 녘의 할아버지가 북의 고향과 가족을 그리워하면서 발생하는 문제를 주로 다룬다. 〈나그네는 길에서도 쉬지 않는다〉(이장호, 1987), 〈간 큰 가족〉(조명남, 2005), 〈비단구두〉(여균동, 2006) 등이 이런 부류에 속한다. 사실 이산가족을 다룬 영화 가운데 가장 많이 만들어졌고 또 만들어져야 할 내용은 이런 것들이다.

상대적으로 최근에 개봉한 〈비단구두〉는, 제목에서도 알 수 있는 것처럼, 약속했던 비단구두를 사서 북으로 찾아가는 할아버지의 이야기이다. 물론 실제로 북으로 가지는 못한다. 치매에 걸려 틈만 나면 짐을 싸서 집을 나가는 아버지를 위해, 무지막지한 조폭 두목 아들이 영화감독을 고용해 마치 북에 간 것처럼 위장을 하는 것이다.

연출했던 영화가 흥행에 실패해 도망간 제작자의 빚을 떠맡은 감독(최덕문 扮)은 빚 가운데 일부가 조폭과 관련이 있음을 알게 된다. 조폭은 자신의 아버지(민정기 扮)의 소원을 들어주면 탕감해주겠다는 조건을 내건다. 치매에 걸려 10번 이상 가출한 아버지의 소원은 고향인 개마고원에 가는 것인데, 북한에 간 것처럼 꾸며 소원을 들어주라는 것이다. 부탁이 아니라 협박이기 때문에 감독은 이 프로젝트(?)를 수행해야 한다. 이제 영화 속 영화가 따로 진행된다. 남양주 촬영소의 〈공동경비구역 JSA〉 판문점 촬영소에서 북으로 넘어가는 모습을 연출하고, 강원도 산골의 식당을 개조해 북한의 식당처럼 만들며, 깊고 한적한 곳에 개마고원 표지판을 세워 그곳이 마치 개마고원인 것처럼 꾸민다. 너무도 절실히 고향과 두고 온 옛 연인을 그리워하는 할아버지의 마음을 감독도, 같이 동행하던 조폭도 결국 이해하게 된다.

자수성가한 월남인들이 인생의 황혼기를 맞아 고향에 한 번이라도 가보고 싶어 하는 것은 인지상정이다. 북의 고향에 처자식을 두고 월남해 남한에서 재혼한 이들도 마찬가지다. 반생을 함께한 남한의 가족보다는 북한의 가족을 한 번만이라도 보고 죽고 싶은 그들의 마음은 굳이 수구초심을 떠올리지 않더라도 이해할 수 있다. 어릴 때 본 것이

기억의 원형으로 남는 법이다. 어머니와 고향이라는 단어가 품어내는 아우라는 그 어떤 단어도 담아내지 못한다. 이산가족의 나이가 점점 고령화되는 상황에서는 더욱 그러하다.

살날이 많지 않은 노년 이산가족의 갈구를 판타지로 그려낸 〈비단구두〉.

그러나 현실은 엄연한 분단의 상황이다. 가고 싶다고 갈 수 있는 것이 아니다. 군부독재 시절에 비해 북한 출입이 쉬워졌다고 하더라도, 북한이 고향인 이들의 출입은 만만치 않다. 설령 북한을 방문하더라도 고향에 마음대로 갈 수 있는 것도 아니다. 기다림에 지쳐 하나둘 세상을 뜨는데, 거기에 대한 아무런 대책도, 보상도 없다.

〈비단구두〉는 이런 상황을 때로는 블랙코미디적 요소로 장식하고, 때로는 진한 페이소스가 풍기는 드라마로 포장한다. 고향과 비슷한 지형의 장소에서 할아버지는 자신을 기다리는 어머니를 환영으로 만나 결국 오열하고 만다. 오열하다 길을 잃은 할아버지는 한적한 곳에 홀로 사는 할머니 집을 찾아가 그녀를 자신의 옛 연인으로 착각하면서 두런두런 이야기를 나눈다. 50여 년 만에 찾아와 두런두런 옛 연인과 정겹게 이야기를 나누는 모습은 그 어떤 단어로도 표현하기 어려운 벅찬 향기를 풍긴다. 결국 할아버지와 할머니는 할아버지의 고향이라고 착각한 그곳에서 화사한 한복을 차려입고 느릿느릿 걸어온다. 그렇게 가고 싶어 하던 곳에 할아버지는 환상으로나마 찾아간 것이고, 그렇게 보고 싶어 하던 그녀를 환상으로나마 만난 것이다. 고향땅을 밟을 수 없는 이가 만들어낸, 현실적 타협이다.

■ 이산가족의 자유로운 만남을 허하라

언젠가 박노자의 특강을 들은 적이 있다. 한국 내부의 문제를 한국 사람보다 더 예리하게 지적해내는 날카로운 시각의 소유자답게(아차, 박노자도 국적은 한국인이다!) 그는 이산가족의 문제를 지적하였다. 그에 의하면, 국가 폭력에 의해 가족이 강제로 헤어져 생사조차 확인할 수 없거나 설령 생사를 확인했다 하더라도 만나지 못하는 것은 명백한 국가 폭력으로서, 마땅히 국가가 이를 배상해야 한다. 헌법에서 명시하고 있는 행복추구권을 보더라도 이산가족이 만날 수 있는 권리가 있고, 분단 독일에서도 남북한처럼 엄하게 하지는 않았다는 것이다.

어쩌면 너무나 당연한 사실인데, 그것이 소원한 일로 들리는 것은 왜일까? 그만큼 체제에 개인이 억눌려 있었기 때문이 아닐까? 전체주의의 무서운 광풍 속에서 개인의 행복을 언급하는 것은 사치스러운 일이었다. 국가라는 전체, 민족이라는 전체를 위해 개인은 마땅히 희생해야 한다고 강압한 것이 우리의 현대사였다. 특히 분단의 대결 구도에서 이산가족은 억압의 중심에 있었다.

　남북 정권은 모두 이산가족에게 머리 숙여 사죄해야 한다. 그들이 저지른 국가 폭력을 깊이 반성해야 한다. 그리고 무엇보다도, 상시적인 상봉 면회소를 설치해 이산가족이 수시로 만날 수 있도록, 당연한 조치를 취해야 한다. 그것이 그들에 대한 최소한의 예의이다.

6

비전향 장기수
―〈칠수와 만수〉, 〈송환〉, 〈선택〉

2005년 11월 초, 서울 아트 시네마에서 열린 '인디다큐 페스티벌 2005'의 폐막식에 참석했다가 우연히 김동원 감독을 만났다. 근황을 물었더니 〈송환 2〉 작업을 계속하고 있다고 했다. 2004년에 이미 〈송환〉을 완성했을 때 송환되지 않은 또 다른 장기수를 대상으로 한 다큐멘터리를 준비하고 있다는 것을 알고 있었기에 별로 새로운 소식은 아니라서 흘려들었는데, 감독은 2005년 연말에 2차 송환이 있을 것 같다는 말을 했다. 다큐멘터리 작업을 느리게 하기로 유명한(?) 김동원 감독이 왜 〈송환 2〉 작업에 매진하는지 그 이유를 알 것 같았다. 당시 김동원 감독을 비롯한 몇몇 사람들이 주도해서 2차 송환 운동이 꾸준히 진행되었지만, 별다른 성과를 내지는 못하고 있는 형편이었다.

2차 송환은 곧 이루어지지 않았다. 그 대신 믿고 싶지 않은 소식을 들었다. 2005년 12월, 비전향 장기수들의 유해가 안치되어 있는 경기도 파주시의 한 사찰을 북파 공작원들이 훼손한 일이 발생한 것이다. 그들은 '통일애국열사묘역'이라는 표지에 붉은 페인트로 '반역들의 무덤'이라는 글씨를 쓰고, 묘역 내의 비석을 쇠망치로 부수고 쓰러뜨렸다. 결국 훼손된 유골을 일부 비전향 장기수들이 직접 수습해 갔다고 한다. 얼마 후 또 다른 소식도 들려왔다. 북송된 비전향 장기수들이 군사정권 시절 당했던 피해 보상을 남측에 정식으로 요구했다는 것이었다. 고소장에서 그들은 사상전향 제도로 인해 참을 수 없는 고문과 박해, 학대를 당했는데, 그런 고통에 대한 보상을 구체적인 액수로 요구했다고 한다.

두 사건을 동시에 접하면서 참으로 답답하고 씁쓸한 느낌을 지울 수 없었다. 비전향 장기수들에 대한 안타까움도 있고, 북파 공작원들에 대한 서글픔도 있었지만, 무엇보다도 분단으로 생긴 양측의 상처를 아직까지도 쓰다듬어주지 못하는 지금의 분단 상황 때문에 더욱 그러했다. 아직도 우리는 이런 냉전시대에 살고 있는 것이다. 서로에 대한 뿌리 깊은 미움을 마음속 깊이 간직한 채. 언제까지 우리는 이렇게 살아야만 하는 것일까? 언제쯤 서로를 이해하고 보듬어줄 수 있을까?

이미 알고 있는 것처럼, 2000년 비전향 장기수 63명이 북송되었다. 비전향 장기수는, 말 그대로, 전향하지 않아 아직도 감옥에서 살고 있는 이들을 말한다. 한국전쟁 당시 포로로 잡힌 이들도 있고 남한에 간첩으로 내려왔다가 포로가 된 이들도 있다. 이들의 공통점은 전향서 한 장만 쓰면 자유의 몸이 될 수 있었음에도 불구하고 전향서를 쓰지 않았다는 것이다. 유신 시절 박정희 정권은 이들의 전향을 위해 엄청난 물리적 폭력을 동원했음에도 불구하고 전향하지 않은 장기수들이 많았다. 전향 공작 때문에 여러 장기수들이 죽어나갔음에도 불구하고 이들이 왜 전향하지 않았는지 그 이유를 이해하기는 결코 쉽지 않다.

자신의 신념 때문에 그들은 감옥 안에 있었다. 2000년에 북송된 63명의 평균 수감 기간은 31년이라고 한다. 김선명은 무려 45년 동안 수감되어 있었다. 흔히 말하는 '세계 최장기수'였던 것이다. 북송된 장기수들의 총 수감기간을 합치면 무려 2,045년이라는 계산이 나온다고 한다. 말이 45년이고 2,045년이지 그 단어가 품고 있는 세월의 무게는 언어로는 도저히 표현할 수 없다. 특히 김선명은 웬만한 중년 어른들이 세상을 살아간 시간보다도 더 많은 세월을 감옥에서 보냈다. 도대체 이것을 어떻게 이해할 수 있단 말인가, 어떻게 타인에게 이 사실을 이해시킬 수 있단 말인가? 0.75평의 작은 방에서 숱한 고문과 박해를 견디면서도 끝내 전향하지 않았던 그들의 삶을, 그 정신을 어떻게 설명할 수 있단 말인가? 어쩌면 분단이 낳은 가장 큰 피해자는 비전향 장기수인지도 모른다.

■ 〈칠수와 만수〉: 대를 이어가는 냉전의 상처

비전향 장기수를 영화에서 그린 것은 그리 오래되지 않았다. 우리

150

사회가 민주화되기 이전에 분단을 소재로 한 영화는 대부분 반공 영화였다. 철저하게 남한 사회의 우월성을 강조하는 영화였던 것이다. 때문에 남한 사회에 귀화하지 않는 행위, 즉 남한 사회의 우월성을 인정하지 않는 행동을 보인 비전향 장기수를, 가장 대중적인 매체라고 할 수 있는 영화에서 그리는 것은 불가능했다. 비전향 장기수가 영화 속에 등장한 것은 1980년대 민주화 운동 이후인 1989년에야 가능했다. 그것도 사회적 성향이 강한 감독(박광수)과 제작자(유인택)가 의기투합해서 제작한 결과에 따른 것이다.

〈칠수와 만수〉(박광수, 1989). 그렇다고 이 영화가 비전향 장기수의 삶을 조망하거나 전면적으로 비전향 장기수들을 다루지는 않았다. 영화 제목처럼, 영화에는 두 명의 주인공이 존재한다. 동두천 하우스 보이로 일하다가 지금은 거의 폐인이 된 아버지를 두고 집을 나온 칠수(박중훈 扮)와, 비전향 장기수인 아버지 때문에 취업이 되지 않아 전전긍긍하며 살고 있는 만수(안성기 扮)가 그들이다. 극장 간판 작업을 하던 칠수는 우연히 만수와 만나 같은 집에서 살아간다. 그들이 주로 하는 일은 아파트 외벽을 칠하거나 거대 광고 간판을 그리는 일이다. 한마디로 '외줄 인생'인 것이다.

만수가 이런 일을 하게 된 것은 연좌제 때문이다. 중동 건설 붐이 불었을 때 만수도 해외에 나가려고 했지만 비자가 나오지 않았다. 포장마차에서 옆 손님들과 시비가 붙었을 때도 만수는 연좌제 때문에 구치소에서 쉽게 나오지 못한다. 결국 만수는 하루하루 노동을 팔아서 먹고사는, 그것도 밧줄 하나에 목숨을 의지한 채 살아가는 신세가 되고 만다. 그에게 직업 선택의 자유는 없다.

영화 속에 만수는 가족들의 편지를 받고 시골로 내려간다. 어머니가 살아 계시고 여동생도 있다. 어머니는 곧 아버지의 환갑이 다가오니 어떻게 해서라도 가족이 모이기를 희망한다. 어머니의 소원은 단순하다. 아버지를 비롯한 온 가족이 모여 따뜻한 밥 한 끼 먹는 것이다. 일상적인 삶을 살아가는 이들에게는 지극히 사소해 보이는 이 소원은 그러나 이루어지지 않는다. 3일간의 특별 가석방을 아버지는 거절했다. 아버지가 보기에 이 세상은 아직도 나아지지 않은 것이다. 그가 가석방을 받고 나가는 것은 자신의 신념을 포기하는 것이다.

이 부분에서 생각해볼 것은 비전향 장기수인 아버지의 심리이다. 자신 때문에 아들은 정상적인 사회생활을 하지 못했고, 딸도 마찬가지이다. 무엇보다 그의 부인은 평생 그를 기다리며 뒷바라지를 해왔다. 그리고 그가 그렇게 강조했던 이념의 시대도 저물고 있다. 그가 순순히 선택했던 평등한 인민의 세상은 이제 허구에 지나지 않는다는 것을 북의 체제는 증명했다. 그럼에도 불구하고 왜 신념을 포기하지 않는 것일까? 온 가족이 모여 따뜻한 밥 한 끼 먹는 것이 그렇게도 불가능한 일일까? 그 역시 환갑의 나이가 되었지 않는가? 사람은 나이가 먹으면 약해지기 마련이다. 그럼에도 불구하고 그는 포기하지 않는다. 자신의 가족에 대한 미안함보다 조국에 대한 신념이 더 중요했던 것이다.

아버지와 만남이 좌절된 채 서울로 올라온 만수는 다시 그림을 그린다. 옥상 광고탑에서 그림을 그리던 만수는 칠수와 함께 광고탑 위에서 소주 한잔하고 하소연을 하는데, 아래에서 바라본 이들은 이 광경을 자살 소동으로 오해한다. 출동한 경찰은 만수의 집을 수색하면서 비전향 장기수 아버지를 둔 만수의 아픔을 이해하는 척한다. 위기 상황에서 칠수는 경찰에 끌려가지만 만수는 투신하고 만다. 결국 만수는 아버지가 비전향 장기수라는 사실 때문에 자신의 꿈을 펼치지 못하고 자살하고 만 것이다. 우리 사회의 분위기가 그를 자살로 몰고 간 것이다. 이런 상황을 가장 극명하게 보여주는 것이 광고탑 꼭대기에서 하소연하는 모습을 자살극으로 오인해서 경찰력을 동원하는 장면이다. 노사문제로 오해한 이들은 먼저 내려와서 대화를 하자고 한다. 국민들의 의견을 들을 생각도 없고 들으려고도 하지 않았던 1980년대 군부정권이 노동자를 대할 때 구사하던 전형적인 방법이 이것이다. 대화를 하자고 해놓고 노동자들이 시위를 풀면 경찰력을 동원해 구속하는 방법 말이다. 만수는 누구보다 자신의 사정을 잘 알고 있기에, 그리고 남한 사회가 쉽게 바뀌지 않는다는 것을 알기에 기꺼이 죽음을 택했다.

〈칠수와 만수〉는 비전향 장기수의 삶을 정면으로 그리지는 않는다. 영화 속에서 만수의 아버지는 등장하지 않는다. 영화는 철저하게 1980년대 후반의 현실을 보여준다. 여기서 주인공은 만수이다. 그리고 만수가 살고 있는 세상이다. 비전향 장기수 가족이 있다는 이유 때문에 온갖 차별을 받으며 살아가야 하는, 너무도 불합리한 세상을 그리고 있는 것이다. 아버지가 선택한 신념 때문에 자식들이 차별받아야 하는 법이 온전한 법일까? 그렇지만 이것이 남한의 현실이었다. 〈칠수와 만수〉는 그것을 보여주고 있다.

■ 〈송환〉 : 간첩을 인간으로 그리다

2004년 초에 개봉된 〈송환〉은 독립 다큐멘터리로서는 흥행 '대박'을 기록한 영화이다. 1,000만 관객을 동원한 영화가 존재하는 지금 3만 명이라는 성적은 초라해 보일 수도 있다. 그러나 상황을 제대로 파악하면 전혀 그렇지 않다. 지금까지 개봉한 독립영화 가운데, 1만 명 이상을 동원한 독립영화는 별로 없었다(2009년에 〈워낭소리〉가 300만 명을 동원해 독립영화의 기록을 새로 작성했지만 지극히 예외적인 경우이다). 그런데 〈송환〉이 3만 명 이상을 동원했다는 것은 기적과 같은 일이다. 심지어 《조선일보》에서도 이 영화를 긍정적으로 다루었을 정도로 언론의 평가도 좋았다. 날카로운 냉전의 문제를 다루고 있으면서 보수와 진보 양측에서 두루 호평을 받은 영화는 그리 흔치 않다.

김동원 감독은 1992년부터, 우연히 만난 비전향 장기수들의 삶을 카메라에 담기 시작했다. 처음에는 다큐멘터리를 촬영하기 위해서가 아니었다. 직업상 의무적으로, 또는 호기심으로 그들을 촬영한 것이다. 그런데 감독이 살고 있는 봉천동에 비전향 장기수들이 정착하면서 그들과의 본격적인 만남이 시작되었다. 물론 군사정권 시절에 자라난 감독은 쉽게 그들에게 다가갈 수 없었다. 아직 군부가 집권하던 1992년, 야유회에 가서 김성일 장군의 노래를 눈치 보지 않고 부르는 그들을 보면서 어떻게 두려움을 느끼지 않을 수 있었겠는가. 그들이 '남파 간첩'이라는 사실을 알게 되었을 때도 당연히 두려움을 느낀다. 그러나 감독은 그들과 함께 살면서 그들 역시 따뜻한 정을 지닌 인간이라는 것을 깨닫는다.

사실 이 영화의 힘은 그들을 인간으로 다루었다는 것보다는 그들과 끈끈한 인간관계를 맺고 있었던 감독의 태도에서 나온다. 김동원의 전작들 〈상계동 올림픽〉(1988), 〈행당동 사람들〉(1994), 〈명성, 그 6일의 기록〉(1997)에서 이미 드러난 것처럼, 촬영 대상을 선택하는 감독의 눈은 민중주의의 한 정형이며, 그들을 대하는 카메라의 시선은 그들에 대한 유대의 관계에 어긋남이 없다. 이 영화 역시 김동원의 대리인이 된 카메라를 통해 남한 사회의 일원으로 살아가는, 힘없고 돈 없는 평범한 노인들의 삶을 아기자기한 에피소드를 넣어가면서 정겹게 담아낸다. 때문에 영화는 생각보다 따뜻하다. 눈시울을 적시게 하는 장면도 적지 않고, 생각지 못한 웃음을 머금게 하는 장면도 많다. 특히 영화의 주인공인 조창손 할아버지와 감독의 유대 관계, 조 할아버지를 중심으로 벌어지는 다양한 할아버지들의 생활은 사람 사는 곳이면 당연히 일어나는 일들이지만, 거기서 느끼는 감정은 전혀 '색다르다(?).'

김동원 감독의 눈에 비친 비전향 장기수들은 자신의 일을 스스로 알아서 하고 사회에 봉사도 하는 인물들이다. 누구보다도 부지런한 그들은 절대 남의 손에 의지하지 않는다. 고령에도 불구하고 그들이 건강을 유지하는 것도 이런 생활과 무관하지 않다. 영화에 등장하는 비전향 장기수는 우리가 생각하고 있는 남파 간첩과는 전혀 다른 이미지의 사람들이다. 그들은 포근하고 자상한 이웃 할아버지이다. 그러나 한편으로 그들은 사회에 적응하지 못해 힘든 생활을 보낸다. 김영식 할아버지의 경우 남을 믿었다가 돈을 많이 떼여 어려운 생활을 하고 있다.

비전향 장기수를 누구보다 따뜻한 인간으로 그린
〈송환〉. 그러나 영화에는 분단의 상처가 아직도 여
기저기 남아 있다.

그들은 대부분 약삭빠른 자본주의 사회에 익숙하지 못하다.

그렇다면 그들의 사고방식은 어떠한가. 그들은 완고한 이념성을 지니고 있다. 대표적인 것이 남북자가 절대로 존재하지 않는다고 말하는 대목이다. 그들은 인민이 굶으면 평양도 굶는다고 믿는 이상주의자들이다. 감독은 그럴 때 아쉬워한다. 특히 그는 다큐를 촬영할 자유가 없는 북한 체제에 쉽게 동조할 수 없음을 분명히 한다. 북송된 장기수들을 만나기 위해 북으로 가려고 했으나 가지 못하고, 북에서도 그런 다큐를 꺼린다는 것을 알게 되면서 황금만능주의가 만연한 남한도, 전체주의적인 북한도 거부하는 자유주의자의 입장을 보인다. 그러나 이런 것이 비전향 장기수들이 북송되지 못하는 이유가 되지는 못한다고 믿는다.

김동원 감독은 이 영화를 무려 12년 동안 촬영했다. 1차 송환이 있은 후에도 무려 3년이나 더 작업을 한 다음에 개봉했다. 그가 이 영화를 위해 사용한 테이프가 무려 500여 개이며, 촬영분만도 800여 시간이나 되었다. 송환되기 전, 조창손 할아버지께 테이프를 드렸는데, 그를 촬영한 테이프만도 10개가 넘었다. 이렇게 어마어마한 시간을 영화에 투여한 것이다.

이런 작업에서 김동원 감독은 가급적 이념의 색채를 걷어내려고 했다. 그는 대상에게 가까이 다가가지도 않고 너무 멀리서 지켜보지도 않는다. 그의 카메라는 인물과 적당한 거리를 유지하면서 언제나 그곳에 머물러 있다. 장기수와의 첫 만남에서 그들 사이에 있는 감독이 어색한 자리를 함부로 거절하지 못하는 모습이나, 조창손 할아버지가 김영식 할아버지를 처음 만나 나직이 얘기할 때 쉽게 접근하지 못하는 것이나, 송환을 앞두고 찾아간 가족의 어색한 환송자리를 멀찍이서 바라보는 모습 등에서 카메라는 그들에게 의도적으로 접근하거나 의도적으로 외면하지 않는다. 김동원이 카메라를 든 이유는 현실을 고발하고자 한 것도 아니고, 이념을 선전하기 위한 것도 아니다. 그는 인간에 대한 순수한 믿음을 지니고 있기 때문에 그의 카메라는 매우 겸손하다. 〈송환〉은 이념이 다를지라도 그들 역시 한 명의 인간이고 정이 있는 사람이라는 것을 겸허하게 말하고 있다.

■ 〈선택〉 : 감옥 안에 자유가 있다

홍기선 감독의 〈선택〉(2003)은 다큐멘터리가 아니라 극영화이다. 〈가슴에 돋는 칼로 슬픔을 자르고〉(1992)의 흥행 실패 이후 권토중래하던 홍기선 감독은 비전향 장기수들의 문제를 다룬 차기작 〈선택〉을 '선택'했다. 시나리오 작업을 부인 이정희 작가와 함께하면서 홍 감독은

〈송환〉팀의 도움을 많이 받았다고 한다. 특히 〈송환〉의 많은 부분을 촬영했던 '푸른 영상'의 김태일 감독에게 취재과정에서 많은 도움을 받았다고 한다.

그런데 두 영화는 분명 다르다. 그것은 다큐멘터리와 극영화의 차이가 아니라 비전향 장기수를 바라보는 시각의 차이에서 비롯된다. 〈송환〉이 비전향 장기수들이 출옥한 후 살아가는 모습을 주로 다루고 있다면, 〈선택〉은 출옥하기까지의 과정에 중점을 두고 있다. 때문에 〈송환〉이 장기수들의 현재 모습과 지금 남한의 이념 분열상을 보여준다면, 〈선택〉은 모진 전향 공작을 이겨내고 꿋꿋이 '감옥으로부터의 사색'을 하는 장기수들의 모습에 집중한다. 그래서 〈선택〉은 〈송환〉보다, 비록 극영화지만, 더욱 잔인하고 혹독한 광경을 담고 있다.

〈선택〉의 주인공은 김선명 '선생'이다. 〈송환〉이 조창손 할아버지의 인간적인 면모에 집중했다면, 〈선택〉은 김선명 선생의 집념을 다루고 있다. 도대체 어떻게 45년이라는 긴 세월을 감옥에서 견딜 수 있었을까? 단지 종이 한 장에 서명만 하면 되는 것을 굳이 거부하면서 모진 고문과 학대를 견딘 이유는 무엇인지 감독은 찾아다닌다. 그런데 그 이유가 이념적인 것이 아니라 인간적인 것에 있다는 점이 흥미롭다.

〈선택〉에서 가장 흥미로운 지점은 왜 수많은 비전향 장기수들 가운데 김선명을 선택했느냐는 것이다. 그는 최장기수라는 점을 제외하면, 영화로 다룰 만큼 흥미 있는 인물이 아니다. 그는 고향이 남한이고 가족도 남한에서 살고 있다. 그리 과격하게 투쟁적이지도 않았고, 투철하게 이념 지향적이지도 않았다. 언젠가 만났을 때 이런 질문을 했더

자유는 감옥 밖이 아니라 안에 있다는 〈선택〉.

니, 홍 감독은 김선명이 지니고 있는 노동자 출신의 순박함이 오히려
45년을 버티게 한 힘이라고 생각한다면서, 지식인을 주인공으로 했더
라면 영화가 이념적으로 흐를 수 있는데, 노동자를 선택함으로써 영화
가 오히려 인간적으로 흐르게 되는 장점이 있다고 말했다. 바로 이것
이다. 감독은 순박한 노동자가 45년 동안 모진 고문을 견딘 힘에 초점
을 맞춘 것이다.

때문에 〈선택〉에서 가장 혹독한 장면은 전향 공작을 수행하는 장면
이다. 실제로 박정희 정권은 1972년 7·4 남북공동성명 발표 이후 남한
의 체제 우월을 증명하기 위해 강력한 전향 공작을 펼쳤다. 비전향 장
기수들이 겪은 폭압의 시간은 살인적이라는 단어 외에는 달리 표현할
길이 없다. 실제로 많은 이들이 전향공작 과정에서 죽어나갔다. 영화
속에 그려진 고문과 박해 역시 혹독하다. 교도소장이 전향을 반대하는
이들에게 총으로 직접 협박하는가 하면, 숱한 방법을 동원해 전향을

강요한다. 특히 깡패 죄수들을 동원해 무지막지한 고문을 가하는 장면은 차마 보기 어려울 만큼 처참하다. 이때 몇은 고문을 견디지 못해 전향하기도 하고, 어떤 이는 고문에 못 견뎌 의식을 잃은 후에 자신도 모르게 도장이 찍혔다고 한다.

〈선택〉은 박정희 정권의 폭력에만 초점을 맞추지는 않았다. 전향을 강조하면서도 인간적인 양심 때문에 괴로워하는 인물을 배치하는가 하면, 전향을 강요하는 교도소장을 한국전쟁 때 '빨갱이들'에게 부모가 학살되고 자신의 다리도 불구가 되는 상처를 입은 인물로 설정해, 단지 비전향 장기수 문제가 그들만의 문제가 아니라 분단과 전쟁을 겪은 한반도의 구조적 비극이라는 것을 강조한다. 이런 내용이 영화의 격을 한 단계 높인다. 무엇보다 끝내 전향을 거부하고 채 한 평도 안 되는 감옥에 있었던 그들이야말로 진정으로 자유를 쟁취한 사람들이라는 생각을 하게 만든다. 〈선택〉은 어떤 억압에도 굴하지 않고 자신이 선택한 삶을 사는 것이 바로 자유라는 것을 깨우쳐주었다.

■ 살고 싶은 곳에 살게 하라

1990년대 초반 사회주의권이 무너지면서 많은 이들이 희망을 잃었다. 자본주의가 지닌 명확한 모순을 치료해줄 수 있는 대안이라고 생각했던 사회주의권이 무너지자 혼란에 휩싸인 것이다. 그리고 갈 길을 몰라했다. 하지만 비전향 장기수들은 그런 사회의 흐름에 아랑곳하지 않았다. 그들은 자신들이 걸어온 길을 굳건히 걸어간다. 그것이 올바른 길인지 아닌지는 여기서 판단할 문제가 아니다. 단지 그들이 그렇게 한길을 갔다는 사실, 그런 길이 결코 헛된 길이 아니라는 것에는 기꺼이 동의할 수 있다.

2005년에 짧은 일정으로 평양에 다녀온 적이 있다. 그동안 방송과 신문을 통해 접했던 평양을 눈으로 직접 본다는 설렘이 함께했다. 무엇보다 혹시라도 북송된 장기수들을 먼발치에서나마 볼 수 있을까 은근히 기대했었다. 그런 행운은 찾아오지 않았다. 평양에 다녀온 김동원 감독도 북송된 장기수들을 만나보지는 못했다고 했다. 이제 그들은 쉽게 만날 수 없는 사람들이 되어버렸다. 그렇지만 그들이 꿈에 그리던 그곳에서 행복하게 살고 있으리라고 믿는다. 그들이 그렇게 살고 있는 것이 우리에게도 행복이다.

그런 의미에서 2차 송환이 하루빨리 이루어지길 간절히 바란다. 이제 그들이 살아갈 시간이, 기력이 얼마 남아 있지 않다. 그들이 가고 싶어 하는 곳으로 보내주는 것이 인간의 도리이다. 마찬가지로 납북자 문제도 북측에서 하루속히 해결해주어야 한다. 너무도 진부한 말이지만, 인간은 누구나 자신의 행복을 추구할 권리가 있다는 말을 되새겨야 한다. 때로는 진부한 것이 소중한 것일 때가 있다. 이들처럼.

조총련
― 〈우리 학교〉, 〈디어 평양〉, 〈할매꽃〉

남한 사람들에게 재일조선인총연합회(이하 조총련)는 두 얼굴을 지닌 존재이다. 같은 민족이라는 동질성이 있지만, 한편으로는 북측을 지지하는 이들이라는 이질감도 있다. 때문에 일본인들에게 차별과 고난을 당하는 조총련을 보면 동족으로서 무의식적으로 옹호하게 되지만, 한편으로는 그들이 북한을 지지하는 생활을 하고 있음을 알고 나면 이전의 환대는 냉대로 변하고 만다. 이제까지 남한 사람들에게 조총련은 그런 단체였다.

사실 이것은 매우 순화된 표현이다. 남북 대결이 한창이던 1970년대 남한 사람들에게 조총련은 '범죄 단체'였다. 특히 육영수 여사를 시해한 문세광이 조총련 출신이라는 것을 알았을 때 남한 사람들의 분노는 대단했다(아이러니하게도 지금까지도 논란이 되고 있는 이 사건의 실체에는 그리 큰 관심이 없는 듯하다). 그래서일까? 한국 영화사에서 조총련은 언제나 북한과 내통하는 간첩이거나 범죄 단체로 그려졌다. 가령 〈남포동 출신〉(김효천, 1970)이 그런 경우이다. 이 영화는 과거에는 조직 폭력배였지만 지금은 열심히 살아가는 중년의 삶을 다루고 있다. 그런데 폭력배 시절 맺은 네 명의 의형제 가운데 한 명인 장호(박노식 扮)만이 어둠의 세력과 연결되어 있다. 일본으로 갔던 그는 조총련의 꾐에 빠져 밀수를 하다가 결국 자신의 죄를 뉘우치고 의형제인 형님들과 화해한다는 내용이다. 이런 시각은 2000년대까지 이어졌다. 결코 예외는 없었다. 언제나 그들은 야비한 범죄를 저지르는 폭력 단체이자 '민주주의의 적'이었다.

그런데 이런 시각은 남과 북의 대결 구도에서 생겨난 불행한 현상일 뿐이다. 엄밀히 따져보면 남한 사람들은 조총련에게 배워야 한다. 조총련이 누구인가? 일제 때 징용 끌려갔던 이들이 귀국하지 않고(또는 못하고) 일본에 남아서 핍박과 멸시를 견디며 민족의 정체성을 지키려고 노력했던 이들이 아니던가. 민족의 정체성을 지키려는 노력을 눈물겹게 이어왔던 이들이 아닌가. 그들은 한 푼 두 푼 모은 돈으로 민족학교를 세우고 그곳에서 우리말 교육을 실시했다. 교복으로 치마저고리를 입으며 민족의 동질성을 유지하기 위해 치열하게 싸워왔다. 과연 우리가 그들에게 돌을 던질 자격이 있는가?

해방 직후에는 조총련과 민단의 구별이 없었지만, 남한과 북한으로 나뉘면서 그들도 갈라졌을 뿐이다. 어려움에 처한 재일교포에게 무관심했던 남한에 비해 적극적으로 도와준 북한과 가까워진 것이 과연 죄가 될 수 있을까? 처음에는 무관심했다가 멸시의 시선으로 변해버린 남한의 치사는 과연 온당한 것일까?

■ 우리가 세웠고 지켜야 할 〈우리 학교〉

김명준 감독이 연출한 〈우리 학교〉(2005)는 이제 일본에서도 몇 남지 않은 조선학교를 다루고 있다. 광복 직후 우후죽순처럼 세워졌던 조선학교는 현재 80여 개 정도만 남아 있다. 조선학교가 존폐 위기에 처한 이유는 아무래도 북한의 고립이 가장 큰 원인일 것이다. 더구나 조선학교가 정식 학교로 인정받지 못하기 때문에 상급학교로 진학할 수 없다는 것도 큰 걸림돌이 되었을 것이다. 결국 조선학교를 졸업하면 멸시를 견디며 자영업을 할 수밖에 없는 상황이다. 역설적으로, 이렇게 극단적인 상황에서도 지금까지 조선학교가 80여 개나 남아 있다는 것은 조선학교에 대한 조총련의 애정이 얼마나 극진한지 증명하고도 남는다.

김명준 감독이 이 영화를 통해 말하고자 하는 것은 조선학교의 존재 이유일 것이다. 그는 왜 지금까지도 조선학교가 존재하는지 그들과 3년이라는 긴 시간 동안 함께 생활하면서, 촬영한 분량만 한 시간짜리 테이프로 무려 500개를 기록했다. 이 안에는 조선학교에 대한 거의 모든 것이 들어 있다고 해도 과언이 아니다. 감독에 의하면, 이것을 녹취하고 분류하는 데에만 1년이 걸렸다고 한다. 완성한 영화 속에는 조선학교의 선생님들과 학생들의, 혼연일체가 된 모습이 너무나 정겹고도 따뜻하게, 그렇지만 때로는 눈물겹게 녹아 있다.

어떤 평자는 〈우리 학교〉를 두고 "PD도 좋아할 NL 영화"라고 했는데, 이는 정확한 표현인 것 같다. 〈우리 학교〉는 이념은 다르다고 할지라도 영화를 보는 행위만으로도 눈물을 자아내는 감동이 있는 영화이다. 한 편의 영화를 보면서 이렇게 많은 눈물을 흘린 것은 그리 흔한 일은 아니다.

이 영화가 감동을 주는 것은 우리의 현대사가 영화에 오롯이 녹아 있기 때문이다. 우리에게 억압으로 작용했던 한국 현대사의 질곡이 날카롭게 녹아 있기 때문이다. 일제의 식민 지배와 이후의 해방, 그러나 분단과 전쟁, 군부독재를 통해 대립할 수밖에 없었던 우리의 현대사를 영화를 통해 생생하게 확인할 수 있다. 징병당해 끌려온 많은 조선인이 해방 이후에도 고국으로 돌아가지 못하고 일본에 남아 살면서 자신들의 정체성을 지키려고 노력하는 모습을 바라보는 것은 같은 민족인 우리에게는 말 그대로 '안습'이다. 처절하게 자신들의 정체성을 지키려고 노력하는 동족을 바라보는 것은 안타까움을 넘어 분노까지 느끼게 만든다.

그 추운 겨울에도 치마저고리를 교복으로 입고 생활하는 모습, 일본에서도 한글을 사용하는 모습, 일본 우익의 모진 협박에도 굴하지 않고 자신들의 정체성을 지키려는 노력을 포기하지 않는 모습은 감히 형언할 수 없는 감동을 준다. 정식 학교로 인정받지 못해 졸업과 동시에 학업을 포기하고 취업을 해야 하는 그들의 삶이지만, 선생과 학생이 하나가 되어 뭉쳐 살아가는 모습이 어찌 아름답다고 하지 않을 수 있겠는가. '사교육 천국'인 남한의 교육과 얼마나 좋은 대조를 이루는가. 일본 학교와 축구 시합에서 지고 난 뒤 너무도 서럽게 우는 아이들을 보고 어찌 눈물을 흘리지 않을 수 있겠는가. 작은 한일전이 벌어지고 있는 형국이다.

이렇게 영화가 주는 감동은 민족이라는 단어와 뗄 수 없다. 민족이라는 단어는 아직도 우리에게 가슴이 뜨거워지는 경험을 안겨준다. 외세의 침략과 분단, 전쟁을 겪은 우리에게 민족주의는 견고한 방어벽이 되었다. 일제에 맞서는 토대가 되었고, 새로운 재건을 할 수 있는 모토가 되었다. 아직도 식민 상태에서 완전히 벗어났다고 할 수 없는 조총련계 재일동포들의 일부인, 힘겹게 생활하는 조선학교의 학생들이 주는 감동은 여기서 나온다.

물론 영화가 주는 감동의 많은 부분은 영화를 촬영한 감독의 노력과 시선에서 나온다. 영화가 지닌 장점은 감독이 조선학교의 학생, 선생님과 함께 생활하면서 그들의 생활을 속속들이 기록했다는 것이다. 영화에 대한 호평은 대부분 여기서 발생한다. 감독은 그들과 너무도 친밀해졌다. 인터뷰어(interviewer)가 인터뷰이(interviewee)와 함께 생활하면서 거리감을 없앴기에 마치 물 흐르듯이 자연스런 영화를 촬영할 수 있었다. 친근하고 정겨운 감독과 영화 속 인물들의 관계는 인간을 다루는 좋은 다큐가 주는 감동의 정석처럼 보인다. 대상에 대한 무한한 사랑과 제작진에 대한 한없는 신뢰가 영화 속에 녹아 있으며, 그것이 이 영화를 사랑할 수 있는 영화로 만들었다. 그러니까 〈우리 학교〉

는 제작진과 대상이 함께 만든 영화이다. 다큐 본연의 의무인 기록을 통해 그들의 생활을 알렸고, 알려진 그들의 생활은 눈물을 자아내기에 충분했다.

여기서 빠뜨릴 수 없는 것은 세상을 바라보는 감독의 따뜻한 시선이다. 아직도 우리에게는 가깝지 않은 조총련계를 촬영한다는 것은 결코 쉬운 결정이 아니었을 것이다. 감독도 영화에서 고백한 것처럼, 김일성, 김정일 초상화가 있는 교실에서 수업하는 이들을 아무런 이념의 잣대 없이 바라보기에는 남한의 교육은 너무나 강압적이었다. 그러나 감독은 그런 생각을 조금씩 벗어버렸다. 그래서 그는 조선을 식민지로 삼았던 일본 땅에서, 귀국하지 못하고 남은 그들이 꿋꿋이 민족의 정체성을 지키려고 노력하는 모습에 많은 점수를 주었다. 대부분의 평자들이 영화에 많은 점수를 준 것도 바로 이 부분이었고, 나 역시 이 부분에서 많은 감동을 받았다는 것을 조심스럽게 고백해야 한다.

그런데 영화를 보면서 못내 아쉬움이 남는 것은 무엇 때문일까? 영화는 민족주의가 지니고 있는 부정적인 문제점에 대해서는 입을 다물고 있다. 가령 언제까지 조선학교가 이런 형태의 삶을 이어갈 수 있을까? 이것이 과연 망명국가의 모습이 아니라 버젓이 국가가 존재하는 나라의 국민들 모습이란 말인가? 그렇다면 원인은 무엇이고 해결책은 무엇인가? 남한과 일본은 분명 국교 수교를 한 상태인데도 왜 그들은 그렇게 살아갈 수밖에 없을까? 물론 여기까지는 충분히 이해를 할 수도 있다. 이제까지 남한과 북한은 체제 경쟁을 하면서 그들을 이용하거나 도외시했기 때문에 그들 스스로 일어설 수밖에 없었으니, 감독이 이렇게 표현함으로써 반성을 촉구하는 계기로 작용할 수도 있다.

그런데 감독은 왜 완고한 민족주의 때문에 어린 학생들이 장래에 고통을 당해야 하는지에 대해 아무런 질문을 던지지 않는 것일까? 왜 감독은 그렇게 살아가는 어린 학생과 선생들의 모습이 모범의 전형인 것처럼 선정해놓고 이를 추앙하듯이 따라가기만 하는 것일까? 분명 감독은 그들과 함께 오랫동안 생활했기 때문에 그들의 일거수일투족을 알고 있다. 그럼에도 불구하고 그들의 사상적 고통에 대해서는 자세히 거론하지 않는다. 다만 민족의 정체성을 지키기 위해 노력하는 이들, 또는 그렇게 하고 있는 이들만 생생하게 기록하면서 길을 벗어난 이들에 대해서는 아무런 입장을 표명하지 않는다. 그래서 감독의 이런 촬영이 조선학교식의 교육이 올바르다고 믿도록 학생들이나 보는 이들에게 강요하는 측면이 없지 않다.

김명준 감독은 영화를 통해 재일 조선인의 문제에 대해 좀 더 복합적인 사고를 할 수 없었을까? 조선인 학교에 적응하지 못하고 떠난 이들의 고민이나 조선인 학교를 졸업했으면서도 끊임없이 갈등하는 이들의 모습은 왜 등장하지 않는 것일까? 어린아이를 일본의 정식 학교가 아니라 조선학교에 입학시키는 부모의 선택은 혹시 아이에 대한 또 다른 폭력은 아닐까? 학교를 졸업하고 사회에서 제대로 적응하지 못하는 이들을 양산해야 하는 이런 교육을 언제까지 긍정적으로만 바라봐야 하는 것일까? 감히 거부하고 비판할 수 없도록 만드는 감독의 선입견은 어디에서 오는 것일까?

그동안 우리에게 민족주의는 감히 비판하지 못할 신성의 영역이었다. 물론 이런 상황을 이해하지 못할 바는 아니다. 나 역시 우리에게 가장 강력한 무기는 민족주의라고 생각한다. 아직도 분단되어 있는 이 땅에서 민족주의는 포기할 수 없는 가치이다. 북한을 선제공격해야 한다고 주장하는 미국이 존재하는 상황에서(정말로 조지 부시는 북한을 '조지고 부수고' 싶어 하지 않았던가), 전쟁의 위험을 줄이는 최소한의 길은 통일을 이루는 것이다. 통일을 하려면 민족주의에 기대지 않을 수 없다. 그러나 이것 때문에 민족주의가 신성시되어서는 안 된다. 그것이 오직 하나의 잣대로만 작용해서도 안 된다. 영화가 지닌 명확한 성과와 더불어 명확한 한계도 돌아봐야 한다.

■ 〈디어 평양〉 : 아버지와 딸의 화해

〈디어 평양〉(양영희, 2005)은 제목에서 드러나는 것처럼, 평양에 대한 그리움의 감정을 표현하고 있다. '친근한 평양', '다정한 평양', '안녕 평양' 정도의 번역이 어울리는 영화는 조총련의 딸이 직접 기록한 가족사 영화이자, 한국 분단의 현실을 그리고 있는 사회성 짙은 다큐멘터리이다. 그러니까 〈우리 학교〉가 남한 사람의 시선에 포착된 조총련의 모습이라면, 〈디어 평양〉은 조총련 내부의 진솔한 고백인 셈이다.

사람은 누구나 살다 보면 조금씩 변해간다. 10대 후반이나 20대 초반의 미칠 것 같은 사랑도 시간이 지나면 편하게 이야기할 수 있거나 심지어 그 사실조차 잊어버리기도 한다. 같은 시기, 기성세대에 대한 극단적인 혐오도 30대가 되면 어느 정도는 이해할 수 있는 처지가 된다. 특히 처자식과 더불어 가정을 이루면 기성세대의 생각을 많이 포용하게 된다. 그럼에도 불구하고 쉽게 받아들일 수 없는 것도 있다. 가령 이념적 문제는 어떤 이들에게는 불가침의 영역이다. 나이가 들어도 젊은 시절 받아들인 이념은 쉽게 변하지 않는다. 가령 비전향 장기수들을 보면, 그들에게는 이념보다 앞선 것은 아무것도 없다. 식민 지배와 분단, 전쟁을 겪은 한국에서 이념은 무엇과도 바꿀 수 없는 절대적인 것이었다. 그러나 이념도 시간이 지나면 조금씩 변한다. 무엇보다 평생을 바친 이념의 '구멍'을 보았을 때 고민에 빠지지 않을 수 없다. 분명 자신의 모든 것을 바칠 만한 것이라고 생각했지만, 오랜 시간이 지나 이념과 현실의 괴리가 느껴질 때, 말로는 직접 토로하지 않더라도 고민하지 않을 수 없다.

양영희 감독의 〈디어 평양〉은 그런 이야기를 다루고 있다. 이 영화가 화제가 될 수 있는 가장 큰 이유는, 언제나 우리의 관심 대상인 평양을 다루었기 때문도 아니고, 우리에게는 금기시된 조총련 이야기를 다루고 있기 때문도 아니다. 바로 '진솔한' 다큐멘터리이기 때문이다. 조총련 사업에 누구보다 열성적이었고, 그렇기 때문에 자신의 세 아들을 모두 북한으로 귀국시켰던 아버지와 어머니(말 그대로 父母)에 대한 막내딸의 솔직한 고백이자 기록이기 때문이다. 10년이라는 시간을 통해 이념의 한가운데 있는 가족의 모습을 다큐로 담은 것이다. 감독이 가장 소중하게 생각하는 인물은 그녀의 아버지다. 20대 시절에는 아버지와 같이 앉아 밥 먹는 것조차 싫었던 그녀도 나이를 먹으면서 차츰 아

버지를 이해하게 되고, 그녀의 아버지
역시 못마땅했던 딸을 차츰 이해하게
된다. 이렇게 부녀의 진솔한 이야기가
이 영화가 주는 감동의 핵심이다.

〈디어 평양〉에 그려진 아버지는 철
저한 사회주의자이자 김일성주의자다.
제주도 출신이지만, 15살에 일본으로
와서 해방을 맞은 다음에도 귀국하지
못한 그는, 당시 많은 재일동포들이 그
런 것처럼, 분단 상황에서 북조선을 조
국으로 선택했다. 재일동포들에게 어
떤 원조도 해주지 않은 채 무관심으로
일관했던 남한에 비해, 조선학교를 만

조총련 아버지와 남한 국적을 택한 딸의 진솔한
화해를 그린 〈디어 평양〉.

들 수 있도록 원조해주고 사상적으로도 이끌어주었던 북한에 더 끌렸
던 것이다. 감독의 아버지와 어머니는 조총련의 핵심 간부로서 많은
활동을 하다가, 자신들의 손으로 사회주의 조국을 건설해야 한다는 생
각에 세 아들 모두를 북조선 귀국 사업에 동참시켰다. 당시 10만 명가
량이 북송 사업에 참여했다고 하더라도, 세 아들을 모두 귀국시킨 것
은 쉽지 않은 결정이었을 것이다.

세 아들을 북한으로 보낸 부모는 더욱 열심히 정치 운동을 했다. 아
들이 평양에서 살고 있기 때문에 그들에게 피해를 끼치지 않기 위해서
라도 그럴 수밖에 없었을 것이다. 북한이 정치적으로 고립되고 경제적

으로 궁핍해진 시점에서도 그들은 북한을 지원하면서, 한편으로는 아들과 손자를 위해 많은 것들을 북한으로 보낸다. 계절이 바뀌면 학교에 난로가 없어 동상이 걸린다는 손자를 위해 손난로 등 수많은 물품이 담긴 상자를 북한으로 보낸다.

그들은 망경봉호를 타고 북한으로 가서 아들과 손자를 만나기도 한다. 아들과 손자가 일본으로 올 수 없기에 직접 찾아가는 것이다. 그곳에서 바라본 아들과 손자의 생활은 참으로 궁핍하다. 북한에서 선택받은 이들만이 살 수 있는 평양의 아파트에서 살지만, 그들의 집은 낡고 좁았다. 그 정도가 얼마나 심각하냐면, 손자가 조부모 앞에서 피아노 솜씨를 자랑하는데 갑자기 정전이 되어버린다. 그때 "문명이 왔다"며 가지고 온 것이 촛불이었다. 이런 생활이 일상이 될 만큼 평양의 사정은 좋지 않다.

이런 상황에서도 북한에 대한 충성은 변함이 없다. 언제나 조국의 품에서 세 아들과 손자가 잘 있다고 말한다. 아버지는 옥류관에서 열린 생일잔치에서 세 아들을 모두 조국에 바쳤지만 완전한 김일성주의자, 김정일주의자가 되었는지를 생각하면 의심스럽다고 말한다. 그의 지독한 정치적 사상을 읽을 수 있는 대목이다. 하지만 모든 경비를 직접 지불하면서까지 북한에서 생일잔치를 하는 것도 그렇지만, 보통사람으로서는 분명 이해하기가 쉽지 않은 말이다.

이 집의 외동딸인 양영희 감독은 어릴 적부터 아버지와 어머니를 이해하기 힘들었다. 그가 직접 가서 본 북한은 유일하게 남은 사회주의의 낙원이 아니라 가난하고 통제된 나라였다. 그런 나라에 세 아들을 바치고 그들을 위해 평생을 걱정하면서 사소한 생필품을 보내는 부모가 못마땅한 것이다.

감독은 계속해서 아버지와 대화를 시도한다. 감독은 사회주의나 자본주의에 큰 관심이 없다. 단지 그녀는 이데올로기가 사람을 해방시키는 것이 아니라 오히려 사람을 옥죌 수도 있음을 알고 있다. 그녀는 클래식 음악을 너무나 좋아했던 큰오빠가 북한으로 가서 어떻게 살고 있는지, 아니 살 수나 있을지 걱정한다. 그녀에게는 이념보다 개성이 더 중요한 것이다. 역설적이게도, 그녀가 아버지와 대화할 수 있는 것도 바로 이 때문이다. 북한의 실상을 직접 눈으로 본 그녀는 아버지가 왜 그토록 이념에 매달렸는지, 지금의 심정은 어떤지 듣고 싶은 것이다.

완고했던 아버지도 변화하는 북한의 실정을 보면서 솔직한 심정을 말한다. 절대로 용납하지 않을 것 같았던 아버지는 딸이 남한 국적을 취득하는 것도 이해해주고, 딸이 남한 사람과 결혼하는 것도 가능하다고 한다. 그러나 무엇보다 충격적인 것은 세 아들을 북송한 것을 후회하지 않느냐는 질문에 대한, 참으로 진솔한 '아버지'로서의 답이다.

"이미 가버렸으니 어쩔 수 없지만, 안 갔으면 더 좋았을 텐데라는 생각이 들어, 그땐 내가 조금 쉽게 생각했던 것 같구나."

이 부분에서 감독은 아버지도 하고 싶은 말들을 삭이면서 보냈다는 것을 알게 된다. 북한으로 가버린 세 아들을 다시 오게 할 수 없는 상황에서, 북한의 경제적 곤란을 알고 나서 아들들에게 피해를 입힐까봐 하지 못한 말들이 많다는 것을 말이다. 그나마 아들이 평양에 살고 있는 것이 그에게는 위안이 되었을 것이다. 그 진솔한 고백을 딸에게만은 했던 것이다. 평생을 이념을 위해 살았던 사람도 가족에게는 이처럼 정직해질 수 있다.

이 영화는 남한에서도, 북한에서도 쉽게 환영을 받지 못할 영화다. 철저한 김일성주의자이자 김정일주의자인 아버지가 등장하는 영화가 남한에서 쉽게 받아들여질 리 없다. 아직도 조총련을 범죄 단체 취급하는 기운이 역력한 이 나라에서 〈디어 평양〉은 거북한 영화다. 북한의 사정도 마찬가지다. 평생을 바쳐 충성한 아버지가 그것을 후회하는 듯한 분위기를 풍겼으니 불만이 클 것이다. 북한을 '이상한(?)' 나라로 취급한 감독의 시선도 못마땅할 것이다. 들리는 말에 의하면, 이 영화로 인해 감독의 가족이 (조총련의 '왕따'는 물론이고) 외출도 하지 못할 정도의 곤란에 처했다고 한다. 참으로 안타까운 일이 아닐 수 없다.

■ 〈할매꽃〉 : 아픈 과거를 솔직하게 파고드는 가족 서사

〈할매꽃〉은 조총련 문제를 전면적으로 다루고 있는 영화는 아니다. 이 영화는 젊은 감독이 우연히 맞이하게 된 외할머니의 죽음을 계기로 자신의 외가가 지닌 아픈 현대사를 파고드는 내용을 담고 있다. 우연히 보게 된 작은 외할아버지의 일기가 감독을 자극했다. 정신병으로 평생을 고생하신 작은 외할아버지에 대해 감독은 그리 좋은 시선을 지니고 있지 않는데, 우연히 읽은 일기를 통해 일제강점기, 해방과 좌우의 대립, 분단과 전쟁, 군부독재의 현대사를 맨얼굴로 대하게 되었다.

감독의 외가는 전라도이다. 좌우의 대립이 매우 심했던 이 지역에서

174

외할머니는 많은 일을 겪는다. 먼저 외할머니의 오빠가 전쟁 중에 인민위원장을 맡아 활동하다가 자수를 하러 내려오는 도중 친구인 경찰의 손에 죽고 만다. 외할머니는 같은 동네에서 오빠를 죽인 사람과 마주 보며 평생을 살아야 했다. 오빠가 죽고 나서 산에서 좌익운동을 하고 있는 남편이 위험하다는 것을 느낀 외할머니는 남편을 찾아가 죽기 살기로 집으로 내려오게 하여 자수시킨다. 그런데 이 과정에서 외할아버지의 동생, 즉 작은 외할아버지가 심한 고문을 당해 정신병을 앓게 된다. 무척이나 총명했던 작은 외할아버지는 그런 일을 겪은 후 정상적인 생활을 하지 못하게 된다. 새벽 세 시면 일어나 교회에 가서 종을 치며 신앙생활을 했고(한국전쟁 이후 남한의 개신교는 빨갱이가 아니라는 공식적인 증거였다), 빨간색을 너무도 싫어해 카네이션도 흰색으로 고를 정도로 심한 두려움에 평생을 떨어야 했다. 산에서 내려온 외할아버지도 자신의 길을 가지 못했다는 죄책감에 평생을 술로 달래면서 외할머니와 가족을 학대하며 살았다. 외할머니의 불행은 여기서 그치지 않았다. 형님이 경찰 손에 죽었다는 것을 알게 된 외할머니의 남동생은 일본에 유학 중이었지만 귀국하지 못하고 일본에서 살아야 했다.

평소 감독은 자신에게 너무나 잘해주시던 외할머니에게 이런 큰 상처가 있다는 것을 짐작하지 못했다고 한다. 어머니 역시 이런 가족사에 대해 이야기해주지 않았다. 굳이 상처를 들출 필요도 없었지만, 한편으로는 연좌제가 살아 있었기에 그 이야기를 공공연히 할 수도 없었다. 실제로 감독의 사촌이 기무사에 근무하는 남자와 결혼하려고 했다가 집안의 좌익 경력 때문에 파혼을 당했다. 민주화가 이루어졌다는

한국 현대사의 비극을 모조리 겪은 외할머니를 추모하는 감독의 자전적인 이야기, 〈할매꽃〉.

2000년대에도 이런 일이 일어나고 있는데, 한국전쟁 직후나 군부독재 시절에 어떻게 좌익 활동을 했다는 이야기를 할 수 있었겠는가. 평생을 외롭게 살아오신 외할머니에게 바치는 이 영화는, 그 시절을 고통스럽게 살아온 모든 할머니 세대에게 바치는 영화이기도 하다. 그래서 외할머니가 돌아가시기 직전 감독이 "할머니, 고생하셨어요. 좋은 데 가세요"라고 나직이 말하는 대목에서는 눈물을 흘리지 않을 수 없다. 참으로 인간으로서 겪을 수 없는 고통을 겪었고, 참을 수 없는 통증을 묵묵히 인내하며 살아온 할머니 세대.

감독은 보충 촬영을 위해 일본으로 간다. 형님이 경찰의 손에 죽고 나서 일본에 머물러야 했던 분(외할머니의 남동생)의 이야기를 듣기 위해 일본으로 간 것이다. 외할머니의 동생은 이미 세상을 떠났고 그의 아들과 손자들을 만난다. 평생 처음 보는 사이지만 혈육의 정은 진한 것인지 진솔하게 그분의 삶에 대해 이야기를 시작한다. 그런데 삼촌은 그분의 삶을 긍정적으로 바라보지 않는다. 그 역시 심한 상처를 지니고 있었던 것이다.

조국으로 돌아가지 못한 외할머니의 동생은 일본에서 조총련 활동을 열심히 했다. 조총련 도쿄 지부장을 할 정도로 열성적이었다. 조총련의 북송이 활발했을 때 그도 딸을 북한으로 보냈다. 외삼촌의 동생인 그녀는 북한으로 가서 의사 생활을 하다가 병이 나서 그만두고 결혼해서 살고 있다. 삼촌은 북한으로 가서 그녀를 만나고 편지를 통해 서로 소식을 전한다. 그런데 문제가 발생했다. 남북 체제 경쟁이 심하던 시절, 1970년대 말과 1980년대 초에 고향이 너무도 그리웠던 외할아버지의 동생은 고향 방문을 추진한다. 대신 자신의 방문을 철저히 비밀로 해주기로 남한 정부와 약속했다. 단지 고향을 찾아 친지들 얼굴을 보고 무덤에 참배만 하려고 했다. 그런데 남한에 도착하자마자 언론에서는 그가 전향했다고 발표해버린다. 이제 그는 갈 곳이 없다. 일본으로 돌아가서도 그는 가족들과 조총련에게 버림받았다. 결국 그 역시 쓸쓸히 술로 말년을 달랠 수밖에 없었다. 이런 아버지를 삼촌은 좋아하지 않았다.

　영화에서 내가 눈여겨본 것은 외할머니 동생의 삶이었다. 그야말로 현대사의 희생양이 된 사람의 슬픈 운명이 영화에 녹아 있다. 경찰에게 학살당한 형님을 보고 귀국하지 못한 동생. 반감으로 조총련 활동을 하고 도쿄 지부장이 된다. 딸을 북으로 보낸다. 하지만 고국이 너무나 그리워 잠시 귀국했다가 전향한 것으로 오보가 되는 바람에 모든 것을 잃고 만다. 가족들은 모두 떠나버린다. 딸도 만나지 못한다. 아들도 그를 용서할 수 없다고 한다. 이때 그의 심정은 어떠했을까? 시대적 아픔이 그를 철저하게 고립시켜 고아로 만들어버렸다. 그의 형제들은 가슴 아프게 죽거나 불행하게 살고 있고 자식들은 그를 인정하지 않는다. 게다가 그는 그토록 가고 싶었던 남한으로도 가지 못한다. 조총련의 현재 위치를 이보다 더 정확히 보여주는 영화는 없다. 자신의 의지와도 무관하게 흘러가는 역사의 바퀴는 사람을 이토록 힘겹게 만들어버렸다.

■ 결국 하나가 되어야 한다

한반도는 아직도 분단되어 있다. 이는 아직도 냉전체제에서 자유롭지 못하다는 것을 의미한다. 아직도 어느 한쪽을 편들지 않으면 안 된다는 것이다. 조총련은 일본 국적이나 남한 국적을 취득하지 않았기 때문에 일본에서 범죄인 취급을 당하고, 남한은 조총련의 이런 선택을 포용하지 못한다. 〈디어 평양〉에는 그런 사실이 강하게 드러난다. 미국 유학을 한 감독은 활발한 활동을 위해 결국 남한 국적을 선택했지만, 그것을 위해 얼마나 고민해야 했던가. 왜 지금도 북한 국적은 거부당해야 하는가? 〈할매꽃〉에서도 왜 남한과 북한을 모두 선택할 수 없도록 우리는 한쪽만의 선택을 강요하는가? 가족이 남과 북에 흩어져살고 있다면 두 조국을 인정하도록 해주면 그만이 아닌가. 우리는 왜이처럼 간단한 일을 바꾸려고 하지 않는가.

〈우리 학교〉의 김명준 감독은 남한 사람이다. 그는 이 영화를 촬영하기 위해 조선학교에서 3년이란 긴 시간을 함께 보냈다. 처음에는 김일성과 김정일의 사진이 있는 교실이 두려웠지만 나중에는 일상이 되었다고 한다. 그러나 그 역시 학생들이 졸업여행으로 북한에 갈 때 함께 가지는 못한다. 이 부분에서 분단의 현실을 삼엄하게 경험해야 했다. 왜 감독은 그들과 함께 갈 수 없는 것일까? 아니다, 질문을 바꾸어야 한다. 언제쯤 함께 갈 수 있는 것일까? 언제쯤 조총련과 민단이 하나가 될 수 있을까? 〈우리 학교〉와 〈디어 평양〉, 〈할매꽃〉은 그 실마리를 던져준다. 이 영화들은 조총련의 생활을 생생하게 그림으로써 조총련에 대해 깊이 생각할 기회를 주었다. 그들의 생생한 육성을 통해 그들 역시 풋풋한 정을 지닌 인간이라는 것을, 우리와 한 핏줄을 지닌 동족이기 때문에 결국 하나가 되어야 함을 에둘러서 이야기한다. 주류 충무로 영화에서 이런 내용을 다루지 않고 독립 다큐에서만 이런 이야기를 그리고 있다는 것이 아쉽지만, 그래서 이 영화들은 무척이나 소중하다.

04

군부독재와
영화

박정희에서 전두환, 노태우로 이어진 군부독재는 분단의 대결 구도에 그 토대를 두고 있다. 북의 체제와 대결해야 하는 구도, 그 대결을 위해 국민을 효율적으로 통제할 필요가 있었다. 군부독재가 가능했던 것도 이런 이유 때문이다. 그러나 군부독재는 필연적으로 인권과 민주 문제에 대해서는 무능했고 관심이 없었다. 단지 돈을 벌기 위해 미국의 용병으로 베트남전에 참전해 민간인을 학살하는 악명을 떨쳤고, 자신들의 정권을 위해 수백 명의 시민을 무고한 폭도로 몰아 학살했다. 대중매체 가운데 영향력이 강한 영화를 통제하는 정책 시행은 기본이고 아예 정책을 선전하는 영화를 만들도록 했다. 이런 시대에 영화는 과연 무엇인가? 무엇을 할 수 있는가? 영화는 그 시대를 어떻게 그리고 있는지, 시대와 영화의 관계를 살펴보는 것은 흥미롭다.

1

베트남전의 기억
―반공 영화 〈월남전선 이상 없다〉에서 동지적 유대감의 〈님은 먼 곳에〉까지

다만 정도의 차이가 있을 뿐이지, 모든 영화는 사회를 반영한다. 영화 자체가 사회의 산물이기 때문이다. 대중들이 느끼고 생각하는 것들이 대중 영화 속에는 고스란히 녹아 있다. 물론 이런 반론을 할 수도 있다. 영화는 사회를 반영하기보다는 대중들의 욕망을 반영하기 때문에 이차적이라고. 물론 맞는 말이다. 직접적으로 반영하기보다는 이차적으로 반영한다. 그러나 이것이야말로 영화가 사회를 반영한다는 것을 증명한다. 대중의 욕망이 시대에 따라 어떻게 다르게 표현되었는지, 또는 시대에 따라 대중들이 욕망하는 스타의 모습이 어떻게 바뀌었는지 연구하는 것만으로도 시간의 흐름과 대중의 욕망의 관계, 변화된 사회상을 읽을 수 있다. 때문에 큰 틀로 본다면 모든 영화는 사회를 반영한다. 아니, 영화가 곧 사회이다.

때문에 영화사를 연구하는 것은 매우 흥미로운 학문이 된다. 일차적으로 영화사는 영화의 역사를 정리하는 작업이다. 특정 시대의 영화적 흐름을 정리하기도 하고, 그것을 다른 시대의 경향과 비교하기도 한다. 이런 흐름 속에서 산업, 제도, 감독, 배우, 극장 등 다양한 연구거리가 등장한다. 한편으로는 영화의 역사를 통해 다양한 학문으로 발전하기도 한다. 영화를 통해 특정 시대, 특정 분야를 연구할 수도 있고(최근 발굴된 영화를 통해 일제강점기 서울의 풍속사를 연구할 수도 있다), 영화에 나타난 특정 주제의 변화과정을 통해 사회를 연구할 수도 있다(초창기 영화에서 최근 영화까지 나타난 독신녀의 이미지를 연구함으로써 독신녀에 대한 변화된 시각을 엿볼 수 있다).

나는 특정 주제가 시대에 따라 어떻게 영화적으로 재현되었는가를 살펴보는 것에 관심이 많다. 이를 통해 당시의 사회상과 대중들의 인식 변화를 고찰할 수 있으므로, 결국 한국사회의 역사를 살펴보는 작업이 된다. 영화를 통해 사회를 바라보는 작업인 것이다. 2008년에 개봉한 〈님은 먼 곳에〉(이준익)는 베트남전쟁에 대한 관심을 증폭시켰다. 나는 이 영화를 보면서 남한에서 베트남전을 다룬 영화의 시각이 어떻게 변화했는지, 변화의 이유는 무엇인지, 그것이 남한사회의 변화와 어떤 관련을 맺고 있는지 궁금해지기 시작했다. 이 글에서는 그런 궁금증을 풀어갈 것이다.

많은 이들이 베트남과 한반도가 매우 비슷한 현대사를 지니고 있다는 사실을 놓치고 있다. 한반도가 일제의 식민지로 전락했을 때 베트남은 프랑스와 일본의 식민지가 되었고, 해방 이후 두 나라의 남쪽에는 자본주의 정권이, 북쪽에는 사회주의 정권이 들어섰다. 남과 북의 정권이 물리적 전쟁을 통해 통일을 시도했던 점, 그 전쟁에 외세가 개입했다는 점도 닮았다. 심지어 이 과정에서 미국이 매우 큰 역할을 했다는 것도 같다. 다만 차이점이 있다면, 베트남은 통일이 되었고 한반도는 아직 휴전 중인 분단 상태라는 점이다.

단지 남한과 베트남이 비슷한 역사를 지니고 있기 때문에 베트남전을 다룬 영화를 고찰하려는 것은 아니다. 베트남전에는 남한의 엄청난 병력이 직접 참전했다. '미국의 용병'으로 참전하면서, 남한과 북한은 베트남전을 통해 또다시 대리전을 치러야 했다. 1960년대 후반과 1970년대 초반은 한반도에서 대립과 경쟁구도가 최고조로 치닫던 때였다. 박정희와 김일성이라는 두 독재자는 대리전쟁을 통해 자신들의 체제가 더 우월하다는 것을 증명하고 싶었다. 이렇게 베트남전은 한반도와 남한에게 결코 떼어놓을 수 없는 깊은 관련이 있다. 이제 남한 영화가 어떻게 베트남전을 그려왔는지 살펴보고, 이를 통해 남한의 사회상을 고찰하도록 하자.

■ 반공 영화와 멜로드라마 소재로서의 베트남전

베트남전을 다룬 초기의 영화들은 대부분 반공 영화이다. 반공 영화가 등장한 배경에 대해서는 구구하게 설명할 필요가 없을 것이다. 해방 이후 남한과 북한에 각기 다른 정부가 들어서면서 체제 대결은 이미 시작되었고, 영화는 체제 대결의 선전도구로 호명되었다. 곧이어 발발한 한국전쟁은 영화인들을 '종군 영화인'으로 만들었다. 영화인들은 군인들을 따라다니며 영화를 촬영해서 각기 체제의 우수성을 알리는 이데올로기의 주도자가 되었다.

이후 반공 영화는 더 심화되었다. 1950년대 중반 이후 한국 영화가 부흥하기 시작하면서 자본과 인력이 충무로로 몰려들었다. 오늘날의 충무로를 있게 한 '충무로 시대'의 시작이었다. 이들은 '반공'을 국시로 여겼던 당시 사회 분위기를 감히 거스르지 못했다. 검열이 엄연히 존재했던 터라 제작사들도 마찬가지였다. 조금이라도 선을 벗어나면 육체적 고통이 뒤따르기도 했고, 엄청난 자본을 투입한 영화의 개봉이 불가능하게 될지도 몰랐다. 〈7인의 여포로〉를 만든 이만희 감독은 인민군 포로가 된 7명의 간호장교가 북한군에게 경례를 하는 장면이 문제가 되어 구속까지 되었다. 영화는 새로 편집되어야 했고, 제목도 〈돌아온 여군〉(1965)으로 바뀌었다.

물론 반공 영화가 통제와 강요만으로 만들어진 것은 아니다. 일부 감독들은 한국전쟁을 겪으면서 경험적으로 반공주의자가 되었다. 대표적으로 유현목 감독이 그렇다. 그는 북한에서 남한으로 내려온 영화인이자, 무엇보다 기독교인이었다. 그의 영화에 계속해서 등장하는 반공주의는 자발적인 경우라고 할 수 있다.

이렇게 분단을 다룬 영화는 대부분 반공 영화라는 틀에서 벗어나지 못했다. 한국전쟁을 액션의 스펙터클로 다룬 것은 액션 영화적 반공 영화, 분단을 다룬 소설을 원작으로 한 것은 문예 영화적 반공 영화, 전쟁 때문에 이루어지지 못한 사랑을 다룬 것은 멜로드라마적 반공 영화, 홍콩이나 일본을 배경으로 벌어지는 간첩단의 첩보활동을 그린 영화는 첩보 영화적 반공 영화……. 그야말로 '반공 영화의 천국'이었다. 심지어 한국 영화산업의 지원과 육성을 위해 1973년 4월 3일 만들어진 영화진흥공사에서도 직접 반공 영화를 제작했는데, 이때 임권택 감독이 주로 액션 영화적 반공 영화를 연출했다. 우수 영화에 외화 수입 쿼터를 주던 시절에는 '반공 영화상'도 있었다. 이렇게 1950년대 이후부터 1980년대까지 분단을 다룬 영화는 대부분 반공 영화의 범주에서 벗어나지 못했다. 그야말로 반공이 국시였던 시절이었다.

이런 상황이니, 1960년대 베트남전을 소재로 한 영화가 반공 영화가 아닐 수 있었을까. 현재 진행 중인 전쟁에 남한의 병사들이 파병되어 있는데 어떻게 반공 영화가 아닐 수 있겠는가. 주월 한국군의 활약상을 수록한 장편 기록영화인 〈월남전선 이상 없다〉(김묵, 1966) 외에, 베트콩 여간첩을 귀순시켜 귀중한 정보를 입수한다는 내용의 〈맹호작전〉(김묵, 1966), 여 베트콩을 생포해서 결국 대공 투쟁에 앞장서게 만드는 〈여자 베트공 십팔호〉(강범구, 1967) 등, 다소 황당한 내용의 영화들이 1960년대 베트남전이 한창이던 당시 만들어진 베트남전 소재의 반공 영화였다.

사실 당시 영화계에는 베트남전을 소재로 한 반공 영화를 만들어야 할 이유가 없었다. 대중 영화는 관객들의 관심을 먹고산다. 그런데 반공 영화는 대중들이 그리 선호하는 장르가 아니었다. 전쟁이라는 참혹한 상황이 인간에게 주는 고통을 논하기 위해서라고 해도, 굳이 베트남전을 재현할 필요가 없다. 직접 겪은 한국전쟁만으로도 충분히 공감할 만한 소재는 많았기 때문이다. 게다가 베트남까지 가서 촬영을 하려면 엄청난 제작비를 감당해야 한다. 결국 베트남전을 다룬 반공 영화들은 정부에서 만든 정훈 영화가 대부분이었다.

남한 영화가 베트남전을 재현했던 방식 가운데서는 멜로드라마가 압도적이었다. 전쟁을 멜로드라마적으로 그려냈다는 뜻이 아니라, 베트남전이 사랑의 장애물로 등장했다는 의미이다. 멜로드라마는 대중이 가장 선호하는 장르 가운데 하나로, 사랑의 설렘과 이별의 아픔을 날카롭게 직조하여 관객들의 감정의 선율을 조율한다. 사랑의 설렘이 가면 이별의 아픔이 오기 마련인데, 남녀의 이별을 정당화하는 가장 좋은 장치는 인간의 힘으로는 어찌할 수 없는 필연적 상황, 즉 불치병이나 전쟁이다. 전사한 남자를 잊지 못해 고뇌하는 여자, 실종 혹은 사망 통지서를 받고 다른 사람과 결혼했는데 어느 날 돌아온 옛 애인 등의 영화적 장치들은 관객을 거역할 수 없는 운명의 장난에 울게 만든다.

남한의 영화계가 베트남전을 멜로드라마의 소재로 선택한 이유는 명백하다. 엄청나게 많은 남한의 병사들이 미국의 용병으로 전쟁에 참가하여 희생당했기 때문이다. 이렇게 현실적으로 피부에 다가오는 소재를 대중 영화가 가만히 내버려둔다면, 그것이 오히려 이상한 일일 것이다.

〈사랑 그리고 이별〉(변장호, 1983)은 베트남 복무 시절 사귄 베트남 여성과 연락이 끊긴 뒤 남한에 돌아와 다시 결혼한 남자와, 남편의 과거를 알고 괴로워하는 그의 아내 이야기이다. 영화의 멜로적 정서는 한 남자를 사이에 두고 베트남 여성과 남한 여성이 만드는 삼각관계에서 발생한다. 흥행에 성공한 〈미친 사랑의 노래〉(김호선, 1990)는 베트남전에서 행방불명된 첫사랑을 잊지 못하는 여교수의 이중적 생활과 죽음을 그리고 있다. 〈푸른 옷소매〉(김유민, 1991)도 〈사랑 그리고 이별〉과 비슷한데, 파월된 주인공이 베트콩의 포로가 되어 베트콩 여성을 사랑하게 된다는 내용이고, 〈뜨거운 바다〉(김유민, 1992)는 베트남전을 소재로 소설을 쓰던 참전 군인이 파병 시절 여자친구에 대한 이야기를 듣고 자살한다는 이야기이다. 〈모스크바에서 온 S여인〉(석도원, 1993)은 베트남전의 후유증으로 정신적 방황을 하는 사내를 나타샤라는 여인이 사랑으로 안정시킨다는 내용이고, 〈라이따이한〉(서윤모, 1994)에서는 사업을 하러 베트남에 간 남자가 라이따이한 여성을 만나 사랑에 빠지지만, 여자는 베트남전에 참전했던 남자의 아버지가 두고 온 딸이었다. 비교적 최근에 개봉한 영화로는 〈클래식〉(곽재용, 2002)이 있는데, 한 여성을 사랑한 남자가 베트남전에서 큰 부상을 당하고 그것이 그녀와의 사랑에 걸림돌이 된다.

이렇게 멜로드라마에서 재현된 베트남전은 남녀의 사랑을 불가능하게 만드는 방해물 수준에 그친다. 때문에 이런 영화들은 베트남전의 특수성을 전혀 살려내지 못한다. 여기서 베트남전은 단지 전쟁터, 즉 남녀를 갈라놓는 극단적인 상황에 불과하다. 이런 영화를 보면서 베트남전을 이해한다는 것은 어불성설에 가깝다. 대중 영화를 통해 베트남전의 양상을 이해하기 위해서는 좀 더 기다려야 했다.

■ 전쟁의 상처와 죄의식, 그리고 책임 회피

반공 영화라는 이데올로기적 선전도구와 멜로드라마라는 대중 영화 장르는 베트남전에 대한 성찰을 담기에 근본적으로 부족했다. 여기서 한번 물어보자. 전쟁이란 무엇인가? 인간이 처한 가장 극단적인 상황 가운데 하나이다. 타인을 죽여야만 자신이 살 수 있는 곳, 사람이 사람을 합법적으로 살해할 수 있는 곳이 전쟁터이다. 그러나 타인을 살해하는 것은 엄청난 고통을 수반하는 일이다. 때문에 정상적인 인간이라도 전쟁을 겪으면 변하기 마련이다.

남한 영화계에도 '전쟁이 인간에게 준 근원적인 상처'라는 시각에서 베트남전을 복원하는 영화들이 서서히 등장하기 시작했다. 이런 영화들은 반공 영화나 멜로드라마보다 훨씬 성찰적이다. 〈우리는 지금 제네바로 간다〉(송영수, 1987)는 이런 형태의 영화 가운데 가장 먼저 등장한 작품이었다. 영화의 줄거리는 단순하다. 베트남전에 참전하면서 상처를 입은 주인공은 사회에 적응하지 못한 채 떠돌다가 기차 안에서 한 여성을 만난다. 그녀는 몸을 파는 여성인데, 아버지의 회갑을 맞아 고향으로 내려가다가 동거인에게 돈을 모두 털리고서 음독자살을 기도한다. 결국 참전 군인은 그녀를 고향으로 안내하면서 자신의 상처를 되돌아본다. 길에서 만나 상처를 되돌아본다는 점, 여자의 고향이 귀결점이라는 점에서 〈삼포 가는 길〉(이만희, 1975), 〈고래사냥〉(배창호, 1984) 등 이전의 남한 로드무비에 빚지고 있음이 분명한 이 영화가 지향하는 '제네바'는 전쟁의 상처와 세속의 상처를 모두 치유할

베트남 참전 군인의 내면적 고통을 직시한 〈우리는 지금 제네바로 간다〉.

수 있는 평화로운 이상향일 것이다.

베트남전을 다룬 기존 영화들과 이 영화의 변별점은 무시할 수 없을 만큼 컸다. 이 영화를 통해 남한에서는 거의 최초로 베트남 참전 군인들의 고통이 정면에서 그려졌다. 이 영화에 등장한 참전 군인의 상처와 죄의식은 부상당한 동료를 구하지 못한 채 자신만 살아남았다는 죄의식에 기인한다. 밀림의 전투 상황에서 생과 사를 같이했던 부하가 부상당했다. 베트콩에게 생포되어 고통을 당하느니 죽여달라는 절규 때문에 자신의 손으로 부하를 죽이게 된 남자는, 귀국 후 정상적인 사회생활을 하지 못한다. 타자기 소리나 비행기 소리만 들어도 전쟁터가 떠올라 아무 일도 하지 못하고, 심지어 부인과 섹스도 제대로 하지 못한다. 결국 그는 직장에서 버림받고, 가족에게도 버림받는다. 영화는 그 쓸쓸함과 고통을 담담하게 묘사한다. 때때로 등장하는 과거의 베트남전 풍경을 통해 현재 주인공의 아픔을 파악하도록 한다. 적어도 이 영화는 참전 군인들의 아픔을 이해하도록 만들었다. 전쟁은 인간을 순식간에 황폐화시킬 수 있음을 보여주었다.

이런 시각을 더욱 강화한 작품이 안정효 원작의 〈하얀 전쟁〉(정지영, 1992)이다. 이 영화에서 바라보는 베트남전은 인간을 철저하게 황폐화시키는 곳이다. 멀쩡하게 생긴 사람들도 전쟁의 폭풍에 휩쓸리면 양민을 학살하게 되고, 그것을 정당화하기 위해 또 다른 폭력을 저지른다. 그 과정에서 자신들도 너무나 큰 상처를 입기 때문에, 그들은 살아서 귀국한 뒤에도 정상적인 생활을 할 수가 없다. 〈하얀 전쟁〉은 남한군이 베트남에서 행한 양민학살을 최초로 영상화한 작품이라는 점에서도 큰 의의를 지닌다. 전쟁으로 고통받는 희생자일 뿐만 아니라 양민을 죽인 학살자이기도 했던 남한군의 모습을 그리고 있다.

그런데 〈하얀 전쟁〉은 여기서 멈추지 않는다. 단지 과거의 전쟁만이 아니라 영화적 배경인 1970년대 후반, 1980년대 초반의 상황과 연결시켜 현재 우리의 모습을 돌아보게 만든다. 박정희가 죽은 뒤의 혼란상황과 대학가의 시위를 연결해서 베트남처럼 혼란한 우리의 모습을 돌아보게 한다. 미군 부대가 여전히 주둔하고 있고, 그곳에 몸을 팔아서 먹고사는 여성이 있다는 사실을 상기시켜, 남한의 현 상황이 베트남과 그리 다르지 않음을 보여준다. 어두운 조명을 많이 사용하고 과거의 전쟁 장면과 현재의 시위 장면을 교차 편집하여 전쟁이 현재에도 진행형임을 역설하고 있다. 결국 〈하얀 전쟁〉은 베트남전을 통해 우리의 모습을 보여주고자 했다고 할 수 있다.

그런데 동료를 구하지 못한 죄의식 때문에 사회 부적응자가 되거나(〈우리는 지금 제네바로 간다〉) 양민학살의 기억 때문에 미쳐버리는(〈하얀 전쟁〉) 주인공들을 베트남인의 입장에서 본다면 어떨까? 남한의 입장에서 볼 때, 힘없고 약한 병사들이 자신의 의지와 무관하게 전쟁터에 끌려가 사람을 죽이고 그 때문에 고통받는 것은 분명 엄청난 상처이고 피해이다. 하지만 그 '학살자'들에 의해 죽임당하고 삶이 초토화된 베트남 양민들은 과연 남한의 참전 군인들을 '피해자'로 여길까?

잠시 시선을 돌려보자. 흥미롭게도 할리우드에서도 비슷한 영화들이 만들어졌다. 〈디어 헌터〉(마이클 치미노, 1978), 〈지옥의 묵시록〉(프란시스 포드 코폴라, 1979), 〈람보〉(테드 코체프, 1982), 〈7월 4일생〉(올리버 스톤, 1989) 등 많은 영화가 베트남전을 다루었다. 이 가운데 어떤 영화는 전쟁을 일으킨 미국을 비판하고, 또 어떤 영화는 전쟁의 광기에 주목하며, 참전 이후의 고통을 그리는 영화도 있다. 그중 단연 흥미로운 것은 〈람보〉이다. 전쟁의 고통 때문에 제대로 된 생활을 하지 못하는 인간 병기를 또 다른 전쟁에 참전시켜 제국으로서의 미국을 복원한다. 이 얼마나 끔찍하고 어이없는 발상인가.

우리에게 널리 알려진 일본의 애니메이션 가운데 〈반딧불의 묘지〉(다카하타 이사오, 1988)라는 작품이 있다. 이 영화는 일제 군국주의자들이 일으킨 전쟁 때문에 무고한 어린이들이 죽어가는 비극을 그린다. 평화롭게 살아가던 두 남매가 있다. 미군의 갑작스런 폭격으로 어머니가 죽으면서 남매의 고통은 시작되는데, 결국 오빠도 죽음을 맞는다. 영화의 도입부는 이미 귀신이 된 오빠의 내레이션으로 시작된다. 그런데, 일본이 일으킨 전쟁 때문에 그야말로 어마어마한 피해를 입은 조선인의 시각에서 이 영화를 보면 참으로 어처구니가 없다. 자신들이 일으킨 전쟁의 피해자가 자신이라고 하면, 자국의 언어도 사용하지 못할 정도로 가혹한 통제를 당했던 이들은 어떻게 해야 하나? 마찬가지로 베트남전을 이런 시각으로 그리는 것 역시 베트남인들로서는 도저히 받아들이기 어렵다. 자신들 역시 피해자라는 생각으로는, 베트남에서 자행된 무자비한 양민학살과 무책임하게 방치해온 라이따이한 문제에 대한 해결의 실마리를 찾을 수 없다. 때문에 다음 단계, 즉 남한 역시 베트남전쟁에 '외세'로서 개입했음을 인정하는 영화가 등장해야 한다.

■ 베트남에게 남한은 외세, 용병일 뿐

격렬한 고통과 상처의 시간 속에서 연명하는 참전 군인들의 슬픔을 이야기하던 남한 영화계는 어느 순간 그 고통의 근원을 파고들기 시작했다. 왜 베트남과 아무런 상관이 없는 병사들이 그곳까지 가서 양민을 학살하고 전쟁의 공포에 떨며 정신병자가 되어야 했는가? 답은 간단하다. 남한이 개입하지 말아야 할 전쟁에 개입했기 때문이다. 자신과는 관련이 없는 타국의 전쟁에 '미국의 용병'으로 돈을 벌기 위해 참전했기 때문에, 베트남인들은 남한군을 싫어했다. 남한 병사들은 언제 베트남인들의 게릴라 공격이 있을지 몰라 공포에 떨어야 했고, 양민학살까지 자행하면서 상처와 죄의식을 키워야 했다.

남한군이 '외세'였다는 시각은 〈하얀 전쟁〉에서 이미 나타났다. 마지막 전투를 벌이러 가던 중, 병사는 한 베트남 노인과 대화를 나눈다. 노인은 남한 병사가 지나가고 있는 그 길로 중국인, 프랑스인, 일본인, 미국인이 들어왔지만 모두 다 나갔다고 하면서, 결국 남의 나라 전쟁에 들어오지 말라고 말한다. 노인의 말처럼, 베트남인들은 남한군을 자유민주주의를 수호하기 위해서 온 군인으로 생각하지 않았다. 하긴 파병 당시 남한에도 없던 자유와 민주주의가 어떻게 베트남에 있었겠으며, 자국에도 없는 자유민주주의를 어떻게 베트남에서 지킬 수 있었겠는가. 결국 남한군은 '외세'의 하나였을 뿐이다.

이런 시각을 발전시킨 영화로 〈알 포인트〉(공수창, 2004)를 들 수 있다. 주목할 점은 〈알 포인트〉가 공포 영화라는 점이다. 남한을 포함한 동아시아 공포 영화의 공식은 간단하다. 억울하게 죽은 원귀가 저승에 가지 못한 채 이승으로 돌아와서 복수를 하는 것. 달리 말하면 "억압된 것의 귀환"인데, 남성에 비해 여성이 전통적으로 많은 억압을 받아왔기 때문에 대부분의 공포 영화에서 귀신은 여성이다. 억울하게 죽은 여성이 자신의 한을 풀고 저세상으로 가는 내용이다. 〈알 포인트〉는 이 공식을 외세 개입의 문제에 대입했다.

영화는 실종된 병사들을 찾아오라는 명령을 받고 수색대가 출발하는 데서 시작된다. 그런데 그들에게 이상한 일이 연이어 발생하면서 결국 한 명을 제외하고 모조리 죽어간다. 그렇다면 여기서 물어야 한다. 실종된 병사들은 왜 실종되었고, 그들을 찾으러 간 이들은 왜 죽은 것인가? 공포 영화의 컨벤션을 잘 활용해서 순간순간 극적인 공포를 불러일으키면서도, 감독은 이 질문을 절대 놓치지 않는다. 답은 간단하다. 영화의 초반에 아예 제시된다. 베트남에 와서 "손에 피 묻은 자, 돌아갈 수 없다(不歸)"라고.

남한 병사들이 실종되었던 '알 포인트'는 원래 프랑스 식민지 시절 프랑스인들의 고급 휴양지였다. 그곳에서 프랑스 병사들이 몰살당하는 사건이 일어난다. 외세로 들어온 미국인도 그곳에서 죽었다. 작전에 파병된 남한군도 모두 실종되었다. 이제 남은 것은 실종된 이들을 찾으러 온 남한군이다. 그런데 그들은 알 포인트로 오는 길에 이미 베트콩 여전사를 죽인 적이 있었다. 죽은 여전사와 알 포인트의 귀신 역할을 한 명의 배우에게 맡김으로써, 감독은 이것이 베트남을 침략했던 모든 외세에 대한 응징이자 복수임을 이야기한다.

여전사의 혼과 알 포인트의 원혼이 병사들을 감싸 안으면서, 남한 병사들은 서서히 미쳐간다. 다시 말해, 베트남을 여성에 대입시키고, 외세를 폭력적인 남성에 대입하여 공포 영화의 공식 안에 녹여놓은 것이다. 서서히 미쳐가는 남한 병사들은 "우리가 뭘 잘못했어요?"라며 울부짖지만, 실상 그들은 정말로 자신들의 잘못을 알지 못한다. 그러나 이 영화는 왜 그들이 미쳐가는지, 무엇이 그들을 미치게 만드는지 명확하게 그리고 있다. 베트남전쟁은 미국에 대한 베트남의 민족해방전쟁이며, 남한은 미국의 용병이자 외세일 뿐이었다. 공포 영화라는 컨벤션에 역사성을 양념으로 더한, 정말로 무서운 공포 영화가 〈알 포인트〉이다. 나는 이 영화야말로 '공포 영화의 진화'라고 생각한다.

한편, 공포 영화의 공식을 빌리지 않고 남한군이 외세였음을 직접적으로 고발하는 영화도 등장했다. 〈미친 시간〉(이마리오, 2003)이 그것이다. 이 영화는 다큐멘터리 감독이 직접 베트남 현지로 가서 과거 학살의 현장을 눈으로 체험한 뒤, 학살에서 살아남은 이들을 인터뷰하여 만든 다큐멘터리이다. '미친 시간(mad minutes)'은 '베트남전쟁 당시 파병된 미군 병사들의 무료함을 달래주기 위해 2개월에 한 번 정도 2~3분씩 부대 내의 목표물을 제외한 무엇이라도 자유로이 총격하도록 허용했던 시간'을 의미한다. 제목에서 드러나는 것처럼, 영화는 비참하게 양민을 학살했던 현장을 찾아가서 미쳐버린 시대의 그 시간을 고해성사하고 있다. 전쟁이 종식된 지 30년 가까운 시간이 지난 뒤에야 양민학살의 현장을 찾아가서 행한 일종의 양심고백이자 진혼곡이다.

이마리오는 독립영화계의 기린아이다. 자신을 다큐의 진행자로 내세워 이야기를 이끌어 갈 정도로 당찬 감독이다. 그는 가난한 독립영화계에서 독립운동을 하듯이 영화를 촬영하면서도 베트남까지 가서 이 영화를 만들었다. 감독이 이 영화에서 하는 역할은 어찌 보면 단순하다. 민간인 학살이라는 어마어마한 전범의 현장을 발굴해서 기록하는 것이다. 먼저 감독이 주목한 것은 생존자들이 베트남전쟁을 '미국전쟁', '민족해방전쟁'이라고 부른다는 점, 남한군을 '미국의 용병'으로 부른다는 점이었다. 그들이 보기에 베트남전은 미국과 베트남의 전쟁이다. 때문에 베트남의 민족해방전쟁이다. 여기서 남한군의 역할은 단순하다. 용병, 즉 '정치적 이해관계나 쟁점을 고려하지 않고 어떤 나라에나 고용되어 싸우는 직업군인'인 것이다.

그런데 문제는 그런 '용병'이 미군보다 더 광폭했다는 사실이다. 수

많은 이들의 인터뷰를 듣다 보면 생생하게 되살아난다. 가령 "미군들은 그렇게까지는 안 했는데, 한국 용병들은 피도 눈물도 없이 모두 죽였다"라는 말. 심지어 참전 군인들을 인터뷰했을 때도 마찬가지 이야기를 듣게 된다. "더 잔혹하고 광폭했다. 초토화 작전을 펼쳤다. 민간인을 죽였다. 베트콩이 3~4명만 있어도 그 마을을 초토화했다." 이런 말이 당시 남한 병사의 입에서 나올 때 받는 충격은 참으로 크다. '초토화 작전'이란 한 마을을 아예 없애버리는 것이다. 모든 사람을 죽이고 마을을 불태워버리는 전술이다. 그런 죽음의 광폭한 시간 속에서 살아남은 이들의 절규가 이 영화에 녹아 있다.

이 영화를 보노라면, 도대체 왜 남한군이 그런 짓을 저질렀는지 고뇌하게 된다. 학살은 왜 일어났던가? 한 참전 군인은 이렇게 말한다. 누구나 그런 상황에 처하면 학살을 저지르게 된다고. 동료들이 죽어갈 때 자신도 미쳐가게 된다고. 베트남을 떠날 때에야 비로소 내가 왜 그런 짓을 했던가, 이해하려 해도 이해가 되지 않는다고 말한다. 그렇다면 도대체 학살의 주체는 누구인가? 누가 그들을 학살의 현장으로 몰아넣었는가? 미국인가, 박정희 군부독재인가? 우리는 진지하게 고민해야 한다.

영화가 끝날 무렵, 학살에서 겨우 살아남은 노파는 "베트남전에 참전한 군인들을 만났나요? 그들도 후회하고 있나요? 하지 않는다면, 그 이유를 모르겠어요"라고 말한다. 우리는 이 물음에 어떻게 대답할 것인가? 학살의 주체는 우리가 아니라고 할 것인가? 단지 시대가 좋지 않아 그리 되었다고 할 것인가? 아직 우리는 그 답을 주지 못하고 있다.

명백한 것은, 남한은 미국의 용병이었으며, 미군보다 더 잔혹한 학살을 저지른 외세였다는 사실이다. 〈미친 시간〉은 이를 생생하게 증명하고 있다.

■ 피식민 기억의 동질성

남한이 외세의 하나였음을 직시한 영화보다 한 걸음 더 나아간 영화가 있다면, 2008년에 개봉한 〈님은 먼 곳에〉를 논해야 할 것이다. 엄밀히 말해, 〈님은 먼곳에〉는 베트남전을 소재로 하는 멜로드라마이다. 부모님 때문에 시골의 촌색시와 결혼했지만 따로 대학 친구와 연애를 하던 상길(엄태웅 扮). 그는 애인으로부터 절교를 당하자 부대에서 사고를 친 뒤 베트남전에 파병된다. 순이(수애 扮)는 그런 남편을 찾으러 위문공연단원이 되어 베트남으로 간다. 전쟁의 한가운데서 한 명은 목숨을 건 병사로서 전투를 수행하고, 다른 한 명은 위문공연단원으로서 남편을 찾으러 점점 더 깊숙이 전선으로 나아간다. 이런 내용을 보면, 〈님은 먼 곳에〉는 갈 데 없는 멜로드라마이다. 단지 기존의 멜로드라마가 대부분 남한에서 벌어지는 이야기인 데 반해, 이 영화는 베트남 전쟁터에서 사건이 발생한다는 차이가 있는 정도이다.

그러나 다시 영화를 세밀하게 보면, 이것이 단순한 멜로드라마가 아님을 알게 된다. 이 영화는 내용적으로 매우 부조리하다. 상식적으로 이해가 되지 않는 내용이 많다. 가령 사고를 친 남편이 영창과 베트남전 가운데 죽음을 각오하면서까지 굳이 베트남을 선택할 개연성은 희

베트남과 남한의 동질성을 영화 속에 담으려 한 〈님은 먼 곳에〉.

박하다. 순이가 위문공연단원이 되어 베트남까지 남편을 찾아가는 것역시 마찬가지다. 이 영화를 본 많은 이들의 의문은 그것이었다. 왜 순이는 베트남까지 자신을 사랑하지도 않는 남편을 찾아갔느냐는 것이다. 농담 삼아 '씨받으러' 갔다는 말을 하기도 한다. 그러나 상길이나순이는 반드시 베트남에 가야 했다. 그것은 이 영화가 베트남전을 다루고 있는 이상 필연적인 과정이다.

이 영화에서 남한군은 미국의 철저한 용병이다. 미국에 고용되어 달러를 받으면 싸우는 군인이다. 남한은 자율적 의지를 가지고 베트남에간 것이 아니라 타율적 규정에 의해 참전했다. 그러므로 상길과 순이는 무조건 베트남에 가야 한다. 그들에게는 선택의 여지가 없다. 선택은 미군이 한다. 상길이 실종되었을 때 수색 결정을 내리는 것도, 그리고 찾아내는 것도 미군이다. 남한군은 아무런 역할도 하지 못한다. 고용되었기 때문에 단지 시키는 일만 하면 된다. '써니'가 된 순이가 미군 장교에게 몸을 주고 남편의 수색을 구걸(?)하는 것도 남한군에게는 아무런 힘이 없기 때문이다.

미군의 용병으로 참전했기 때문에, 남한군은 돈에 밝다. 남한이 참전한 가장 큰 이유는 박정희가 구상한 경제 발전을 위해 돈이 필요했기 때문이다. 영화에 그려진 대부분의 사람들은 단지 달러를 벌기 위해 베트남에 갔다. 정만(정진영 扮)이 이끄는 밴드 역시 돈을 벌려고 베트남에 갔고, 많은 남한군도 돈 때문에 베트남에 갔다. 베트남인들은 미국에 맞서 민족해방전쟁을 벌이고 있는데, 그들과 전혀 관련이 없는 나라의 사람들이 단지 돈을 벌려고 베트남에 왔으니 베트남인들이 남한 사람들을 좋아할 리 없다. 그들은 남한 병사들에게 극단적인 적대감을 보인다. 그들에게는 남한 역시 외세의 하나에 불과하기 때문이다. 미국과는 또 다른, 단지 돈을 보고 온, 그래서 더 나쁜 부류의 사람들이다.

그러나 남한은 베트남에서 미국과 같은 제국주의 국가가 될 수 없다. 명확하고 확고한 제국주의 국가 미국에 비하면 남한은 너무도 미약한 나라이다. 때문에 남한 병사는 '외세'이면서도 한편으로 동아시아인으로서의 동질감을 공유하고 있다. 특히 중국의 문화적 영향권에 있었던 두 나라는 불교와 한자문화, 유교문화라는 공통점을 지니고 있다. 게다가 현대사의 비극을 거의 비슷하게 겪었다. 이런 공통분모는 두 나라의 국민들이 쉽게 동질감을 느끼도록 해준다. 정만의 밴드가 베트콩의 포로가 되었을 때, 그들은 베트콩과 더불어 땅굴생활을 한다. 이 영화에서 가장 낯선 것은, 이 포로생활이 너무나 포근하고 정겹게 그려진다는 점이다. 베트콩과 같은 복장을 하고 같이 먹고 마시며 생활하면서, 이들은 비로소 베트남인들의 문화와 입장을 이해하게 된다. 남한과 베트남은 식민의 아픈 기억을 공유하고 있고, 미국의 영향력에서 결코 자유롭지 못한 '제3세계'라는 것을 여기서 처음 느낀다. 그러나 이런 동질감은 오래가지 못한다. 미군의 공격에 땅굴은 발각되고 베트콩은 총살당하고 만다. '비정한 미군'의 역할이 이 영화에는 자주 등장한다. 베트콩이 남한과 동질성을 지니고 있는 것에 비하면, 미국과는 환경과 문화가 전혀 달라 소통이 어렵다. 〈님은 먼 곳에〉가 기존의 베트남전쟁을 다룬 영화와 다른 점은 바로 이것이다. 베트남전을 같은 아시아인이라는 '제3세계'의 눈으로 바라본 것이다.

■ 역사에서 무엇을 배울 것인가?

남한군이 직접 파병된 전쟁으로서 베트남전을 다루는 남한 영화의 시각은 계속 변화해왔다. 반공 영화의 소재에서 멜로드라마의 소재로 바뀌었고, 이후 전쟁의 참상과 참전 군인의 상처를, 양민학살로 인한 죄의식을 그리기도 했다. 결국 베트남전에 남한은 외세의 하나로, 미국의 용병으로 참전했으며, 미군보다 더 심하게 양민을 학살한 죄인이라는 시각이 등장했다가, 드디어 베트남인과 남한 사람들은 식민의 기억을 공유하고 있는 아시아인임을 자각하는 영화가 등장하게 되었다.

이런 변화는 남한의 정치상황과도 매우 깊은 관련이 있다. 베트남전이 한창이던 1960년대에는 반공 영화만 존재했다. 다른 시각으로 베트남전을 그린다는 것은 감히 불가능한 일이었다. 베트남이 공산화되자 전쟁이 끝난 지 10년이 지나도록 베트남전에 대해서는 다룰 엄두도 내지 못했다. 반공 영화의 소재로도 베트남전을 그리지 못할 정도로, 남한의 '베트남 콤플렉스'는 대단했다. 전두환의 철권통치가 끝나고 노태우 정권이 들어서자, 베트남전이 다시 영화화되기 시작했다. 그러나 대부분은 베트남전을 다룬 것이 아니라 베트남전을 소재로 한 멜로드라마였다. 베트남전에 대해 본격적으로 조망할 수 있게 된 것은 문민정부 이후이다. 국민의 정부, 참여정부에 들어서면서 베트남전에 대한 통제와 검열이 없어지면서 자유롭게 표현할 수 있게 되었다. 그만큼 사회가 민주화되었고 발전했던 것이다.

그러나 한편으로 2000년대의 남한 사회를 보면 여전히 답답함을 느끼지 않을 수 없다. 미국의 용병으로 참전했던 전쟁에서 얼마나 큰 상처와 죄의식을 얻었는지 생생하게 고발했음에도, 남한군은 또다시 미국의 용병이 되어 아프가니스탄과 이라크로 파병되었다. 아무런 명분도 없는 전쟁, 석유 때문에 미국이 벌인 의도적인 전쟁에 왜 남한군이 미국의 용병으로 참전해서 피를 흘려야 하는가? 베트남전을 다룬 영화의 시각은 변화해왔지만, 정부는 그것을 전혀 보지 못하고 있다. 정부 관료들은 미국의 눈치를 살피느라 대중의 시각보다 훨씬 느린 시계를 차고 있다. 역사에서 무엇을 배울 것인가? 역사에서 아무것도 배우지 못한다면 퇴보만 있을 뿐이다.

2

유신시대
─ 〈바보들의 행진〉, 〈아름다운 청년 전태일〉

1970년대는 중복적인 의미를 지니고 있는 시기이다. 박정희가 추구한 1960년대의 경제 발전이 서서히 성과를 내면서 실질적으로 국민들은 부유함의 의미를 알기 시작했다. 1961년의 1인당 GNP는 81달러였지만 1970년에는 210달러, 1977년에는 1,011달러가 된다. 1970년대부터 보릿고개가 사라지면서 적어도 먹고사는 문제는 해결되었다고 할 수 있다(물론 저임금과 장시간 노동의 문제는 더욱 깊어졌지만). 먹고사는 문제가 해결되니 문화가 발달한다. TV가 보급되고 대중소설 붐이 형성되었으며 고교 야구와 축구를 비롯한 스포츠에 국민들이 열광하기 시작했다. 고속도로가 뚫려 레저를 즐기기 시작한 것도 바로 이 시기이다. 이렇게 문화적 토대가 형성되자 대학생들을 중심으로 청년문화가 발생했다. 청바지, 통기타, 생맥주로 대표되는 장발의 청년들이 기성세대와는 다른 자신들의 문화를 만들기 시작한 것이다. 이렇게 보면 1970년대에는 경제가 성장하면서 대중문화가 발달할 수 있는 확고한 토대가 형성되었음을 부정할 수 없다.

그러나 집권자 박정희는 한국적 민주주의라는 기이한 제도를 통해 영구 집권을 꿈꾸었다. 그것이 바로 유신헌법이었다. 1968년 김대중과 경합해 어렵게 3선에 성공한 박정희는 1972년 유신헌법을 발표해 국회 해산, 정당활동 중지, 헌법의 일부 기능 중지 등을 선포했다. 한반도의 안전이 위협받기 때문에 민족중흥의 위대한 웅비를 위한 설계가 필요하다는 표면적 이유 때문이었다. 이 헌법을 통해 박정희는 권위주의로 회귀하면서 남한 사회 전반을 재편성했다. 무엇보다 대동단결과 국민총화라는 구호를 내세워 국민들의 생활을 통제했다.

이런 시대에 박정희는 영화를 통제하기 시작했다. 반공을 국시로 삼은 영화를 제작하도록 했고, 자신의 뜻과 맞지 않는 영화는 검열을 통해 규제했다. 그것은 일제강점기의 검열과 매우 비슷한 형태였다. 이런 시기에 영화를 만드는 것은 매우 고단한 일이었음에도 불구하고 여전히 영화를 만드는 이들이 존재했다.

■ 〈바보들의 행진〉 : 가장 1970년대적인 영화

하길종이라는 감독이 있었다. 1970년대 남한 영화를 거론할 때 반드시 언급해야 하는 감독이다. 왜 그런 것일까? 그것은 그의 영화 〈바보들의 행진〉(1975)을 보면 알 수 있다. 미국에서 유학을 마치고 돌아온 그는 1972년에 〈화분〉으로 데뷔해서 1979년 〈병태와 영자〉를 유작으로 남기기까지 총 7편의 영화를 연출했다. 하길종의 무게는 그가 연출한 7편의 영화에만 그치는 것이 아니다. 그는 '영상시대'라는 동인을 통해 영화운동을 벌였고, 대학에서 새로운 영화 이론을 가르쳤으며, 또한 평론가로서 직필을 서슴지 않았다. 그뿐인가. 미국에서 눈여겨봤던 뉴아메리칸 시네마를 발 빠르게 번역했다. 이렇게 그는 1970년대를 전방위적으로 살았던 감독이다. 하길종이 있었기에 가장 암울했던 시기인 1970년대의 한국 영화는 그나마 조금이라도 빛을 낼 수 있었다.

하길종이 연출한 7편의 영화에는 편차가 있다. 〈화분〉이나 〈바보들의 행진〉, 〈한네의 승천〉(1977), 〈속 별들의 고향〉(1978) 같은 작품들은 상당한 수준을 유지하고 있는 반면, 〈수절〉(1973)이나 〈여자를 찾습니다〉(1976), 〈병태와 영자〉는 그리 뛰어난 작품이 아니다. 물론 후자의 작품들도 1970년대의 다른 영화들에 비하면 평균 이상의 수준이었지만, 후세에 남을 만한 영화들은 아니라는 말이다.

그렇다면 하길종의 대표작은 무엇일까? 물론 사람마다 다르겠지만, 대부분은 〈바보들의 행진〉을 꼽는다. 유현목에게 〈오발탄〉이 있고, 김기영에게 〈하녀〉(1960)가 있다면, 하길종에게는 〈바보들의 행진〉이 있다. 이 영화는 한 일간지에서 조사한 '20세기 한국을 대표하는 영화'에서 13위를 기록했다. 사실 13위라는 것이 그리 대단한 순위는 아니지만, 위에서 언급한 것처럼, 이 영화는 영화사의 암흑기인 1970년대에 제작된 영화라는 것을 염두에 두어야 한다. 〈바보들의 행진〉은

1970년대 영화 가운데 가장 높은 순위에 랭크된 것이다.

이뿐 아니다. 다른 일간지에서 20세기 한국 영화의 명장면을 뽑았는데, 〈바보들의 행진〉의 마지막 장면, 즉 입영열차에 탄 남자친구에게 매달려 뜨겁게 키스를 나누는 장면이 3위에 올랐다. 1970년대 젊은이들의 생각과 문화가 가감 없이 녹아들었다는 평가였다. 1970년대를 살았던 이들에게 이 영화는 그들의 생활과 마찬가지였다. 이 영화가 곧 그들의 모습이었다. 때문에 1970년대를 캠퍼스에서 보낸 이들은 "가을잎 찬바람에 흩어져 날리면 캠퍼스 잔디 위에 또다시 황금물결"로 시작하는 이 영화의 주제곡이나 〈고래사냥〉, 〈왜 불러〉에 환호했다.

그런데 처음부터 이 영화를 하길종이 연출하려고 한 것은 아니다. '영화의 본고장' 미국에서 공부를 마치고 의기양양하게 돌아온 하길종은 당시 세계 영화계를 풍미하던 초현실주의와 히피 문화를 한국 영화 속에 접목시키려고 했다. 그렇게 거창한 의도로 만들었던 영화 두 편이 연달아 흥행에 실패하자 구석에 몰렸다. 이제는 제작사의 요구를 들어주어야 차기작을 연출할 수 있는 처지가 된 것이다. 이때 영화사에서 내민 것이 바로 최인호 원작의 연작 소설집 《바보들의 행진》이었다. 영화사 사장의 요구를 받아들이면서 하길종은 몇 가지 생각을 했다. 지나치게 낭만적인 캠퍼스 생활을 하길종의 시각으로 녹여내는 것이었다. 그래서 그는 최인호와 함께 시나리오 작업을 하면서 에피소드 중심의 연작 소설에 나오는 병태 외에 영철이라는 새로운 인물을 탄생시켰다. 우울하게 저항하면서 죽어가는 인물을 만들어낸 것이다. 당시 하길종의 표현을 옮기자면 이렇다.

유신시대 젊은이들의 슬픔과 분노, 웃음을 담은, 1970년대의 대표작 〈바보들의 행진〉.

"동해바다로 가서 고래를 잡겠다고 떠나 결국 자살하고 마는 다른 한 청년의 이야기를 통해 오늘날의 젊은이들의 꿈과 좌절, 그리고 현실을 묘사할 결심이 섰던 것이다."

이 영화가 1970년대 젊은이의 삶을 잘 살려낸 영화가 된 데에는 최인호의 낭만적이고 발랄한 상상력도 한몫했지만, 시대와 불화한 영철의 어눌함이 더욱 깊이 다가왔던 것이 사실이다. 영화는 맥주를 마시고 미팅을 하고 여행을 떠나고 겉멋을 부리는 낭만적인 대학생의 모습을 통해 당시 '청년문화'의 한 단면을 보여주지만, 한편으로는 학교에서 교수에게 뺨을 맞고, 술에 취해 횡설수설하고, 애인에게 절교선언을 당하고, 아버지에게 잔뜩 주눅 들어 있는 영철을 통해 '유신시대'라는 준전시 병영체제 속에서 아무것도 할 수 없었던 이들의 알레고리로 작동했다.

더군다나 이 영화에는 억압적인 1970년대의 모습이 그대로 화면에 녹아 있다. 장발을 단속하는 경찰관이나 영철(하재영 扮)의 자전거를 단속하는 교통순경, 신문 배달부를 길에서 한 시간이나 잡아둔 채 훈시하는 경찰, 학교를 총칼로 지키며 휴강하게 만든 군부의 정책 등이 여과 없이 녹아 있다. 공부를 하고 싶어도 할 수 없는 상황의 연속이었다. 획일화된 가부장적 수직 질서는 일률적인 통제 시스템을 낳았다. 그래서 교수는 학생의 뺨을 때리면서 그것을 지도라는 이름으로 합리화했던 것이다. 결국 자신을 스스로 "병신, 쪼다"라고 자책하던 영철과 병태(윤문섭 扮)는 여행을 떠나고 거기서 영철은 고래를 찾아 바다에 몸을 던지고 만다.

문제는 바로 여기서 일어났다. 1970년대 한국 영화가 몰락했던 가장 큰 이유를 나는 '검열의 횡포'라고 했다. 이 말은 결코 틀린 말이 아니다. 불행히도 1970년대 검열의 가장 큰 피해자는 바로 하길종이었다. 그는 시나리오 단계에서부터 고생을 했다. 당시 30대 중반의 패기 왕성했던 하길종과 최인호의 시나리오는 엄청난 부분이 '화삭(화면 삭제)', '대삭(대사 삭제)' 되거나 아예 신(scene) 전체가 삭제되기도 했다. 그렇게 몇 번을 새로 써서 검열을 통과하고 나서 완성한 실사 검열에서 또다시 문제가 발생했다. 결국 영화는 다섯 번의 검열을 통해 30분가량이 잘려 나간 채 개봉되었다. 검열 당시의 슬픔과 분노를 하길종은 다음과 같이 비장하게 적었다.

사실상 영화가 검열에서 커트되기 전, 시사회에서의 반응은 상당히 고무적인 것으로 기억된다. 그러나 사상 유례 없이 검열을 다섯 번씩이나 받는 기록을 수립했고, 검열 결과 많은 부분이 참혹하게 피를 쏟듯 잘려 나가고 작품은 연결도 잘 안 되는 난장판이 되어 일반 관객에게 공개된 것이다. 나는 슬프고 부끄러워 개봉 첫날부터 극장 구석에 숨어 있었고 만나는 사람에게는 영화가 30분씩이나 커트당했음을 변명함으로써 영화에 대한 비판을 회피하고자 은근히 노력도 하였다.

그런데 지금 돌이켜보면, 당시 검열이라는 것은 그리 대단한 것이 아니었다. 심지어 우습기 짝이 없다. 당시 검열관들은 대략 네 가지 사항을 집중적으로 보았다. 먼저 비속어를 철저히 단속했다. 심지어 "군바리"를 "군인"으로 수정할 정도였다. 다음으로 풍기문란의 단속이었다. 약간이라도 위배되면 사용할 수 없었다. 때문에 "군대 가는 기념으로 딱지 떼고 가야겠다"의 "딱지 떼고"를 "목욕이나 하고"로 바꾸어버릴 정도였다. 다음으로―이것이 가장 중요하다―시대 비판적 요소는 사정없이 잘랐다. 약간이라도 혐오감을 주거나 반사회적인 요소는 모조리 잘라냈다. 때문에 이 영화에서도 굉장히 '웃긴(?)' 장면이 생겼다. 체육대회의 응원 연습을 하러 간다면서 휴강하는 장면이 그것이다. 그 장면에서 영철이 매우 진지하게 병태에게 같이 나가자고 말한다. 그런데 병태 역시 매우 진지하게 자신은 남겠다고 한다. 관객들은 응원 연습 때문에 인물들이 왜 저리 진지하게 고민하는지 알 수가 없다. 원래 이 장면은 데모하러 나가는 장면이었는데, 검열에 걸려 응원 연습으로 대체 편집된 것이다. 때문에 웃어야 할지 울어야 할지 모를 장면이 되어버렸다. 마지막으로 검열관들은 이렇게 심하게 검열을 하면서 한편으로는 끊임없이 반공의식을 조장했다. "어쨌든 나가야 합니다"라는 대사를 "북괴와 일본이 우리를 무시할 때 무조건 공부만 할 수 없습니다"라는 식으로 바꾸었다.

이렇게 유신시대의 검열은 매우 사소한 비속어에서부터 풍기 문란한 것, 약간이라도 어두운 장면(즉, 가난한 장면)을 넣거나 시대 문제에 대한 언급이 있으면 삭제하거나 교정했다. 심지어 유신정권의 존립기반이었던 반공의식을 조장하려는 대사를 장면 사이에 함부로 집어넣기도 했다. 여기서 더 나아가 그들은 유신 이념을 선전하거나 찬양하는 영화를 포상하면서, 영화를 자신들의 이데올로기를 선전하는 수단으로 철저히 농락했다.

그러나 〈바보들의 행진〉에는 검열에도 불구하고 거칠고 불규칙하게나마 시대의 아우라가 아프게 녹아 있다. 시대의 폭압 앞에서 좌절할 수밖에 없는 젊음의 슬픔과 분노와 고뇌가 생생한 목소리로 녹아 있다. 이렇게 볼 때, 1970년대에 하길종이 있다는 것, 그의 영화 〈바보들의 행진〉이 있다는 것은 매우 다행스러운 일이다. 사실 하길종은 이 한 편의 영화만으로도 한국 영화사에 기록되기에 충분한 감독이다. 한국 영화의 암흑기인 1970년대에 이런 영화가 존재한다는 것만으로도 얼마나 큰 위로인가. 최인호 원작에서 나온 신세대 풍속도와 낭만 그리고 하길종의 각색이 불어넣은 시대에 대한 풍자와 허무, 이렇게 둘은 이 영화에서 거의 완벽에 가깝게 조우한다.

〈바보들의 행진〉은 즐거운 이야기를 그린 영화가 아니다. 물론 세상의 모든 영화가 즐거운 이야기를 그릴 필요도 없다. 이 영화는 청춘 군상의 지지리도 못난 삶에 카메라를 들이대면서 그들의 삶이 자신들의 능력 탓이 아니라 시대의 탓이라고 말한다. 사회의 폭력에 맞서 학생들은 과감히 나서지만 그것 역시 꺾이고 만다. 학교도 군부의 개입으로 더 이상 수업을 할 수 없는 공간이 되어버린다. 그러나 이 영화는 먼 훗날을 기약한다. 그렇게 깨지고 상처받지만 언젠가는 다시 올 '우리들의 시대'를 기약한다. 그런 희망을 이야기한다. 고래는 바다에도 있지만 내 가슴에도 있는 것이다. 우리는 그렇게 믿고 있는 바보를 결코 미워할 수 없다. 이 영화가 가슴 찡한 것은 무모하지만 정열적이고 낭만적인 젊은이의 도전을 다루었기 때문이다.

■ 〈아름다운 청년 전태일〉: 철권통치에서도 버리지 않는 희망

하길종의 〈바보들의 행진〉이 유신이 한창 진행되고 있던 1975년에 만들어진 영화라면, 이로부터 20년의 시간이 지난 뒤 1970년대에 대해 노동운동과 민중운동적 시각에서 살펴본 영화가 등장했다. 영화를 통해 남한 사회의 현재적 문제와 그 근원을 끈질기게 파고드는 박광수 감독이 연출한 〈아름다운 청년 전태일〉(1995, 이하 〈전태일〉)이 그것이다. 〈바보들의 행진〉이 1975년 당시의 대학 사회를 낭만주의적 사고방식으로, 그러나 매우 비판적으로 그렸다면, 〈전태일〉은 인혁당 사건과 민청학련 사건으로 많은 사람들이 구속되었던 1975년의 정치적인 분위기를 그대로 그리고 있다.

영화는 1975년의 시점에서 영수(문성근 扮)라는 법대 출신의 지명 수배자가 전태일(홍경인 扮)의 평전을 쓰면서 서서히 전태일에게 접근해가는 이야기를 다루고 있다. 노동자 출신인 정순(김선재 扮)과 동거하면서 정순의 노조 설립을 도와주고, 한편으로는 학교에 나가 후배들의 생활을 지켜본다. 그의 관심은 전태일의 평전을 쓰는 것이다. 전태일의 일기를 읽으면서 서서히 그에게 다가가게 되고 전태일의 어머니를 만나면서 더욱 구체적으로 그의 모습과 일치하게 된다. 그가 근무했던 청계천의 피복 공장을 찾아가서 그들이 처한 열악한 노동 운동의 환경을 지켜본다.

1995년에 개봉한 이 영화는 그때로부터 불과 20년 전의 노동자가 처한 현실을 그리고 있지만, 그곳은 까마득히 먼 과거로 보인다. 다시 말하면 도저히 인간으로서는 견딜 수 없는 노동조건 속에서 일하고 있는 이들과 맨얼굴로 대면한다. 인터뷰 형식으로 노동조건을 말하는 장면에서는 울컥하지 않을 수 없다. 하루 16시간의 노동이 일상적인 그곳에서 사흘 밤낮으로 잠 오지 않는 주사를 맞고 일해서 감각이 사라졌다는 소녀, 먼지 구덩이에서 일했기 때문에 폐병이 걸려 돈 한 푼 받지못한 채 고향으로 돌아갔지만 결국 죽었다는 소녀의 이야기를 고통스럽게 들어야 한다. 이들의 희망은 소박하다. 휴일마다 쉬는 것이다. 야근을 덜 하는 것이다. 작업장에 환기통을 설치하는 것이다. 그러나 저임금과 장시간 노동이라는 악조건에도 불구하고 수출을 해야만 남한경제가 살 수 있다고 믿었던 박정희 정권은 이들의 의견을 너무도 쉽게 묵살했다.

전태일의 분신을 통해 유신 시절을 이야기하는
노동 영화 〈아름다운 청년 전태일〉.

청계천 피복 공장을 떠나 공사장에서 노동을 팔던 전태일은 다시 돌아온다. 그리고 다시 삼동회를 조직해 노동운동을 벌이지만 여의치 않자 결국 분신을 강행한다. 법으로 보장된 근로기준법을 지키지 못할 바에는 아예 그 책을 불태우겠다는 의지의 표현이었다. 노동청에서는 전태일의 고발을 무시했고, 국정감사가 끝나자 아예 노골적으로 해고를 자행한다. 공권력은 결코 그들의 편이 아닌 것이다.

김영수가 회상하는 전태일의 모습은 생각보다 담담하다. 그것은 김영수가 살고 있는 시대가 전태일이 분신한 1970년과 불과 5년밖에 차이 나지 않으며, 오히려 전태일이 분신한 시기보다 더 가혹한 유신 시절이기 때문이리라. 공장에서 노조를 만들던 정순은 결국 구속된다. 합법적인 노조를 불법으로 간주해 여공들을 폭행해 난지도에 버리고, 그것도 모자라 결국에는 경찰력으로 구속하고 만다. 이제 영수는 정순을 떠나 보일러실에서 일하면서 더욱 전태일 평전에 몰입한다. 이때부터 전태일의 시선과 김영수의 시선이 교차로 만난다. 영수의 보일러실에 전태일이 찾아오고 이후 전태일이 보는 것이 영수가 보는 것이 된다. 5년의 시차를 두고 있지만 그들은 같은 목

214

적을 가지고 싸우고 있는 것이다. 드디어 영수는 전태일이 되었다. 이제야 책에 몰입할 수 있게 된 것이다.

이제 영수는 정순을 만나야 한다. 만삭이 된 정순은 영수의 아버지와 함께 시골로 내려가고 있었다. 지하철에서 영수는 정순과 잠시 만난다. 경찰의 미행 때문에 스치듯 만날 수밖에 없다. 영화가 시작된 지 26분이 흐른 지점에서 인혁당 사건으로 구속된 사람들이 사형당했다는 이야기를 들었다면서 "선생님도 잡히면 어떻게 돼죠?"라고 정순이 영수에게 묻자 영수는 담담히 대답한다. "안 잡혀." 그리고 "일출봉에 해 뜨거든"으로 시작하는 노래를 역시 담담하게 부른다. 영수의 말처럼 그는 잡히지 않았다. 이후 그들은 행복하게 살았을까? 아무래도 그랬으면 좋겠다는 생각이 강하게 든다. 학생과 노동자가 함께 의지하며 살아가게 함으로써 영화는 노학연대에 대해 말하고 있다.

영화는 1994년 다시 평화시장을 찾은 영수의 시점에서 끝난다. 그는 많은 노동자들 사이에서 책을 들고 걸어가고 있는 전태일을 만난다. 전태일은 죽었지만 영수가 저술한 전태일에 대한 책 속에서 전태일은 이렇게 살아 있는 것이다. 이것은 전태일의 너무도 때 이른 죽음이 헛된 죽음이 아니라 무엇보다 소중한 죽음이라는 것을 대변한다. 수많은 노동자들의 가슴과 기억 속에 전태일은 살아 있는 것이다.

■ 노동 문제를 다룬 영화들

이 부분에서 노동 문제를 그린 영화들을 잠시 언급해야겠다. 박정희의 개발 독재는 재벌 중심의 수출 정책이었기 때문에 노동자들의 저임금과 장시간 노동이 필수적이었다. 게다가 농산물의 저수매가 정책까지 곁들어져 있었다. 이런 상황에서 도시로 온 많은 이들은 노동자가 될 수밖에 없었다. 가진 것 없고 배우지 못했으니 노동을 팔아야 했다. 1980년대 중후반 영화운동을 하는 단체들이 생겼을 때 이런 노동 문제에 대해 그리는 것은 어쩌면 당연한 현상이라고 할 수 있다. 착취당하는 노동자들의 모습을 고발하면서 대안을 만들려는 것이었다.

장산곶매에서 만든 〈파업전야〉(이은·이재구·장윤현·장동홍, 1990)는 대표적인 영화이다. 장산곶매는 당시 독립영화패였던 서울영상집단과 중앙대, 한양대의 영화동아리가 결합해서 만든 단체이다. 영화운동권이었던 이들은 광주의 학살을 다룬 〈오! 꿈의 나라〉(이은·장동홍·장윤현, 1988)를 장편으로 만들어 독립적인 방식으로 개봉해서 수익을 올려 차기작을 기약하는 방식을 선택했다. 이들이 만든 차기작이 〈파업전야〉인데, 이 영화가 전국 대학가와 파업현장에서 약 40만 명 정도의 흥행을 달성했다는 것을 생각해보면 이들의 전략을 이해할 수 있다. 1980년대 후반에 대학을 다녔던 이들이라면, 사수대가 교문을 지키는 가운데 길게 줄을 서서 〈파업전야〉를 보았던 기억이 있을 것이다.

〈파업전야〉는 전형적인 사회주의 리얼리즘 계열의 영화라고 할 수 있는데, 약간은 서툴지만 힘 있는 젊은이들의 영화이다. 이 영화가 이야기하는 것은 단순하다. 착취하는 사측과 투쟁하는 노동자의 대결 구도를 정면에서 그리는 것이다. 노조를 만들어가는 과정에서 회사의 회유, 노동자의 단결, 탄압과 해고, 노조원의 투쟁, 깡패 대처, 다시 비노

216

조원의 투쟁으로 이어지는 과정을 그린다. 이 과정에서 한수라는 소시민이 등장하고 그가 어떻게 노동자로 각성하게 되는가를 보여준다. 당시 이 영화는 대학가와 노동 현장에서 엄청난 반향을 불러일으켰다. 아마도 가장 큰 영향력을 발휘한 비제도권 영화일 것이다.

장산곶매 출신의 홍기선 감독이 만든 〈가슴에 돋는 칼로 슬픔을 자르고〉(1992)는 좀 더 구체적인 현장을 그리고 있다. 당시 이슈화되었던 새우잡이 배의 노동조건에 대해 고발하고 있다. 일거리를 찾아 항구로 온 노동자가 우여곡절 끝에 새우잡이 배의 노동자가 된다. 발동장치가 없는 배에서 긴 시간을 작업하면서 먹고 자야 하는 노동은 살인적이다. 정기적으로 발동선이 와서 잡은 새우를 가져가고 음식을 주기 때문에 거의 노예와 같은 삶을 살아야 한다. 탈출을 위한 첫 번째 시도가 실패한 후 배의 책임자가 되어 탈출하려고 하지만 태풍이 불어 아이를 제외한 나머지는 모두 사망한다는 내용이다. 〈파업전야〉와 달리 혁명적 낙관주의를 전파하지 않지만, 열악한 노동 조건을 고발하는 것만으로도 이 영화가 지닌 의의는 매우 크다.

노동 문제는 박정희의 개발 정책이 필연적으로 불러온 결과였다. 박정희의 뒤를 이은 전두환 역시 예외일 수 없었다. 1980년대 노동운동이 활발하게 일어날 때 예술 분야에서 노동이 주요 의제가 되었던 것도 모두 이 때문이다. 그러나 노동운동을 다룬 영화는 그리 많지 않다. 군사정권 하에서 노동운동을 다루는 것 자체가 원천적으로 불가능했기 때문이다. 1970년대의 가혹한 현실은 영화를 잘 만들려고 하는 의지조차 묵살하는 시대였고, 1980년대의 현실 역시 이와 크게 다르지 않았다. 큰 자본이 투입되어야 하는 영화에서는 더욱 그러했다. 때문에 노동문제를 제대로 그린 영화는 1980년대 중후반이 되어서야 가능했다.

1980년 광주를 다룬 영화들, 투쟁의 수단에서 대중 영화의 소재로

2000년대 초반의 한국 영화를 가로지르는 가장 큰 경향 가운데 하나는 팩션(faction, fact와 fiction을 조합한 용어) 영화였다. 이 시기 팩션 영화가 하나의 확고한 경향이 되었다는 것에 이의를 제기할 사람은 그리 많지 않을 것이다. 팩션 영화는 과거의 역사적 사실을 토대로 영화적 상상력을 불어넣어 관객들에게 소구하는 영화를 말한다. 팩션 영화가 엄청난 흥행으로 이어진 이유 가운데 하나는, 영화 속에 그려진 역사적 사실과 영화적 상상력을 관객들이 (의도적으로) 혼동하면서 생생한 체험을 하게 만든다는 데 있다. 〈실미도〉(강우석, 2003)가 흥행하면서 일순간 실미도는 관광 명소가 되었고, 공작원들이 자폭한 신대방 사거리에서 그들을 추모하는 노제가 열렸는가 하면, 북파 공작원들이 사건의 실체를 파악하라는 시위를 벌이는 등 엄청난 관심을 불러일으켰다. 그래서 팩션 영화가 흥행을 하면 역사적 사실과 영화적 상상력을 구별하는 것이 논쟁의 대상이 되기도 한다.

그러나 역사가가 '팩트'를 해석하는 사람이듯이, (시나리오 작가와) 영화감독 역시 그들이 바라본 사건을 자신만의 방식으로 재현하는 사람이다. 그러므로 한 영화를 두고 역사적 사실과 영화적 상상력을 따지기보다는 그 사건을 재현한 감독의 세계관을 짚어보는 것이 더 타당해 보인다. 역사가가 그들의 시각에 따라 같은 사건이라도 다르게 바라보듯이, 영화감독 역시 자신의 세계관 안에서 소재로 삼은 사건을 재현할 따름이다. 물론 영화는 다른 예술에 비해 제작비가 많이 들기 때문에 흥행이라는 산업적 요구로부터 자유로울 수 없다. 그럼에도 불구하고 감독은 영화 속에 반드시 자신을 각인해놓는다. 1980년 5월의 광주를 겪은 감독이든 그렇지 않은 감독이든, 이 사건에 대해서 나름의 시각을 지니고 있다. 왜 아니겠는가? 엄청나게 많은 무고한 시민과 학생들이 공수부대의 잔혹한 학살에 끔찍하게 살해당했으니 이 사건에 관심이 없을 수 없다.

사실 광주민중항쟁을 그린 영화는 그리 많지 않다. 아무래도 영화는 자본이 많이 드는 산업이고, 또한 검열이 존재하기 때문에 위험을 무릅쓰고 제작에 착수하기 쉽지 않을 것이다. 게다가 피해자나 그들의 가족이 고스란히 살아 있는 상태이며, 아직도 가해자가 정확히 밝혀지지 않은 상황에서 1980년 광주를 재현한다는 것은 '잘해야 본전'인 게임이다. 이런 상황에서도 광주민중항쟁을 다룬 영화는 간간이 제작되었다. 민주주의를 위해 과감히 일어섰다가 장렬하게 전사한 그들에 대한 죄의식에서 결코 자유롭지 못한데다가, 그토록 잔인한 피의 학살을 보고도 같이 죽지 못한 '살아남은 자들의 슬픔'이 있기 때문에, 제작해야만 하는 갈급한 상황이었다. 어떻게든 1980년의 광주를 영화로 그려야만 했다. 그것을 도화선으로 죄의식으로부터 탈피하고, 더 나아가 민주주의에 대한 자의식으로 발전시켜야 했으며, 무엇보다 내용을 알려 투쟁의 도구로 만들어야 했다. 그리고 이제는 광주민중항쟁이 역사적 사실과 스펙터클, 멜로를 버무린 대중 영화로까지 만들어지는 시대가 되었다. 이 글에서는 광주민중항쟁을 그린 영화들이 어떻게 변천해왔는지 그 양태를 살펴보고자 한다.

■ 변혁운동의 무기로서의 영화, 그 중심의 광주

광주민중항쟁을 다룬, 가장 신랄하고 가장 끔찍하며 그래서 가장 분노를 일으키는 영화 가운데 대중들에게 가장 먼저 알려진 영화는, 아이러니하게도 광주민중항쟁을 재현한 영화가 아니라 외국인이 기록한 비디오 테이프였다. 1980년대에 대학에 입학한 이들은 대부분 '광주 비디오'라고 일컬어지는 이 다큐멘터리를 보고 '인식의 전환'을 겪었다. 여러 번 복사해서 화질이 엉망인 이 다큐멘터리를 학생회관이나 동아리방에서 몰래 보면서, 머리의 피가 거꾸로 솟구치는 경험을 했다. 그만큼 이 영화에 그려진 광주의 학살은 생생했는데, 어떻게 생각하면 광주의 진실이 그만큼 알려지지 않았다는 증거이기도 했다.

광주 비디오를 본 이들 가운데 영화에 관심이 있거나 영화과에 다니는 학생들은 다른 생각을 했다. 영화 한 편이 이렇게도 큰 영향을 미칠 수 있구나, 영화 한 편이 사람의 인생을 바꾸어놓을 수 있구나 싶었던 것이다. 그들은 1980년대 한국 대학가를 강타했던 사회변혁운동에서 영화가 어떤 역할을 할 수 있는지 고민하던 이들이었다. 영상과 사운드가 현실처럼 복원되는 영화는 그 어떤 예술보다도 흡입력이 강했다. 영화를 현실 변혁의 무기로 생각한 이들이 광주민중항쟁을 기록한 다큐멘터리를 보고 이것을 소재로 극영화를 만들어야겠다고 결심한 것은 어쩌면 당연한 현상이다.

그런데 그것은 말처럼 쉽지 않았다. 영화는 한 명의 화가나 소설가, 작곡가가 독방에서 홀로 작업해 완성할 수 있는 매체가 아니다. 영화는 제작비가 많이 든다. 많은 인원과 장비를 동원해야 한다. 1980년대 광주 금남로를 재현하려면 숱한 인원이 동원되어야 하는데, 그런 돈이 대학생들에게 있을 리 없다. 극장 개봉이 불확실한 영화에 충무로에서 투자를 할 리도 만무하다. 게다가 검열이 엄연히 존재하던 상황에서 일반 극장에서 상영할 수도 없을 뿐더러 일반 관객들은 이미 세련된 할리우드 영화에 익숙하기 때문에 거친 독립영화를 별로 선호하지 않는다. 이런 상황에도 불구하고 독립영화 진영에서 광주민중항쟁을 다룬 영화들이 등장했다. 참으로 놀라운 일이 아닐 수 없다. 일군의 독립영화인들은 당시 '낡은 충무로 영화'와 '대안 없는 꿈의 공장 할리우드 영화'를 거부하고 대안 영화를 제작하는 작업으로서 이런 영화들을 만들었다. 이 시기에 등장한 영화는 거친 독립영화였고, 금남로의 군중 신도 없었지만, 광주의 상처로부터 벗어나지 못하는 인물들의 심리에 집중하고 있다.

가장 먼저 광주민중항쟁을 다룬 영화는 〈칸트 씨의 발표회〉(김태영, 1987)와 〈황무지〉(김태영, 1988)였다. 두 영화를 연출한 김태영 감독은 각각 35분과 90분이라는 패나 긴 영화를 16mm로 만들었다. 지금은 영화제작을 하고 있는 김태영 감독은 독립영화계의 선구자 가운데 한 명이다.

〈칸트 씨의 발표회〉는 광주민중항쟁을 다룬 거의 첫 영화라고 할 수 있다. 한 사진작가가 우연히 칸트 씨라는 정신이상자를 발견하고 그를 촬영하는데, 마지막에는 그가 광주민중항쟁의 희생자임을 알게 된다는 내용이다. 감독은 광주민중항쟁에서 고문을 당하고 여동생까지 잃어버린 칸트 씨를 통해 현대사가 개인에게 얼마나 폭압적이었는지, 그리고 광주의 학살을 보고도 일반시민들은 얼마나 무관심한지 보여준다. 무엇보다 칸트 씨가 동생의 발레 슈즈로 경찰관을 때려 구속되고 그 며칠 뒤 행불자의 시신으로 발견되었다는 것을 통해, 이 영화가 만들어진 1980년대 역시 1980년의 광주와 다르지 않은 공안정치의 시대임을 간접적으로 보여주었다. 감독은 칸트 씨의 행적을 따라가면서 간간이 광주에서의 고문과 학살을 인서트처럼 보여줄 뿐 직접적으로 광주를 보여주지는 않지만, 상처받은 영혼을 통해 오히려 그가 왜 그토록 상처받았는지 그 원인을 관객 스스로 캐도록 만든다.

김태영 감독이 다음 해에 만든 〈황무지〉는 광주에서 명령을 받아 소녀를 학살해야 했던 탈영병의 실화를 영화화한 것이다. 탈영해서 쫓기던 김의기는 미군 기지촌으로 가게 되는데, 그곳은 참으로 비참했다. 양공주는 자신을 강간하려는 미군에게서 벗어나려다 살인을 저지르고, 그것을 보고 분노한 동료는 싸우다 미군의 칼에 죽고 만다. 그러나 미군은 아무런 책임도 지지 않는다. 결국 이러지도 못하고 저러지도 못하던 김의기는 소녀에 대한 죄책감으로 성당에서 고해를 한 후 망월동 묘지에서 분신한다. 이 영화는 매우 암울하다. 출구 없는 미로에 갇힌 것처럼 답답하다. 김태영 감독은 매끄럽게 연결되지 않는 편집과 어두운 화면을 통해 마치 정면승부를 하려는 것처럼 어두운 현실을 그려낸다. 매끄러운 편집의 할리우드 영화나 신파적 감성이 가득한 충무로 영화와 달리, 대안적 영화로서의 거친 편집과 롱 테이크를 통해 관객이 상황을 지켜보고 스스로 깨닫기를 바란다. 이 영화에서 감독이 말하고자 하는 것은 명확하다. 미국의 신식민지로 전락한 남한을 비판하는 것이다. 말로는 자유민주주의의 수호자라고 자처하지만, 실제로는 광주의 학살을 묵인했고, 한국의 기지촌에서도 온갖 더러운 짓을 행하는 제국주의자들이다. 영화는 미군을 통해 광주의 진실과 미국의 정체를, 더 나아가 남한의 현실을 보여준다. 말 그대로 어떤 가능성도 잉태할 수 없는 황무지인 남한의 모습을 그리고 있는 것이다.

〈황무지〉와 거의 비슷한 시기에 비슷한 내용을 다룬 영화가 장산곶매의 〈오! 꿈의 나라〉이다. 〈오! 꿈의 나라〉도 내용 면에서는 〈황무지〉와 비슷하다. 광주민중항쟁의 마지막 날 도망쳐서 수배를 받던 주인공이 동두천으로 가서, 미제 물건을 빼돌리는 고향 선배, 양공주와 함께 살지만 그들과 동화하지 못하다가 결국 미군에게 당한 양공주와 선배

광주민중항쟁의 배후에 미국이 있다는 것을 보여준 〈오! 꿈의 나라〉.

를 뒤로한 채 도망쳐 나온다는 이야기이다. 여전히 서울에 성조기가 펄럭이고 있는 엔딩 장면이 매우 인상적인데, 이런 장면을 통해 영화는 광주민중항쟁의 배후에 미국이 있음을 노골적으로 드러내고 있다. 광주의 학살을 묵인한 미국이 남한에서 우리의 누이와 형제에게 어떻게 폐를 끼치고 있는지, 그들은 남한을 도우러 온 것이 아니라 지배하러 온 것임을 노골적으로 보여준다. 한편으로 이 영화는 지식인의 나약함을 고발한다. 야학의 교사였던 주인공은 제자가 지켜보는 가운데 도청에서 도망쳐 나온다. 동두천에서도 말만 앞세우지 실제로는 아무것도 하지 못하다가 또다시 도망쳐 나온다. 그런데 흥미로운 것은, 당시 이 영화를 만든 이들이 대부분 대학생이었으며 지금은 충무로 주류 영화인이 되어 당시와는 전혀 다른 영화를 만들고 있다는 것이다.

이제 충무로에서 정식으로 개봉한 영화도 등장했다. 충무로를 부정적으로 보던 독립영화와 달리 충무로를 이용해야 더욱 큰 파급효과를 얻을 수 있다고 생각한 것이다. 〈부활의 노래〉(이정국, 1990)가 바로 그 영화이다. 이는 나중에 〈편지〉(1997)로 대중 감독이 된 이정국이 연출했고, 〈동승〉(2003)의 감독인 주경중이 제작했다. 충무로에서 자본을 구할 수 없었던 이들은 국민 모금의 형태로 후배들과 어렵게 마련한 2,000만 원의 쌈짓돈으로 촬영을 시작했고, 이후 비디오 판권을 미리 팔아 마련한 1억 원으로 작품을 겨우 완성할 수 있었다. 그러나 검열 때문에 몇 군데 잘리고 개봉도 힘들어져 여러모로 어려움을 겪었다.

　〈부활의 노래〉는 들불야학을 이끌었던 윤상원, 박관현, (그리고 윤상원과 영혼결혼식을 올렸던) 박기순의 실제 삶을 영화화했다. 들불야학을 이끌던 이들 가운데 윤상원은 진압군이 시청을 진압하던 때 죽었고, 전남대 총학생회장 박관현은 옥중 단식으로 사망했으며, 박기순도 영화 속에서는 시민군을 진압하던 날 사망했다(실제로 박기순은 광주민중항쟁 이전에 죽었다). 영화는 이 세 사람의 행적을 따라가면서 무고한 광주의 학생들이 왜 피를 흘리지 않을 수 없었는지, 그들의 뜨거운 동지애와 조국애, 집념을 그린다. 이 영화는 이제까지 나온 독립영화와 달리, 광주민중항쟁 자체에 치중하면서 한편으로는 노동운동을 다루었다. 그러니까 미국과의 관계에 치중하는 것이 아니라 노동운동과 광주민중항쟁을 연결시켰던 것이다. 도피 중이던 박관현과 그의 애인은 노동현장에서 나름대로 치열하게 싸워나간다. 무엇보다 이 영화는 기존의 패배주의적 시각을 넘어서서, 사회주의 리얼리즘에 입각해 혁명적 낙관주의를 담고 있다. 언젠가는 민중의 승리가 반드시 올 것임을 굳게 믿는 것이다.

그러나 이 영화는 여러모로 아마추어적이다. 충무로 영화라고 하기에는 부족한 연출력, 쉽게 연결되지 않는 편집, 몰입이 어려운 더빙, 민중가요의 안이한 반복적 사용 등 숱한 문제를 담고 있다. 게다가 이 영화가 제작된 시기는 광주학살의 또 다른 원흉인 노태우가 전두환에 이어 집권하던 때였으니 검열에서 자유로울 수 없었다. 결국 대학가에 떠돌던 '광주 비디오'보다도 못한 영화가 되고 말았다.

광주민중항쟁을 다룬 독립영화는 대부분 투쟁의 수단으로 영화를 선택했다. 그들은 없는 돈을 털어 악전고투하면서 영화를 만들었고, 그렇게 만든 영화를 들고 거리로 나갔다. 그들이 만든 영화에는 광주의 진상을 알리려는 내용이 많았다. 때문에 광주에서 어떻게 사람이 죽었는지, 그들이 얼마나 장렬하게 싸웠는지, 십 년이나 지난 지금까지 그들은 어떻게 고통받고 있는지, 광주의 학살을 묵인한 미국은 과연 어떤 존재인지 캐묻는다. 또 그들의 영화에는 냉철한 현실인식이 나타난다. 세계를 지배하는 미 제국주의는 그들에게는 도저히 타도할 수 없는 골리앗으로 보였다. 그것을 지독히 암울하게 그리기도 하고, 한편으로는 혁명적 낙관론으로 그리기도 했다. 어쨌든 세련되지 않은 거친 영화지만, 힘 있고 생생한 목소리의 역할은 충분히 해냈다. 그들이 있었기에 관객들이 조금이나마 광주민중항쟁에 대해 알 수 있었고, 이후 충무로에서도 본격적으로 광주민중항쟁을 다룬 영화가 등장할 수 있었다. 한마디로 그들은 씨앗 역할을 한 것이다.

■ 죄의식과 자의식 사이에서, 충무로의 광주

1990년대가 되면서 사회는 급격하게 변화했다. 대외적으로는 사회주의권이 붕괴했고, 대내적으로는 문민정부가 들어섰다. 1988년 광주 청문회를 통해 광주의 진실이 조금이나마 드러나면서 세간의 관심의 대상이 되기도 했지만, 문제는 여전히 해결되지 않았다. 〈부활의 노래〉가 처절한 흥행 실패를 기록한 후 다시 광주를 다룬 영화를 만나기 위해서는 몇 년을 더 기다려야 했다. 한 번 흥행에 실패한 소재에 과감하게 재도전할 수 있는 제작자와 투자자는 그리 많지 않았다.

〈부활의 노래〉 이후 광주민중항쟁을 다룬 영화를 연출한 이는 '의외로' 장선우 감독이었다. 만드는 영화마다 논란의 대상이 되었던 그가 광주민중항쟁을 다룬다고 했을 때, 광주 시민들의 호응은 대단했다. 도로를 막고 직접 금남로에서 5월의 광주를 재현할 때는 2만여 명의 광주시민들이 자발적으로 참여했다. 그들은 이제야 주류 영화에서도 사실적으로 광주의 문제를 다룰 수 있으리라고 기대한 것이다. 그러나 완성된 영화 〈꽃잎〉(1996)은 그런 영화가 아니었다. 시민군이 싸워야 했던 정당성을 다룬 영화도 아니고, 계엄군의 끔찍한 학살을 기록한 영화도 아니었다. 계엄군의 총에 맞아 죽은 어머니의 손을 발로 밀치면서까지 도망쳐야 했던, 그 충격으로 미쳐버린 소녀를 통해 광주에서 살아남은 자들의 죄의식을 다루고 있다. 또한 미쳐버린 소녀를 찾아가는 대학생들의 행보를 통해 광주에 참여하지 못한 이들의 죄의식을 그렸다. 여기서 조금 더 나아가면, 광주의 학살 때문에 미쳐버린 소녀를 돌보아주지 못하고 오히려 성폭행하고 있는 우리 사회의 비열함을 그렸다. 영화에서 광주는 완전히 짓뭉개졌고, 살아남은 이들도 도피하기에 급급했다.

한편으로 이 영화는 발포 명령자가 처벌되지도 않은 상황에서 광주 시민들이 소녀를 성폭행하고 동정하지 않는 모습을 묘사하여 논란의 대상이 되기도 했다. 광주민중항쟁 때문에 미쳐버린 소녀를 돌봐주지는 못할망정 성폭행을 하고 도외시하는 것은 받아들이기 어려웠다. 그 것보다 더 큰 문제는 이 영화에서 장선우가 왜 광주를 다루었는지 드러나지 않는다는 것이다. 소녀가 상처받은 그날 그 장소는 5·18의 광주라도 괜찮고, 4·3의 제주여도 좋으며, 6·25의 서울이라도 문제가 없다. 이처럼 이 영화에는 광주민중항쟁에 대한 인식이 전혀 드러나지 않는다. 그런 상황에서 성적 문제를 건드렸으니 불편할 수밖에 없는 것도 당연한 일이 아닐까?

리얼리즘적 기법으로 소설을 쓰듯이 영화를 찍고 있는 소설가 출신의 이창동은, 광주에서 소녀를 학살한 뒤 순수성을 잃어버린 주인공을 통해 광주민중항쟁이 한국 현대사에서 차지하는 위치를 설명했다. 이창동이 보기에 광주민중항쟁은 단순히 1980년의 일시적 사건이 아니라 한국 현대사 모순의 한가운데 있는 사건이다. 군부가 신군부로 연장되는 시기를 배경으로 함으로써 이창동은 한국사회가 지독히도 억압적인 수직적 가부장제이고, 그것은 군부정권과 깊은 연관이 있으며, 바로 그렇기 때문에 사회로 진입하는 순간 순수한 청년도 온갖 횡포를 저지르는 가부장이 되고 만다고 말한다.

〈박하사탕〉(이창동, 2000)은 다시 가해자의 시선을 다룬다. 영화는 역순으로 구성되어 있어 처음에는 그것이 광주의 문제를 다룬다고 생각되지 않는다. 황폐한 삶을 살던 악인 같은 이가 왜 그런 사람이 되었는지 과거를 캐가던 중, 광주민중항쟁과 접하게 된다. 그는 1980년 광주에서 소녀를 학살했던 공수부대원이었다. 10대 후반의 순진무구한 청년이 이 사건을 계기로 완전히 바뀌어버렸다. 이후 그는 공안경찰이 되고, 사업을 하면서도 바람을 피우고, 심지어 죽기 직전에도 커피 값을 떼어먹는 비열한 인간이 되었다. 순진한 청년이 군대에서 겪은 트라우마를 통해 악인이 될 수밖에 없는 상황이 이 영화에는 들어 있다. 때문에 광주민중항쟁은 개인의 트라우마이자 사회의 트라우마가 된다.

장선우만큼이나 도발적인 임상수는 황석영 원작의 〈오래된 정원〉(2006)을 연출했다. 특히 〈오래된 정원〉의 시간적 배경은 그의 전작 〈그 때 그 사람들〉(2005)의 1979년에서 바로 이어지는 현대사라는 점에서 흥미롭다. 18년 동안 지배한 군부 출신 독재자의 시신이 썩기도 전에 등장한 신군부 때문에 사랑하는 것조차 사치로 여겨졌던 그 시절을 그려내면서, 임상수는 과감하게 사랑 이야기를 광주와 겹쳐놓았다. 그것도 수배를 피해 도망친 사람이 여자와 사랑에 빠진다는 내용이다. 사람이 죽어가던 그 당시를 생각하면, 이 얼마나 사치인가.

사실 이 영화에서 광주민중항쟁은 몇 개의 대사로 처리되고 만다. 주인공이 광주문제 때문에 도피하고 있다는 것이 암시될 뿐, 광주에 대해서는 직접 보여주지 않는다. 그럼에도 불구하고 1980년대의 냉기류를 겪었던 이들은 왜 주인공이 광주에서 도피해 왔는지, 왜 지독한 산골에 숨어 사는지, 왜 결국 그곳을 떠나 구속되어야 하는지 말하지 않아도 안다. 임상수는 이런 상황을 직접 겪은 80년대 학번이다. 1980년대의 공기를 직접 흡입하지 않은 이들이 이 영화를 이해하기 어려운 것도 이 때문이다.

위의 세 영화에서 보듯이, 주류 충무로 영화에서 광주민중항쟁은 대부분 직접적으로 그려지지 않는다. 왜 그들은 광주의 한가운데에 선 인물을 그리지 못하는 것일까? 아무래도 그들은 1980년대에 학교를 다니면서 광주민중항쟁을 직접적으로 겪거나 알았기 때문에 적어도 광주민중항쟁이라는 죄의식에서 자유롭지 못한 사람들이다. 그들에게 광주는 언제나 원죄의식이었다. 때문에 그들의 영화는 지식인의 눈으로 본 패배주의적 시각의 영화가 되고 만다. 광주의 학살을 무기력하게 지켜보기만 했던 이들에게 오랫동안 남아 있는 패배주의적 시각이 이 영화에는 강하게 녹아 있다. 그것이 어떤 형태로 그려지든 마찬가지다. 장선우처럼 성을 매개로 그리든, 이창동처럼 가부장적 현대사로 읽든, 임상수처럼 1980년대의 공기로 읽든, 그곳에서 벗어날 수 없다.

때문에 그들은 1980년의 광주를 배경으로 영화를 만들고 있지만, 광주에 대한 이야기를 끝까지 제대로 하지 못한다. 아니, 그들은 광주 이야기를 할 수가 없다. 그 상처와 고통을 정면에서 바라볼 수가 없다. 그들은 항상 광주 주변을 맴돈다. 물론 이것을 두고, 과거 독립영화의 고발성과는 다르게 개인의 죄의식과 자의식을 통해 보다 부드럽게 형상화하고 있다고 긍정적으로 바라볼 수도 있다. 개인의 상처에 얽매이다 보니 거시적으로 광주의 문제를 그리지도 못했고, 영화를 만들 수 있는 정치적 환경이 바뀌었음에도 불구하고 독립영화보다 고발적으로 만들지 못했지만, 오히려 이런 방법이 더욱 인간적으로 보일 수 있다는 것이다. 단호한 행동주의자들이 아니었을 것이 분명한 이들이 광주를 그리는 시선은 이렇게 될 수밖에 없다. 어쩌면 이것이 자연스러운 것이다.

■ 대중 영화의 소재가 된 광주

어떻게 보면 광주민중항쟁만큼 영화화하기 좋은 소재도 없다. 이름 없는 시민들이 가족과 동료가 죽어감에 따라 전사가 되어갈 수밖에 없는 영웅의 신화적 구조가 광주민중항쟁에는 오롯이 살아 있다. 많은 대중 영화는 이런 영웅의 이야기를 그리고 있다. 또한 실제로 일어났던 사건 속에서 무고한 시민들이 죽음으로써 관객과의 동일시를 쉽게 이끌 수도 있다. 무엇보다 계엄군과 시민군의 전투라는 스펙터클한 요소로서의 볼거리도 있다. 여기에 두 남녀의 사랑과 시민군의 의리를 적절하게 직조하면 대중들이 가장 좋아하는 영화가 등장하게 된다. 이렇게 광주민중항쟁이 지닌 대중 영화로서의 조건을 만족시킨 영화가 등장했다. 2007년에 엄청난 흥행을 기록한 〈화려한 휴가〉.

〈화려한 휴가〉는 기존의 영화와 달리 광주민중항쟁에만 치중한다. 광주에서 일어났던 10일간의 투쟁만을 정면에서 그리고 있는 것이다. 제작비가 부족해서 금남로를 재현할 수 없었던 독립영화의 한계와, 광주의 죄의식으로부터 자유로울 수 없었던 386세대의 한계를 동시에 넘어서면서, 광주민중항쟁이 왜 발생했는지, 어떻게 계엄군이 잔혹하게 시민들을 학살했는지, 광주 비디오를 참고해서 많은 부분 사실적으로 재현했다. 감독이 여기서 강조하는 것은 한 가지, 무명 열사들이 목숨을 걸고 싸울 수밖에 없었던 당시의 상황을 최대한 복원하는 것이다. 이를 위해 제작진은 무려 100억 원에 가까운 제작비를 들여 1980년의 광주 금남로와 그들의 복장, 거리 풍경을 복원했다. 그래서 이 영화를 보는 많은 관객들은 마치 1980년의 금남로로 돌아간 것 같은 착각을 하게 된다. 그리고 관객들은 이름 없는 소시민들이 죽어갈 때 눈물을 흘리지 않을 수 없다. 이 영화의 목적은 간단하다. 1980년의 광주를 대중들에게 알리는 것. 그 목적은 성공한 셈이다.

그러나 이 영화의 한계 역시 여기서 나온다. 대중 영화이다 보니 명확한 장점과 뚜렷한 한계를 지닌다. 대중적으로 알기 쉽게 캐릭터를 구축하고 내러티브를 전개해서 누구나 영화를 보기만 하면 1980년 광주 모습을 확인할 수 있지만, 한편으로는 과잉된 정서로 이어지다 보니 사건의 실상을 제대로 파악하지 못한다. 영화를 보면 계엄군이 광주를 진압했던 가장 큰 이유는 특전사 대장의 충성의 발로처럼 보인다. 해방구를 점령한 시민군의 투쟁도 지나치게 긍정적으로만 그리다 보니 그들의 분열과 갈등을 제대로 보여주지 못했다. 동지애만 부각될 뿐, 투항파와 사수파의 갈등은 전혀 보이지 않는다.

그런데 이것보다 더 큰 문제가 있다. (영화가 개봉한 시점에서 보면) 광주민중항쟁이 발생한 지 27년이나 지났지만 아직도 발포 명령자가 밝혀지지 않았는데, 영화를 통해 한바탕 눈물을 흘리게 만듦으로써 역

광주민중항쟁을 대중 영화의 소재로 삼아 엄청난 흥행을 기록한 〈화려한 휴가〉.

사 속으로 묻자는 것은 아닐까 하는 생각이 든다. 광주민중항쟁이 왜 발생했는지 전체적인 시각과 미국의 역할에 대해서는 큰 의미를 부여하지 않은 채 억울하게 죽은 시민군들의 상황을 통해 이제 광주를 과거의 사건으로, 그래서 이제는 눈물로 보내야 하는 사건으로 만드는 것이 아닌가 하는 의구심이 든다는 것이다. 광주의 희생자들은 감히 광주를 이렇게 대중 영화의 소재로 삼은 것이 불편하기도 할 것이다. 대중 영화로 광주민중항쟁을 다룰 때에는 이처럼 여러 위험이 존재한다.

〈화려한 휴가〉보다 한술 더 뜬 영화가 같은 해 등장했다. 〈스카우트〉(김현석, 2007)라는 요상한 제목의 이 영화는 코미디에 광주항쟁을 접목시킨 경우이다. 선동렬을 스카우트하기 위해 서울에서 광주로 내려온 명문대의 스카우터(임창정 扮)가 우연히 광주에서 시민운동을 하고 있는 첫사랑(엄지원 扮)을 만나면서 겪게 되는 과정을 그리고 있다. 첫사랑을 사랑하는 조직폭력배와의 삼각관계 속에서 5월 18일이 그려지면서 광주민중항쟁의 진지함은 코미디와 멜로의 노골적인 결합으로 연결된다. 마지막의 결말은 비장하지만, 거기에 도달하기까지의 내용은 코미디로 이어진다. 국보급 투수

선동렬을 입학시키려는 노력과 첫사랑에 대한 애정이 코믹적 상황 속에서 녹아나면서, 광주의 비극성이나 투쟁성은 대중 영화의 장치 속에 사라지고 만다.

여기서 잠깐 살펴볼 것은 〈화려한 휴가〉나 〈스카우트〉 같은 영화가 등장할 수 있었던 배경이다. 왜 〈화려한 휴가〉 같은 대중 영화가 이제야 등장하게 되었을까? 그 이전에는 왜 광주민중항쟁을 다룬 대중 영화가 등장하지 못했을까? 여러 이유가 있겠지만, 가장 중요한 이유는 1970년대 이후에 출생한 세대가 충무로 주류 영화계에 진입했기 때문이다. 앞에서 이미 언급했지만, 1980년 광주를 대학에서, 또는 성인으로 겪은 이들은 광주의 죄의식으로부터 결코 자유로울 수 없다. 그들에게 '1980년 광주'라는 말은 너무도 무거운 역사적 무게를 안겨주는 단어였다. 그러나 1970년 이후에 출생한 이들은 그런 역사적 무게감이 없다. 그들에게 1980년대는 다른 시대이다.

당시 그들은 10살 내외의 어린이였기 때문에 광주의 학살을 알지 못했다. 게다가 어린이에게는 세상을 통괄할 수 있는 폭넓은 시선도 없다. 광주의 학살로 1980년대 초중반은 내내 어두운 시기였지만, 1970년대 이후에 출생한 이들에게 1980년대는 프로야구가 출범하고 컬러 TV가 등장하는 등 경제적 풍요가 결실을 맺는 시기였다. 더구나 86아시안 게임과 88올림픽은 한국의 긍지를 높일 수 있는 기회로 보이기에 충분했다. 그들은 고문과 학살의 1980년대를 잘 알지 못했다. 때문에 그들은 죄의식으로부터 자유롭다. 이런 자유로움이 광주민중항쟁을 대중 영화로 만들 수 있게 했다.

그러나 한편으로 1970년대 이후에 출생한 이들도 죄의식으로부터 완전하게 자유롭지는 못했다. 이들은 대학에 입학하자마자 새로운 분위기를 익혀야 했다. 1987년의 민주화운동을 지켜보았고, 대학에서 그것을 학습을 통해 체화했다. 무엇보다 그들은 1991년의 '강경대 사건'을 통해 시국을 이끌어 가던 이들이었다. 그들은 386세대처럼 강한 죄의식에 빠지지는 않았지만, 그렇다고 X세대처럼 죄의식으로부터 완전히 자유롭지도 못했다. 이 세대들의 균열과 부조리를 보여주는 방식이 유머를 통한 1980년대의 복원이다. 1970년대 이후에 출생한 이들이 만든, 1980년대를 배경으로 한 영화는 대부분 부조리한 유머를 다루고 있다. 광주의 학살이라는 한국 현대사에서 가장 끔찍한 사건을 다룬 〈화려한 휴가〉와 〈스카우트〉도 예외는 아니다. 영화 초반은 거의 대부분 코믹한 유머로 진행된다. 학살이 진행되기 전까지 영화는 코미디가 아닌가 착각이 일 정도로 유머가 강하다. 이것이 1980년대를 바라보는 1970년대 출신들의 방식이다.

■ 광주를 어떻게 영화화할 것인가

실제로 일어났던 역사적 사건을 영화화하는 것은 결코 쉬운 작업이 아니다. 어떤 시각으로 그리더라도 관객들의 불만이 없을 수 없다. 저마다 보는 시각이 다른 것이다. 이제까지 만들어진 영화들을 보더라도 이것은 쉽게 이해할 수 있다. 역사적 사건을 영화로 만들면 그것은 곧 논쟁의 중심에 선다. 심지어 〈그때 그 사람들〉(2005)처럼 당사자 가족

236

에게 소송을 당하기도 한다. 광주민중항쟁을 다룬 영화도, 그 수는 그리 많지 않았지만, 만들어질 때마다 화제의 중심에 있었다. 가장 민감한 소재 가운데 하나인 광주민중항쟁을 어떤 방식으로 다루느냐에 따라 여러 시각이 존재한다. 감독에 따라, 세대에 따라, 목적에 따라 만들어진 영화가 모두 다르고, 그것을 보는 다양한 관객의 시각에 따라 또 다르게 해석된다.

1980년대에 만들어진 광주민중항쟁을 다룬 영화는 대부분 변혁운동의 무기로서 광주의 학살을 고발하고, 그 배후에서 신군부를 지원하면서 광주의 학살을 묵인했던 미국의 정체를 고발했다. 그러나 영화 속에 그려진 사회적 풍경은 지독히도 패배적이다. 전두환의 철권정치와 미국의 보수주의가 결합된 남한의 풍경 어디에서도 희망을 발견할 수 없었다. 1990년대 이후 표면적으로나마 문민정부가 들어서면서 광주민중항쟁을 보다 자유롭게 다룰 수 있었는데, 이때 만들어진 영화는 대부분 죄의식에서 멀어질 수 없는 영화들이었다. 정면에서 다루지 못하고 주변을 맴돌면서 광주의 이야기를 하고 있다. 그러나 1970년대 이후에 출생한 감독들이 등장하면서 광주는 대중 영화의 소재로 사용되었다. 분연히 일어설 수밖에 없었던 이들의 아픔을 멜로적 요소와 스펙터클로 버무린 영화가 등장해 광주에 대한 논쟁을 다시 한 번 불러일으켰다.

이렇게 한국 영화사에서 광주민중항쟁을 그리는 시선은 바뀌어왔다. 가장 가까운 과거이고 가장 민감한 과거인 광주민중항쟁을 그린 영화는 나에게는 많은 반가움과 또 그 정도의 아쉬움을 안겨주었다.

광주를 다룬다는 그 자체는 기쁘지만, 방식의 장단점이 뚜렷하기 때문이다. 광주에서 왜 잔인한 학살이 발생했는지, 그것의 폭력성과 멜로성만 부각시킬 것이 아니라 지금 여기에서 광주민중항쟁은 무엇이고, 그 아픔을 어떻게 씻어낼 것인지 고민하는 모습이 약하다. 대부분 광주를 다룬 영화는 학살의 폭력성을 부각시키는 작업에 머물거나 원인으로서 미국의 관계를 조명하는 데 그쳤다. 그 아픔을 어떻게 씻어낼 것인지에 대해서는 말하지 않는다. 광주민중항쟁에서 민주주의를 위해 무고하게 죽어간 영령들의 의지가 지금 우리에게 무슨 의미를 지니고 있는지, 그들의 아픔을 어떻게 달래주어야 할지 광주를 다룬 영화들은 깊이깊이 고민해야 할 것이다.

05

2000년대
우리 모습을 담은
영화들

지금, 우리는 20세기의 수많은 고난을 넘어 21세기에 살고 있다. 그런데 우리는 과연 행복한가? 적어도 영화 속에 그려진 모습은 그렇지 않다. 행복은 커녕 더욱 많은 문제가 중첩되어 모순으로 나타난다. 남한 사회의 문제점을 끈질기게 영화 속에 다루고 있는 봉준호는 〈괴물〉에서 우리 사회의 문제점이 무엇인지 정확하게 직시한다. 신자유주의의 무한 경쟁에서 탈락한 인물들의 처절한 삶을 다루고 있는 임순례는 자녀 교육과 황혼 이혼 등의 문제를 통해 지금 우리 사회가 제대로 가고 있는지 진지하게 의문을 던진다. 과연 우리는 후손들에게 살 만한 세상을 물려주려고 노력하고 있는가? 점점 더 치열해지는 경쟁 시대에 이런 의문조차 사치인 것 같다고 영화는 답한다. 틀린 것은 영화가 아니라 우리 사회의 지금 모습이다.

동시대 삶의 모순을 다룬 봉준호의 영화세계

대부 분의 영화는 현재의 문제를 다룬다. 과거의 문제를 영화 속에 재현하더라도 그것은 현재와의 관계 속에서 밀접히 작용한다. 현재에 호명된 과거는 단지 과거의 기억에 머무는 것이 아니라 현재의 시점에서 해석된 과거이다. 때문에 대부분의 영화는 역사와 관련을 맺지 않을 수 없다. 그러나 영화를 보는 지금, 현재의 문제를 다루고 있는 영화를 보면서 현재를 음미하는 것은 결코 쉽지 않다. 현재의 시각에서 현재를 다루기 때문에 쉽게 보이지 않는 것이 가장 큰 이유일 것이고, 현재를 음미하려는 관객들의 노력이 부족하다는 점도 이야기해야 할 것이다.

이런 점에서 봉준호의 영화는 지금 우리가 살아가고 있는 이 시대에 대해 고민하게 만든다. 사회학과 출신의 봉준호 감독은, 동시대 다른 감독에 비해 사회적 메시지가 강한 영화를 만들어왔다. 그의 영화에는 동시대를 살아가고 있는 이들의 고민이 깊게 배어난다. 그의 영화가 대중적으로 흥행을 하고 있는 이유도 이러한 것과 무관하지 않다. 그의 영화는 항상 무엇인가 찾아다니는 인물을 주인공으로 하고 있다. 개를 죽인 범인을 찾아서, 연쇄살인범을 찾아서, 딸을 유괴한 괴물을 찾아서, 아들의 누명을 벗겨줄 진범을 찾아서 돌아다닌다. 이 과정에서 우리 사회의 모습이 한 꺼풀씩 벗겨지면서 은밀한 속살을 내놓는다. 때문에 봉준호의 영화는 단순한 개인의 영화가 아니라 사회의 영화가 된다.

■ 〈살인의 추억〉 : 1980년대 군부독재에 대한 모진 기억

〈살인의 추억〉(봉준호, 2003)은 참으로 이상한 어감을 지닌 제목이다. 살인을 추억하다니? 끔찍한 살인을 추억한다는 것도 이상하거니와 추억한다면 추억의 주체는 누구란 말인가? 살인을 당한 자는 추억할 수 없으니 살인을 행한 자가 추억의 주체인가, 아니면 함께 살아가던 이들을 잃은, 살아남은 자들이 추억의 주체인가? 추억이란 과거의 기억을 아련하게 떠올리는 것을 말함인데, 살인자가 과거의 기억을 아련하게 떠올리는 것인가(그렇다면 참으로 끔찍한 풍경이 아닐 수 없다), 아니면 살아남은 이들이 죽은 이를 추억하는 것인가(그렇다면 참으로 고통스런 영화임에 분명하다).

영화에는 두 가지가 모두 들어 있다. 영화의 엔딩을 보면 명확히 드러난다. 경찰에서 퇴임한 박두만(송강호 扮)은 처음 살인사건이 발생했던 곳을 우연히 가게 된다. 그리고 그곳에서 만난 여학생을 통해 살인자가 최근 이곳에 왔었다는 말을 듣는다. 아주 옛날에 한 일이 기억나서 왔다는 것이었다. 우연히 그곳에 들른 박두만, 의도적으로 들른 살인자는 모두 살인을 추억하고 있다. 황금 들판의 풍요로움 속에 가려진, 또는 잊혔던 끔찍한 살인이 이렇게 살아 있는 자들에 의해 되살아나고 있다.

그렇다면 여기서 지금 물어야 한다. 왜 지금 그들은 살인을 다시 회상하고 있는 것일까? 단도직입적으로 말하면 〈살인의 추억〉은 전두환 군부 정권 시절인 1980년대 후반을 다루고 있다. 아시안 게임이 열리던 1986년이 영화의 배경이고, 서울에서 꽤나 먼 화성에서 연이어 발생한 부녀자 연쇄 살인 사건이 영화의 소재이다. 이미 알고 있는 것처럼 이 사건은 해결되지 않았다. 그런데 굳이 이 사건을 봉준호가 영화화한 이유는 무엇일까?

〈살인의 추억〉은 연쇄 살인 사건을 다루는 경찰이 주인공이다. 그런데 문제는 영화의 주인공이라고 할 수 있는 경찰을 그리 호의적으로 그리지 않았다는 것이다. 일상적인 범죄 영화라면 흉악무도한 연쇄 살인범과 그들을 추적하는 경찰의 두뇌 게임을 영화의 주 내용으로 하기 때문에 자연스럽게 관객들이 경찰의 편을 들도록 만드는데 이 영화는 그렇지 않다. 영화 속에 그려진 경찰은 전근대적이다. 박두만은 살인 사건을 제대로 해결하려고 하지 않고 고문과 조작을 통해 범인을 만들

화성 연쇄 살인 사건이라는 실화를 통해 1980년대 철권통치를 돌아보게 하는 〈살인의 추억〉.

기에만 급급하다. 백광호(박노식 扮)나 조병순(류태호 扮)을 피의자로 검거하지만 이후 그가 하는 일이라곤 고문과 조작을 통해 그들을 범인으로 만들려는 것이다. 즉 이 시기 수사는 범인을 '검거하는' 것이 아니라 범인을 '만드는' 것이라는 점을 명확히 보여준다. 그런데 박두만보다 더 문제는 조용구(김뢰하 扮) 형사이다. 평소 군화를 주로 신고 군복을 입고 다니는 그는 말보다 폭력을 먼저 사용하는 형사이다. 시위 현장에서 대학생을 잔혹하게 진압하고, 술집에서 대학생들을 잔인하게 폭행하는, 형사라고 하기에는 참으로 민망한 사람이다(결국 그는 군화를 신었던 발목을 잘라야 했다). 이런 이들이 주로 수사를 진행하니 쉽게 동화되기 어려운 것은 당연지사.

그런데 경찰들의 이런 행태는 단지 개인의 문제가 아니라 1980년대 후반이라는 시대적 공기와 호흡하기 때문에 문제가 발생한다. 피의자를 폭행했다고 반장에게 구타당한 조용구가 술집에서 자책할 때 TV 뉴스로 권인숙 성고문 사건이 흘러나온다. 함께 술을 먹던 대학생들이 노골적으로 경찰들을 비판한다. 공교롭게도 이 사건이 일어난 1986년은 화성 연쇄 살인이 일어나던 해와 같은 해이다. 아시안 게임의 성공

244

을 위해 치안의 모든 것을 할애했던 시기에 인권은 언급할 가치가 없는 것이었다. 국민의 인권과 행복보다는 정치지도자의 안위와 그가 추구하는 가치가 더 중요했기 때문에 언제 일어날지 알고 있는 살인도 막지 못한다. 비가 내리고 유재하의 〈우울한 편지〉가 흐르고 있어 반장은 전경 2개 중대를 지원해달라고 서에 연락하지만 시위 막으러 갔기 때문에 보내줄 수 없다는 답변만 되돌아온다. 결국 살인 사건은 예정대로(?) 일어나서 무고한 시민이 한 명 살해당했다.

이것은 노골적으로 군부정권에 대한 불만을 보여주는 장면이다. 1980년대는 치안이 어느 때보다 강력했다. 전두환은 취임하기도 전에 이미 깡패로 보이는 이들을 모두 삼청교육대로 보내 사회를 정화시켰고, 대학에까지 사복경찰을 두어 일일이 감시할 정도로 강력한 치안 체제를 구축하고 있었다. 그런데 이런 시기에 어떻게 남한 역사상 가장 가혹한 사건 가운데 하나인 연쇄 살인 사건이 발생할 수 있었을까? 감독은 이 질문에 답하기 위해 〈살인의 추억〉을 만든 것 같다. 즉, 가혹한 독재정권에서 발생한 연쇄 살인 사건을 통해 도덕성이 담보되지 않은 정권이 어떻게 국민들을 고문하고 범인으로 조작하는지, 그 사이 국민들이 어떻게 살인범에게 살해되는지 보여주려고 한 것 같다. 봉준호는 1980년대라는 시기가 얼마나 야만적인 시기였는지, 군부독재가 어떻게 자신들의 체제를 유지하기 위해 무고한 국민들을 죽게 만들었는지 보여준다.

더 나아가, 영화를 보는 내내 끈적끈적한 이물질이 발에 달라붙은 것 같은 느낌을 주어, 이 사건이 아직까지 해결되지 않았다는 것을 강조한다. 이것은 아직까지 우리 사회가 1980년대 군부독재 정권 시절과 그리 다르지 않다는 것을 말하고자 함이다. 결국 봉준호 감독은 〈살인의 추억〉을 통해 살인을 추억하는 것이 아니라 이 시대를 살아가는 이들이 지금의 한국 사회에 대해 깊은 고민에 빠지게 만들었다.

■ 〈괴물〉: 2000년대 우리 사회의 바로미터

지금 우리가 살아가고 있는 2000년대 이후의 삶에 대해 역사적이고 사회적인 시선으로 영화를 만들고 있는 감독은 그리 많지 않다. 때문에 그런 영화를 찾는 작업도 수월치 않다. 영화라는 매체가 대중들이 선호하는, 멜로적 정서와 액션의 스펙터클이 주를 이루기 때문에 시대적 아우라를 담아내는 것이 쉽지 않은 모양이다. 더구나 포스트모던한 사회로 진입하면서 거대 담론이 무너진 시대에 역사를 논하는 것이 부질없는 것처럼 보이기도 할 것이다.

이런 시대에도 봉준호는 꾸준히 시대적 의미에 관한 영화를 만들고 있다. 그가 만든 역작 〈괴물〉(2006)은 2000년대를 살아가는 남한의 자화상을 솔직하게 담고 있는 영화이다. 2006년의 영화 가운데 단 한 편을 꼽으라면, 어떤 이유를 댄다고 하더라도 결코 〈괴물〉을 빼놓을 수는 없다. 그것은 엄청난 흥행 기록도 그렇지만, 이 영화가 담고 있는 정치성도 새롭거니와 무엇보다 작품성에서도 완성도가 있기 때문이다. 어느 모로 보나 〈괴물〉은 할 이야기가 많은 영화인 것이다.

〈괴물〉에서 가장 눈여겨볼 부분은 이 영화에 등장하는 괴물에 관한

246

것이다. 촌스럽고 직설적인 제목이 의미하는 것처럼, 이 영화에는 당연하게도 괴물이 등장한다. 그런데 이 영화에 등장하는 괴물은 고질라나 용가리처럼 온 도시를 마비시킬 만큼 엄청난 힘을 가진 '울트라캡숑!' 괴물이 아니다. 단지 총 몇 방에 도망을 가고 화염병과 시너에 치명타를 입어 죽고 마는 '나약한(?)' 괴물이다. 다리를 파괴하는 것이 아니라 다리에 매달려 유연하게 덤블링을 하는 '부드러운' 괴물이다. 그런데도 서울은 이 괴물의 등장 때문에 도시 전체가 마비되어버린다. 참으로 아이러니한 일은 바로 이것이다. 왜 이런 괴물 때문에 한 나라의 수도가 마비되어버리는 것일까? 여기에 비밀이 있고 여기에 이 영화의 핵심이 있다.

약간의 농담을 하자면, 괴물의 시각에서 이 영화를 보는 것도 재미있다. 이 영화의 괴물도 실은 불쌍하고 외롭고 쓸쓸한 존재이다. 영화 초반에 이미 나타난 것처럼, 괴물은 (자신의 의지와는 무관하게) 미군의 독극물 때문에 탄생했다. 멀쩡한 골뱅이가 독극물 때문에 변형에 변형을 거듭하면서 흉측한 괴물로 변모한 것이다. 끔찍한 모습의 괴물이 풍찬노숙(?)을 하면서 한강변에서 살아가지만, 곧 존재가 드러나면서 그는 쫓기는 신세가 된다. 더구나 존재하지도 않는 바이러스가 있다는 유언비어 때문에 괴물은 순식간에 '악의 축'이 되어버린다. 결국 괴물은 오랜만에 먹잇감이 풍부한 둔치로 나갔다가 세계보건기구의 조치와, 화염병과 시너의 연합 공격에 의해 죽고 만다. 괴물의 입장에서 보면 본의 아니게 괴물로 변형되어 지탄을 받다가 죽는, 슬픈 존재인 것이다.

그런데 왜 감독은 이런 괴물을 영화에 등장시킨 것일까? 왜 감독은 괴물과 인간이 싸우는 재난 영화나 괴수 영화의 관습을 따르지 않고, (어떻게 보면) 불쌍한 괴물을 등장시킨 것일까? 그런데 더 의문인 것은 왜 그런 괴물 때문에 서울과 한반도의 남쪽은 마비되어버린 것일까? 그리고 실사로 기록한 한강의 '진짜' 다리와 도시의 모습은, 왜 그리도 '가짜' 괴물과 잘 어울리는 것일까? 왜 이런 영화를 1,300만 명이라는 관객이, 이 불법 다운로드의 시대에 극장에서 본 것일까? 영화 〈괴물〉의 핵심은 아마 여기에서 벗어나지 못할 것이다.

봉준호 감독이 한강에 나타난 괴물을 소재로 영화를 만든다는 이야기를 들었을 때, 나는 봉준호 감독이 괴물의 모습보다는 괴물을 둘러싼 정치성 강한 영화를 만들 것이라고 추측했었다. 그리고 그 예측은 적중했다. 이제까지 봉준호가 만든 영화를 보면 예상하기 어렵지 않다. 그가 연출한 단편 〈백색인〉(1994), 〈지리멸렬〉(1994)과, 장편 〈플란다스의 개〉(2000), 〈살인의 추억〉은 모두 장르의 틀을 빌려 와서 한국 사회의 문제점을 풍자하거나 비판하고 있다. 〈백색인〉은 계급의 문제를, 〈지리멸렬〉은 지배층의 모순된 모습을, 〈플란다스의 개〉는 대학의 모순과 소시민의 생활을, 〈살인의 추억〉은 군부정권의 허상을 꼬집거나 비판하고 있다.

흥미로운 것은, 봉준호가 장르의 틀을 고수하면서 대중과의 교감을 절대로 포기하지 않는다는 것이다. 코미디와 서스펜스 스릴러의 형식을 통해 대중적 교감의 토대를 마련한 후 그 위에서 자신이 하고픈 이야기를 선명하게 진행하고 있다. 봉준호 영화가 비평과 흥행 양측에서

248

성공을 거둔 이유는 분명 여기에 있다. 때문에 〈괴물〉 역시 재난 영화나 괴수 영화의 틀 속에서 괴물을 다루면서도 사회 비판의 메시지가 들어 있으리라고 충분히 예상할 수 있었다.

어떻게 보면 〈괴물〉은 장르 영화로서는 그리 흥미진진하다고 할 수 없다. 솔직히 말하자면, 나는 〈살인의 추억〉이 〈괴물〉보다 몇 배나 더 재미있었다. 때문에 흥행에서도 〈살인의 추억〉의 기록을 〈괴물〉이 넘어서지 못할 것으로 보았다. 〈살인의 추억〉처럼 영화가 끝날 때까지 질펀한 늪에 빠진 것 같은 끈적끈적한 공포를 느끼게 하는 힘이 〈괴물〉에는 없다. 괴물의 실체는 이미 영화 초반에 모두 드러난다. 출렁이는 한강을 보기만 해도 당장이라도 괴물이 나타나 덮칠 것 같은 공포감을 주지도 못한다. 괴물의 결정적 약점을 공략해야만 이길 수 있는 스릴도 없다. 처음부터 괴물은 그리 강한 놈이 아니었다. 영화의 내용은 다른 곳에 있는 것 같다. 이것이 〈괴물〉의 딜레마이고, 한편으로는 〈괴물〉의 장점이다. 어떻게 보면 〈괴물〉은 제작사와 봉준호의 한판 도박이었다. 결국 그들은 '싹쓸이'에 성공했지만…….

역설적으로 〈괴물〉이 흥행에 성공할 수 있었던 이유 가운데 하나는 한국형 블록버스터의 전략을 충실히 답습했기 때문이다. 이 영화에는 한국형 블록버스터 전략이 충실하게 녹아 있다. 최고의 스타가 등장하고 엄청난 자본이 투입되었으며 화려한 볼거리를 갖춘 동시에 내용면에서는 전 세대가 공감할 수 있는 한반도만의 상황이 이 영화에는 녹아 있다는 것이다. 〈괴물〉은 대형 사고의 기억과 가족주의를 직접적으로 다루고 있다. 한강에 괴물이 등장해 사람들을 죽인 사건은, 출근길

남한 사회의 모순을 집대성한 재난 블록버스터 〈괴물〉.

에 다리가 끊겨 사람들이 죽은 사건이나 백화점이 무너져 사람들이 죽은 사건, 도로의 가스관이 폭발해 사람들이 죽은 사건 등과 다를 바 없는 인재(人災)이다. 이 사건에는 공무원의 졸속적 사건 처리, 이권 개입에만 눈이 멀고 공무에는 요지부동인 공무원의 행태, 피해자를 가해자로 만드는 집행자들, 언론의 뒷북치기 등이 노골적으로 드러나 있다. 대형 사고가 발생할 때마다 등장하는 이런 소식은 이제 한국 사회에서 필수적인 요소가 된 느낌이다.

　이런 대형 사고의 현장에서 돈 없고 '빽' 없는 가족들이 할 수 있는 일은 정부의 간섭으로부터 벗어나 스스로 가족을 구하는 것뿐이다. 결코 다른 방법은 없다. 여기서 등장하는 것이 가족주의다(사실 이것이 중요하다). 엄밀히 말하면, 이 영화는 가족주의에 기대고 있지만 가족 해체를 그리고 있다. 가족 가운데 가장 정상적이고 귀여운 딸이자 조카

250

이고 손녀가 괴물에게 잡혀가면서 일가족의 소녀 찾기가 시작된다. 여기서 핵심은 가장 귀여운 딸이 괴물에게 잡혀갔다는 것이다. 남한에서 가족, 특히 자식에 대한 애정은 각별하다. "눈에 넣어도 아프지 않다"라는 말은 이럴 때 쓰는 표현이다. 현서(고아성 扮)가 잡혀갔을 때 온 가족이 모든 것을 포기한 채 현서를 찾아 헤매는 모습에 공감하는 것은 남한의 가족주의와 이 영화가 깊이 공명하기 때문이다. 〈그놈 목소리〉(박진표, 2006)나 〈세븐 데이즈〉(원신연, 2007) 같은 영화가 흥행을 한 것도 남한 특유의 가족주의와 관련 있다고 보지 않을 수 없다.

그러나 〈괴물〉은 가족주의를 조장하는 영화가 아니다. 오히려 가족 해체를 다루고 있다. 일가족은 현서의 죽음 때문에(물론 이때까지 죽지는 않았지만) 한곳에 모일 수 있었고, 그녀의 생존 소식에 때문에 다시 뭉칠 수 있었다. 그러나 영화에서 현서는 죽고, 할아버지(변희봉 扮)는 도중에 괴물에게 죽임을 당한다. 사건이 끝난 후 가족들은 각자 흩어진다. 여기서 굳이 현서를 죽였어야만 했는지, 개봉 당시 인터넷에서 크게 논란이 되었던 이야기를 잠깐 해야 할 것 같다. 잘라 말하면 가족 해체를 다룬 영화이기 때문에 현서는 죽어야 한다. 현서가 죽는 것이 대중들과 교감하는 데 반드시 불리한 것도 아니다. 정서적 강렬함을 더욱 강하게 자극할 수 있다. 숱한 사람들이 이 영화에 공감한 것은 아무래도 한국 사람들만이 공감할 수 있는 이러한 것들을 다루었기 때문이다. 사실 〈괴물〉의 가장 큰 장점은 여기에 있다.

이제 〈괴물〉만의 대담함을 논할 순서가 되었다. 그렇다. 반미주의이다. 이 영화에서 괴물이 등장한 이유는 오프닝에서 확연히 드러난다. 용산의 미군기지에서 독극물을 한강에 무단 방류했기 때문이다. 어마어마한 양의 독극물을 한강에 방류했기 때문에 한강에 살던 골뱅이가 유전자 변형에 변형을 거듭해 급기야 사람을 잡아먹는 괴물로 변한 것이다. 이렇게 괴물을 만든 것이 미군이기 때문에 괴물은 미군의 메타포로 작동한다. 이런 괴물에게 한강변에서 매점을 운영하던 이들이 습격당하자 한국 정부에서는 아무것도 하지 못한다. 미군이 만든 괴물이기 때문에 미국이 개입하는 것이 당연하다. 미국이 중심이 된 세계보건기구가 한국에 와서 딸을 구하려는 바쁜 아빠를 잡고 바이러스를 찾으려고 한다. 바이러스가 없다는 것을 알면서도 끝까지 추적하려고 한다.

이제 한국의 정치적 주도권은 미국에게 있다. 남한은 어떤 노력도 하지 않고 미국이 제공한 정보를 앵무새처럼 읊조릴 뿐이다. 자국의 국민이 자국에서 위험에 처해도 아무런 일을 하지 않는 정부를 과연 정부라고 할 수 있는가? 그러나 〈괴물〉에 그려진 한국의 정부는 그렇게 한다. 미국에서 바이러스가 있다고 하자 사람들은 모두 병자인 것처럼 행동을 한다. 근대사회가 진행된 이후 가장 강한 힘을 지닌 위생권을 미국이 차지하고 있으면서 남한은 잠재적 병자가 되어버린다. 미국에서도 아직 실험이 끝나지 않는 약품을 괴물을 퇴치한다는 이유로 함부로 한강변에서 투하한다. 그러나 약품은 괴물 퇴치에 아무런 도움을 주지 못한다. 괴물을 퇴치한 것은 정부와 세계보건기구에 쫓기던 일가족이었다.

이렇게 〈괴물〉은 한국이 어떻게 미국에게 정치적, 사회적, 위생적으로 종속되어 있는지 보여준다. 2000년대 이후에도 한국은 철저하게 미국에 종속되어 있다. 민주화 정권이라고 예외는 아니다. 아직까지 반미를 내세워서 성공한 영화는 없었다. 분단된 상황에서, 세계 4강의 틈바구니에서 우리가 의지할 것은 미국이라는 인식이 너무도 강하기 때문에 감히 반미 정서를 주장한 영화를 만들 엄두를 내지 못했었다. 삼일절과 광복절에 서울광장에서 성조기를 흔들고, 영어로 구국기도 회를 하고 있는 나라에서 이토록 강한 반미 정서를 담은 영화가 어떻게 역대 흥행 1위에 오른 것일까? 도대체 이 현상을 어떻게 봐야 할 것인가? 이런 모순과 역설을 영화 〈괴물〉이 보여준다.

다시 보고 다시 봐도 〈괴물〉은 그리 탁월한 영화는 아니다. 내러티브도 어딘가는 엉성하고 영화 전개도 그리 매끄럽지 못하다. 숨죽이는 스릴도 느낄 수 없고, 엄밀히 말하자면 괴물의 CG도 그렇게 뛰어나다고만 할 수는 없다. 그러나 이 영화는 이 모든 것을 뛰어넘었다. 그것은 이 영화 속에는 한국 사회의 전체적 모순이 매우 날카롭게 들어 있기 때문이다. 나이와 성별, 직업을 초월해서 한국 사람이라면 쉽게 공감할 수 있는 내용이 들어 있기 때문이다. 결국 우리의 부조리한 모순적 현실이 이 영화를 만들어낸 것이다. 과감하게 반미 정서까지 담아내면서 우리의 모순을 담아낸 봉준호가 대단하다면 대단할 뿐이다.

2

날지 못하는 펭귄, 2000년대의 자화상
─〈날아라 펭귄〉

임순례 감독의 영화는 현실에서 좌절하게 만드는 한국 사회의 구조적 문제를 영화 속에 재현하고 있다. 그는 한 번도 이런 틀에서 벗어난 적이 없다. 때문에 2009년에 개봉한 〈날아라 펭귄〉(임순례)을 보면서 가장 먼저 드는 생각은 역시 임순례 감독의 영화라는 것이었다. 이 말은 임순례가 그동안 주로 다루었던 내용과 형식에서 그리 벗어나지 않는 영화라는 말이고, 다시 이 말은 그의 전작들만 한 감동을 주는 영화라는 말이다. 충무로에서 활동하고 있는 여성 감독 가운데 가장 뚝심 있게 영화를 만들고 있는 임순례 감독은 같은 이야기를 흥미롭게 변주하고 있는 것이다.

　장편 데뷔작 〈세 친구〉(임순례, 1996)에서는 고등학교를 졸업한 세

명의 동창생들이 각기 망가져가는 모습을 그리고 있다. 학교 폭력, 군대 폭력, 가정 폭력, 사회구조적 폭력 때문에 결국 적응하지 못하는 인물들이 영화의 주인공이다. 그들이 이런 폭력을 당하는 이유는 간명하다. 단지 반항적이고 뚱뚱하고 여성적이라는 것 때문이었다. 과연 이것이 차별받아야 하는 이유가 될 수 있는지 의아하지만, 지금 한국에서는 차별의 이유가 된다. 하긴 키 작은 남자가 루저(loser)로 취급받는 세상이니 이런 것이 어떻게 차별받지 않을 이유가 될 수 있겠는가.

보고 또 봐도 싫지 않은 영화 〈와이키키 브라더스〉(임순례, 2001)에서는 〈세 친구〉의 친구들이 15년 정도 세월이 흐른 뒤의 모습을 그리고 있다. 영화 속에는 음악이 좋아 밴드를 시작하지만 점차 밴드 음악이 사양화되면서 어려움을 겪고 있는 이들의 모습이 진솔하게 그려진다. 고향으로 와서 음악을 하지만 그곳은 이미 '그리던 고향'이 아니다. 고교 시절 함께 음악을 하던 친구들과는 소통할 수 없는 벽이 있고, 현재 음악을 하는 이들도 하나둘 떠나 결국 혼자가 된다. 특히 고교 시절 음악을 같이했던 친구는 하고 싶은 음악해서 좋으냐고 묻고 나서 자살해버리고, 존경하던 은사는 술로 아픔을 달래다 갑자기 종적을 감추어버린다. 그나마 그의 곁에 첫사랑이 함께해 음악을 같이할 수 있는 것이 작은 위안이지만, 그래서 끝까지 음악을 포기하지 않는 것이 다행이지만, 이것을 해피엔드라고 하기에는 현실의 벽은 너무나 공고하다. 우리는 그들이 또다시 절망의 숲에서 헤맬 것이라는 생각을 하지 않을 수 없다.

이렇게 보면 〈우리 생애 최고의 순간〉(임순례, 2007, 이하 〈우생순〉)

은 그나마 덜 절망적인 영화이다. 2004년 아테네 올림픽에서 은메달을 획득한 여자 핸드볼 국가대표 팀을 다룬 이 영화는, 임순례 영화에서는 예외적으로 성공한 축에 드는 이들을 다루고 있다. 그러나 현실은 그렇지 않다. 스포츠 가운데 가장 인기가 없는 종목, 그것도 남성 종목이 아닌, 여성의 종목이라는 것을 생각하면 쉽게 이해할 수 있다. 우승이 아니라 준우승한 경기를 소재로 한 것도 그렇다. 그런 점에서 이 영화는 천생 임순례 감독의 영화이다. 빚에 쫓겨 겨우 국가대표 생활을 하는 주인공에서부터 다양한 사연을 지닌 여성들의 이야기는 감동을 주기에 부족함이 없다. 그들이 준우승을 했기에 오히려 감동적이고 깊은 울림을 준다. 생애 최고의 순간은 온갖 어려움을 극복하고 마음껏 기량을 발휘한 경기를 한 순간이지 결코 금메달을 획득한 순간이 아니다. 적어도 임순례에게는 그렇다.

임순례는 한 번도 자신의 영화에서 선남선녀의 사랑을 다루지 않았다. 줄기차게 현실에서 소외된 이들의 모습을 다루었다. 그들이 현실에서 소외된 것은 그들이 열심히 생활하지 않았기 때문이 아니다. 그들은 자신의 재능을 최선의 노력을 통해 보여주려고 했지만, 사회 구조적인 문제점들이 그들의 앞길을 가로막았다. 어른들의 비정한 폭력의 세계가 청소년들의 길을 막았고, 직업에 대한 천박한 인식이 음악인을 고통에 밀어 넣었으며, 여성에 대한 부정적인 인식이 그들을 괴롭혔다. 이런 구조 속에서, 인식 속에서 망가지거나 고통을 당하거나 괴로워하는 인물들이 임순례 영화의 주인공이다.

여자 핸드볼 국가대표 팀의 실화를 감동적으로 그린 〈우리 생애 최고의 순간〉.

■ 〈날아라 펭귄〉 : 다양한 문제의 스펙트럼

임순례의 네 번째 장편 영화 〈날아라 펭귄〉은 하나의 문제에만 국한하지 않는다. 연령별로 보면 9살 아이의 문제, 20대 중후반 청년들의 문제, 30대 후반 젊은 부모들의 문제, 40대 후반~50대 초반 기러기 가정의 문제, 70대 노부부의 문제 등 너무나 다양한 문제가 포진해 있다. 연령만의 문제도 아니다. 자녀 교육 문제, 사회적 차별에 대한 인식의 문제, 조기 유학의 문제, 황혼 이혼의 문제 등 다양한 문제를 다룬다. 가히 한국 사회 '문제점들의 종합판'이라고 할 만큼 다양한 문제가 마치 스펙트럼처럼 넓게 이 영화 속에 녹아 있다. 그런데 놀라운 것은 이 많은 문제점들을 차갑게만 인식하지 않는다는 것이다. 전작에서는 구조적 문제 때문에 절망하는 이들의 모습을 주로 다루었다면, 〈날아라 펭귄〉에서는 살그머니 희망을 이야기한다. 그것이 〈와이키키〉의 판타지적 희망이 아니라 현실적 가능성이 있는 희망이기 때문에 영화가 끝났을 때에는 미소를 머금게 된다.

첫 번째 에피소드는 사교육 문제를 다루고 있다. 외아들인 초등학교 2학년생을 좋은 대학에 보내기 위해 어머니(문소리 扮)는 그야말로 물심양면으로 노력한다. 영어 학원, 수학 학원을 비롯한 여러 학원에 보내고, 그것도 모자라 학습지 선생을 집으로 불러 공부를 시킨다. 퇴근 후 시간을 아들과 함께 보내며 아들의 일거수일투족을 관찰한다. 말 그대로 '헬리콥터맘'인 것이다. 아들이 문제지를 다 풀지 못하면 잠을 재우지 않으면서 문제를 풀게 하고, 아들이 영어를 못하니까 자신이 직접 전화 영어를 해서 토요일에는 온 가족이 영어로만 대화를 하도록 만든다. 심지어 태권도 감독이 외국인이라 영어와 태권도를 동시에 배우는 프로그램에 아들을 등록시킨다. 자신의 사생활은 완전히 포기한 채 아들을 위해 모든 것을 바치는 어머니이다.

문제는 어머니의 이런 노력을 다른 가족은 그리 좋게만 생각하지 않는다는 것이다. 남편은 그런 아내의 태도가 못내 못마땅하다. 어린이들은 밖에 나가서 놀면서 커야 한다는 사고방식을 가지고 있다. 그러나 남편은 아내의 적극적인 '교육열(?)'을 적극적으로 반대하지는 못하고 소극적으로 반대한다. 문제는 아들이다. 그는 어머니가 무서워서 하라는 것을 하고 있지만 그것이 좋을 리 없다. 교실에서 화분을 가위로 자르다가 친구와 싸우는 장면은 이것을 명확하게 상징한다. 어항에 갇혀 있는 거북이를 밖으로 내놓는 것도 이런 아들의 심정을 대변한다. 영어에 심한 노이로제를 느낀 아들은 꿈에서까지 괴로움을 당한다. 영화를 보는 내내 과연 이렇게 살아도 되는 것인지 자문하게 되지만, 그나마 마지막 장면에서 영어 캠프로 가지 않고 강릉 바닷가에서 아버지와 아들이 즐겁게 축구를 하고 있고, 어머니도 이 모습을 보면서 잠시 웃고 있는 장면을 통해 희미한 미소를 짓게 만든다. 아들의 친구들이 학원 때문에 생일 파티에 오지 못한 것을 두고 "요즘 엄마들이 문제야"라고 말하는 어머니의 모순된 모습이, 이상하게도 이 장면에서 겹쳐진다. 바뀌어야 할 주체는 아이가 아니라 부모이기 때문일 것이다.

두 번째 에피소드는 우리 사회의 차별적 시선에 대해 다루고 있다. 어머니의 직장인, 구청 정도로 추정되는 곳의 사회복지과가 장소인데, 그곳에 새로운 신입사원이 온다. 이주훈이라는 남성과 조미선이라는 여성인데 둘은 기존의 직원들과는 조금 다른 면이 있다. 점심 식사 자리에서 이주훈은 선배들이 주는 고기와 생선을 먹지 않고, 자신이 채식주의자라고 선언한다. 저녁 회식에서도 그는 술을 마시지 못한다고 선언한다. 알코올 분해효소가 없다는 것이다. 그러나 선배들은 그를 까칠하다고 생각한다. 선배가 거절하는 민원을 자신이 나서서 처리하고(그래서 눈총을 받고), 남성들만 가는 2차 룸에도 눈치 없이 여성 직원들과 과장을 오게 해 눈총을 받는다.

이주훈이 사회생활에서 불편을 겪는 것은 동료들의 시선 때문이다. 채식주의자를 인정하지 않는 사회, 술을 못 마시는 것을 인정하지 않는 사회, 2차를 가야 하는 사회, 2차에서 상사에게 아양을 떨어야 하는 사회에 이주훈은 적합하지 않다. 그는 일을 제대로 하지 못하는 것이 아니다. 오히려 그야말로 민원을 적극적으로 처리하면서 일을 제대로 한다. 이런 이주훈을 편드는 것은 동기 조미선밖에 없다. 그러나 조미선도 담배를 피우다 직장 선배에게 들켜 좋은 평가를 받지 못한다. 남성은 내놓고 담배를 피우지만 여성은 몰래 피워야 하는 사회, 또는 피우면 안 되는 사회라면 담배를 두고 기호식품이라고 해서는 안 된다. 기호식품인 술을 대하는 인식 역시 마찬가지다. 〈세 친구〉에서 뚱뚱하고 예민하고 반항적이라서 사회적으로 적응하지 못하고 차별을 받았다면, 두 번째 에피소드에서는 음식을 가리고 술을 마시지 못하고 상사의 눈치를 보지 않아서 미움을 받는다. 그나마 다행인 것은 이주훈의 이런 처지를 이해해 같이 순두부를 먹으러 가는 것으로 끝난다는 것이다. 이처럼 서로를 이해하면 잘못된 인식도 바뀔 수 있지 않겠는가.

세 번째 에피소드는 기러기 아빠 문제를 다루고 있다. 미국에서 오랜만에 딸과 아들, 부인이 귀국하자 과장(손병호 扮)은 신이 나서 집으로 간다. 떡볶이를 좋아하는 딸을 위해 떡볶이 만드는 법까지 배운다. 하지만 4년가량 떨어져 살아서 그런지 가족들은 아버지가 서먹서먹하다. 다 큰 딸은 자신의 방을 정리했다며 아버지에게 자신의 물건에는 손대지 말라고 하고, 부인은 딸과 자는 버릇이 생겨 남편과는 잠이 오지 않는다며 딸의 방에서 잔다. 아들도 친구들 만난다고 낮에는 나가고 밤에는 자기 방에서 인터넷 게임에만 빠져 산다. 귀국을 해도 가족들을 볼 수 없는 것은 마찬가지라는 과장의 푸념이 단지 푸념으로만 들리지 않는다.

사교육, 채식주의, 여성 차별, 기러기 아빠, 황혼 이혼 등 다양한 우리 사회의 문제점을 재미있게 그린 〈날아라 펭귄〉.

그런데 문제는 여기서 끝나지 않는다. 위궤양에 노환까지 겹쳐 이제는 힘들다며 그만 들어오라고 해도 부인은 그럴 수 없다고 한다. 심지어 집을 팔아서 더 있겠다고 한다. 일찍 귀가하던 과장은 집에 가지 않고 회식 자리에서 〈아빠의 청춘〉을 부르며 분노한다. 결국 이삿짐을 정리하다가 오열하는 과장의 모습으로 이 에피소드는 끝을 맺는다. 네 편의 에피소드 가운데 유일하게 희망이 없는 삶을 보여주고 있는데, 그만큼 지금 한국의 조기 유학 문제가 심각하다는 것을 반증한다. 기러기 아빠라는, 아주 기이한 형태의 이 가족은 자식을 위해 모든 것을 희생하는 가장을 통해 성립하는, 너무도 비인간적인 가족 형태라는 것을 사실적으로 고발하듯이, 그러나 가슴에 깊이 와 닿게 그리고 있다.

네 번째 에피소드는 황혼 이혼 문제를 다룬다. 과장의 부모는 사이가 그리 좋지 않다. 이유는 간단하다. 유교적 가부장제의 사고방식에 젖어 있는 할아버지(박인환 扮)가 할머니(정혜선 扮)를 제대로 대우해주지 않기 때문이다. 노인복지관까지 태워달라는 할머니의 요구도 들어주지 않고, 이에 화가 나 자동차 운전을 배우는 할머니의 노력마저 무시한다. 거리 연수를 하면서도 할머니에 대한 무시는 이어진다. 할머니와 상의 없이 자동차를 팔고, 아파트 공동 명의 제안도 거절한다. 결국 분노가 폭발한 할머니는 이혼하자며 집을 나가버린다. 이런저런 과정 끝에 다시 들어오지만 이제 주도권은 할머니가 쥐게 된다.

그런데 이 에피소드가 가장 포근하고 따뜻하며 재미있다. 할머니들이 식당에서 농담을 하는 장면이나, 할아버지들이 술집에서 농담을 하는 장면들을 보면 비슷한 상황의 대조와 비교를 경험하게 되면서 피식 웃음이 나온다. 무엇보다 그들의 농담이 현실화되면서 재미를 불러일으킨다. 화해하는 모습도 즐겁고 할아버지가 할머니에게 꼼짝하지 못하는 장면도 즐겁다. 평생을 고생한 사람에게 조금만 양보하면 된다는 생각도 필요하지만, 할아버지에게 진실로 필요한 것은 할머니밖에 없다는 것을 경험하는 과정이 생동감 있게 그려져 있다.

아마 이 영화를 보고도 아무런 생각이 들지 않는다면 그는 한국 사람이 아닐 것임이 분명하다. 이 영화를 보면 우리가 정말 이렇게 살아도 되는 것일까 하는 생각이 저절로 든다. 너무도 다양한 세대의 문제점을 그리고 있기 때문에, 그리고 사실적으로 그려져 있기 때문에 임순례가 던져놓은 포획의 그물에 걸리지 않을 수 없다. 초등학교에 다니는 아들이 있고, 일흔이 다 되신 부모님이 계신 나로서는 영화 속 아빠의 입장과 할아버지의 입장이 깊이 각인되었다. 정말로 내가 지금 하고 있는 고민들이 영화 속에 고스란히 녹아 있었던 것이다. 좀 더 나아가면, 학교에서 저녁을 혼자 먹는, 기러기 아빠인 동료 교수의 모습이 떠올랐고, 모처럼 모임을 가질 때마다 고기 안 먹는 사람도 배려해 달라던 친구도 떠올랐다. 이처럼 영화에 그려진 것은 우리의 모습이다. 우리 모순의 총체적인 재현인 것이다.

그나마 다행인 것은 임순례가 매우 너그러워졌고 세상을 보는 눈이 관대해졌다는 것이다. 너무도 팍팍해서 출구마저 없었던 〈세 친구〉, 환상적인 엔딩으로 현실을 가려야 했던 〈와이키키〉, 어려움을 극복하고 이룩한 생애 최고의 순간에도 울어야 했던 〈우생순〉을 넘어 〈날아라 펭귄〉에서는 다양한 문제들을 보면서도 관조적이면서 적극적인 시선을 읽을 수 있다. 지금 우리가 살아가고 있는 모습이 많은 고통으로 이루어져 있지만, 이것을 넘을 수 있다는 생각을 하게 만든다. 특히 두 번째 에피소드와 네 번째 에피소드의 적극적인 결말은 우리의 인식만 바뀌면 사회도 바뀔 수 있다는, 매우 긍정적인 표현이다. 이제까지 임순례 영화에서 이런 긍정적인 표현은 없었다.

많은 사람들이 궁금해할, 〈날아라 펭귄〉이라는 제목은 세 번째 에피소드의 회식 장면에서 등장한다. 부인과 아내를 미국에 보내놓고 수시로 드나드는 아빠는 독수리 아빠, 일 년에 한두 번 드나드는 아빠는 기러기 아빠, 돈이 없어 공항에서 이별하고 한 번도 가지 못하는 아빠는 펭귄 아빠라며 농담을 하는 장면이 있다. 돈이 없어 한 번도 자식들이 있는 곳에 가지 못하는 아빠들이 활기차게 살아가는 사회를 만들어야 한다는 염원이 이 영화의 제목에 담겨 있다. 펭귄이 루저가 아니라 힘차게 날아가는 사회가 되어야 한다는 것이 아닐까라는 생각을 영화를 보는 내내 하게 된다.

■ 닫힌 공간 속의 인물들, 서서히 탈출하다

임순례의 영화는 한국의 현실을 선명하게 담고 있다. 사회 구조적으로 어떤 문제점이 있는지, 그런 문제 속에서 개인은 어떻게 살아가고 있는지 매우 세밀한 풍경화를 그리고 있다. 단지 풍경화에만 머무는 것이 아니라 풍경화 안의 인물도 정밀하게 그려져 있다. 때문에 그의 영화를 보면 지금 한국 사회의 문제점을 알 수 있다.

그런데 특이한 것은 이런 풍경을 담고 있는 방식이다. 임순례는 가급적 카메라를 이동시키지 않고 고정 카메라를 선호했었다. 초기작인 〈세 친구〉에서는 극히 몇 부분만 이동했고 〈와이키키〉에서는 조금 더 많이 이동했으며, 〈우생순〉에서는 스포츠 영화답게 꽤 많이 이동했다. 그러나 기본적으로 임순례 감독은 카메라 이동을 선호하지 않는다. 정말로 필요한 부분이 아니면 카메라는 이동하지 않고 상황을 지켜본다. 또 다른 특징이 있다면 클로즈업을 거의 사용하지 않는다는 것이다. 정말로 예외적인 장면, 또는 반드시 사용해야 할 부분이 아니라면 대부분의 쇼트는 미디엄 쇼트나 롱 쇼트를 사용하고 있다.

아무래도 이것은 그의 영화세계와 깊은 관련이 있어 보인다. 임순례의 영화 속 인물들은 사회라는 구조적 문제점 때문에 자신들의 꿈을 펼칠 수 없는 인물들이다. 그런 인물들을 담기 위해서는 그들을 멀리서 지켜보는 관조의 시선이 있어야 하고, 고정 카메라를 사용해야 한다. 그래서 프레임이라는 틀 속에 갇혀 있는 인물들의 답답함을 영화에서 보여주어야 한다. 그러므로 임순례가 사용한 고정 카메라는 닫힌 인물들을 가두어놓는 현실의 벽이 된다. 그런 현실의 벽이 너무도 완고하기 때문에 그의 영화에는 영화음악조차 자주 볼 수 없다. 간간이 들리는 음악이 전부였다.

그러나 이런 그의 스타일이 조금씩 바뀌기 시작했다. 지독하게 고집하던 고정 카메라는 서서히 이동을 하고 영화음악도 이동에 맞추어 많아졌다. 롱 쇼트의 구도는 여전히 많지만 그에 못지않게 밝은 미디엄 쇼트도 많아졌다. 〈날아라 펭귄〉에서는 영화음악의 빈도가 높다. 각각의 에피소드의 분위기를 위해 그러한 것이다. 이미 〈우생순〉에서 영화음악은 물론 슬로모션까지 사용한 임순례는 감정의 동일시를 위해 더 많은 효과를 사용하고 있는데, 이것은 그의 영화가 점점 밝아지고 있는 것과 관련이 있다. 여기서 밝아진다는 것은 현실을 회피한다는 것이 아니라 나름의 대안을 제시하려는 것을 의미한다.

다시 눈에 들어오는 장면은 엔딩 장면이다. 이 엔딩은 〈와이키키〉의 엔딩과 너무도 비슷하다. 카메라가 서서히 뒤로 물러나면서 인물들의 공간을 보여준 것과 똑같다. 단지 차이가 있다면 〈와이키키〉에서는 인물들의 공간이 뒤로 물러나면서 현실이 드러나는 공간이었다면, 〈날아라 펭귄〉에서는 처음부터 환상적인 장면이라는 점이다. 이것을 두고 비현실적이라고 비판하기보다는 네 개의 에피소드를 하나의 공간에 모아둔 효과적인 영화적 장치라고 말하고 싶다. 비현실적으로 보일 요소가 다분하지만, 그럼에도 불구하고 모든 문제를 넘어선 뒤의 인간들이 평안하게 대하는 춤으로 비춰 아름답기 그지없다. 이렇게 임순례의 영화는 현실을 깊이 있게 짚으면서도 희망을 이야기하고자 한다. 참으로 다행이다.

06

임권택 감독론 :
외세/민족, 근대화/전통의 대립장

임권택만큼 한국 현대사와 깊은 관련을 지니고 있는 감독도 드물다. 전라도의 몰락한 좌익 집안에서 태어나 어린 시절을 부산에서 보내다 우연히 충무로에서 영화 생활을 하기까지 그의 생은 고난 그 자체였다. 영화판에 들어와서도 그는 액션 영화와 액션 사극을 주로 담당하는 젊은 감독이었다. 그런 그가 1970년대 들어서 영화를 통해 한국의 모습을 담는 것에 눈을 뜬다. 민족과 외세의 대립장이면서 근대와 전통의 각축장이었던 현대사의 수많은 문제들을 영화 이야기에 담으면서, 한편으로는 고유한 미적 아름다움을 프레임 속에 표현하기 시작했다. 때문에 그의 영화는 한국의 이야기를 한국적인 맥락에서 논하고자 한다. 현실에 깊이 발을 디디면서, 서구의 매체였던 영화를 한국의 매체로 바꾸려고 한다. 그런 실험은 일정 정도 성공한 것으로 보인다. 임권택의 탁월함은 여기서 기인한다.

임 권택은 한국 영화사의 산 증인이다. 이 말은 결코 과장된 수식이 아니다. 1960년대 초반부터 지금까지 현장에서 영화를 연출하고 있는 감독은 임권택이 유일하다. 근 40여 년이라는 긴 시간 동안, 2006년에 개봉한 〈천년학〉까지 모두 100편의 영화를 연출했으니, 다른 무슨 설명이 더 필요하겠는가. 강산이 무려 네 번이나 바뀐 그 숱한 시간을 임권택은 충무로와 흥망성쇠를 같이했다. 그의 삶이 곧 한국 영화사인 것이다.

그러나 이것 때문에 임권택이 한국 영화를 대표하는 감독이 되는 것은 아니다. 임권택의 영화에서 정말로 중요한 것은, 그가 활동한 기간이 아니라 그가 연출한 작품의 질과 내용에 있다. 그렇다고 최초로 칸 영화제에서 수상한 것을 두고 말하는 것이 아니다. 온 국민이 감격한 〈서편제〉(1992)를 가리키는 것도 아니다. 누가 뭐라고 해도 임권택의 영화가 중요한 것은 그가 꾸준히 '한국의' 문제를 다루고 있기 때문이다. 임권택의 영화가 정말로 의미 있는 것은 바로 이것이다. 그의 영화를 보지 않고는 제대로 된 한국 영화사를 알 수 없다. 말 그대로, (이런 표현이 가능하다면) 임권택은 '국민감독'이다.

임권택은 허황된 이야기를 선호하지 않는다. 한국에서 가장 흔한 장르인 멜로드라마나 코미디를 그는 그리 즐겨 다루지 않는다. 이를 다르게 말하면, 그의 영화에는 터질 것 같은 사랑의 감정이나 신파적 정서, 웃지 않고는 못 배길 코믹한 설정이 없다. 대신 그 자리를 메우는 것은 이 땅에서 고단하게 살아가고 있는 이들의 진솔한 모습이다. 그는 우리가 '발붙여' 살고 있는 이 땅의 문제에서 카메라를 뗀 적이 없다. 때문에 그의 영화를 보면 우리의 현대사가 보이고, 그 속에서 힘겹게 살고 있는 우리의 모습이 보인다. 그의 영화가 유달리 진중하고 슬프고 안타까운 것은 바로 우리의 현대사가 그렇기 때문이다.

약간의 위험을 무릅쓰고 임권택 영화를 요약하면, 그의 영화는 이 땅에서 벌어진, 전통과 근대의 충돌을 문제 삼고 있다. 그는 서구의 또는 외세의 근대화가 가파르게 진행되면서 우리의 전통이나 정신적 세계관이 어떻게 파괴되었는지 초점을 맞추고 있다. 근대화의 깃발 아래 우리 스스로 전통을 업신여기며 무너뜨리기도 했고, 한편으로는 외세의 강압에 의해 어쩔 수 없이 폐기처분하기도 했지만, 분명한 것은 지금 우리에게는 고유한 정신적 아름다움이 사라졌다는 것이다. 임권택이 정말로 안타까워하는 것은 바로 이것이다. 이런 경향은 〈족보〉 (1978), 〈신궁〉(1979), 〈만다라〉(1981), 〈불의 딸〉(1983), 〈아다다〉(1987), 〈서편제〉, 〈축제〉(1996), 〈춘향뎐〉(2000), 〈천년학〉 등으로 이어진다.

그렇다고 임권택이 고유한 우리의 전통을 마냥 찬양하면서 다시 살

270

리자고 주장하는 것은 아니다. 진지하게 전통을 재인식하자고 하기도 하지만, 대부분은 전통과 고유한 정신이 몰락해가는 과정을 담담히 지켜보면서 안타까워한다. 전통이 사라지는 것이 시대적 대세임을 알고 묵묵히 담아낼 뿐이다. 그러면서 그는 사라져가는 아름다운 정신과 전통을 통해 과연 우리는 누구이고, 어디서 온 존재인지 조용히 묻는다.

여기서 나는 한국의 고유한 미학이 영화와 어떻게 만날 수 있는지, 끊임없이 고민한 한 감독을 통해 그 해답을 본다. 멋진 만남의 한 풍경을 본다. 〈만다라〉에서 나지막한 산천을 배경으로 두 승려가 걸어갈 때 여백이 가득한 풍경을 통해 동양화적 화면 구도를 깨닫게 되고, 산사의 한옥을 잡은 카메라 구도를 통해 한국적 양식에 맞는 스타일에 감탄한다. 함부로 안으로 들어가지 않는, 상황을 묵묵히 바라보는, 그러면서 대상을 (실제가 아니라 마음으로) 우러러보는 카메라는 타인에 대한 예의를 강조하는 동양적 사고를 담고 있다. 이것은 〈개벽〉(1991)과 〈서편제〉로 이어지면서 더 한층 성숙된다. 장담컨대 임권택의 영화를 모르고서 한국의 영화미학을 논하는 것은 불가능하다.

■ 〈서편제〉: 근대화에 밀려난 서글픈 장인

대중들에게 가장 잘 알려진 임권택 영화는 아마도 〈서편제〉일 것이다. 판소리라는 고유한 소재도 소재지만 산천의 아름다움을 듬뿍 느낄 수 있도록 한 빼어난 영상과 절묘하게 조화를 이루도록 한 능력은 가히 타의 추종을 불허한다. 그뿐인가. 남매에 얽힌 사연을 추적하는 이야기 구성도 흥미롭고, 무엇보다도 판소리와 한을 우리네 인생 속에 녹여냄으로써, 단순한 오락 영화가 아니라 삶에 대한 성찰을 할 수 있도록 만들었다. 〈서편제〉가 그 누구도 예상치 못했던 흥행 신기록을 수립한 것은 이런 요인들이 복합적으로 작용한 결과일 것이다.

그러나 이 영화에서 정말로 주목해야 할 것은 이 영화가 그리고 있는 근대화의 부정적 측면이다. 식민지를 통해 강제로 유입되고 해방 후 미국에 의해 다시 유입된 근대화가 고유한 전통을 짓누른 터전 위에서 진행되었다는 감독의 전언이 영화 속에 녹아 있다. 거부할 수 없는 구미(歐美)식 근대에 밀려난 연약한 인물들의 쓸쓸한 세상살이가 오롯이 화면에 살아 있다. 결국 구미식의 일방적 근대화가 우리의 정신과 모습을 어떻게 변질시켰는가를 살펴볼 수 있는데, 이런 과정을 통해 마침내 지금 우리가 누구인가에 대한 물음으로까지 귀결된다. 〈서편제〉는 액션 영화와 반공 영화의 먼 길을 돌아온 임권택이 우리에게 던지는 화두이다.

영화는 약재상에서 일하는 동호(김규철 扮)가 지방을 떠돌면서 자신의 누이(오정해 扮)를 찾는 것으로 진행된다. 때문에 영화는 누이를 찾는 동호의 현재와, 그가 회상하는 과거가 교차로 편집되어 있다. 이런 영화가 흔히 그런 것처럼 관객들은 남매에 얽힌 사연을 마치 수수께끼를 풀듯이 바라보게 된다. 동호는 소리에 미쳐 살아가는 아버지(김명곤 扮)와 누이를 도저히 따를 수 없어 그들을 버리고 떠난 아픈 기억을 지니고 있지만, 나이를 먹으면서 자신이 버리고 떠나온 그 시절이 미치도록 사무친다. 당시 그에게 소리는 '한물 간' 것이었다. 왜색 음악인

판소리를 통해 고유한 전통이 사라져가는 현실에 주목한 〈서편제〉.

엔카와 서양 음악인 양악이 판치는 세상에서 판소리는 굶어죽기에 알맞은 것으로 보였다. 그런 동호가 나이를 먹어 유봉과 누이를 찾는다는 것은 이제는 아픈 과거를 감싸 안겠다는, 그토록 부정했던 자신의 과거를 기꺼이 인정하겠다는 것이다. 영화는 소리를 계속하는 유봉 부녀의 처절한 모습으로 이어진다. 그들의 몰락은 끝을 모르고 내닫는다. 그 와중에도 유봉은 송화의 소리에 한을 심어주기 위해 그녀의 눈을 멀게 하고 만다. 아버지가 죽자 이 집 저 집 소리를 팔면서 떠돌던 송화를 결국 동호는 만나게 된다. 그리고 하룻밤 상봉을 뒤로한 채 그들은 다시 쓸쓸히 각자의 길을 떠난다.

임권택이 판소리에 주목한 것은 각별히 기억할 만하다. 판소리란 무엇인가? 그것은 조선 민중들의 정신을 가장 잘 담고 있다고 평가되는 고유한 '생활의 예술' 아닌가. 그 시절 민중들의 생생한 언어와 역동적인 가치관이 녹아 있는 예술이 바로 판소리이다. 그러나 그것은 일제 강점기 이후 고의적으로 질시의 대상이 되면서 사라져간 우리의 모습이다. 근대와 봉건의 폭압적인 이분법 아래 무참히 사라져야 했던, 스스로 부정해야 했던 것이다. 임권택은 이 문제를 영화의 전면에서 다루고 있다. 물론 영화에서는 판소리와 더불어 혁필 그림도 다룬다. 판소리를 하는 유봉과 혁필 그림을 그리는 낙산 거사(안병경 扮)가 친구인 것은 우연이 아니다. 감독은 근대화의 거센 바람에 밀려난 우리의 모습을 이렇게 전통예술을 하는 두 사람으로 형상화한 것이며, 그것을 통해 고유한 전통이 사라져가는 현실에 주목하고자 한다. 판소리가 사라져가는 예술이라는 것을 보여주는 대표적인 장면이 있다. 먹고살기 위해 약을 파는 호객 행위로 판소리를 창하던 그들 앞에 악극 선전대가 지나가자 얼마 되지 않던 아이들과 구경꾼들은 그들을 따라가버린다. 이때 유봉은 "소리하는 사람의 목구멍이 창녀 밑구녕보다 못한 세상이 되었다"라며, 판을 걷어버린다. 이후 그들은 정말로 그런 길을 걸었다. 굶주림을 견뎌야 했고, 경멸에 찬 시선을 감수해야 했다. 이것은 근대화 시대에 전통을 대하는 우리의 태도였다.

■ 〈천년학〉 : 〈서편제〉의 이복형제

〈천년학〉은 〈서편제〉와 많은 부분 겹친다. 〈서편제〉의 속편이든 리메이크든 그럴 수밖에 없다. 〈서편제〉가 나온 지 15년이 지났지만, 같은 배역의 배우가 등장하고 비슷한 설정이니 〈서편제〉를 떠올리지 않을 수 없다. 게다가 몰락하는 소리를 부여안고 살아가는 이들의 애절한 슬픔과 한이라는 정서는 전작을 그대로 이어간다. 감독은 이럴 때 고민에 빠지게 된다. 〈천년학〉이 〈서편제〉와 어떤 변별점을 가질 것인가? 영화 초반은 주로 〈서편제〉와 비슷한 길을 간다.

그러나 〈천년학〉은 〈서편제〉와 갈라선다. 〈서편제〉가 몰락하는 소리판의 한가운데 있는 유봉이 주인공이라면(그래서 근대화에 밀려나는 전통의 몰락을 담았다면), 〈천년학〉은 이복 남매의 절절한 사랑에 초점을 맞추고 있다. 동호(조재현 扮)가 송화를 사랑하면 할수록 아버지에 대한 증오는 깊어져간다. 〈천년학〉에서 가장 안타까운 것은 이복 '남매'이기 때문에 서로 사랑할 수 없는, 또는 '이복' 남매이기 때문에 사랑할 수밖에 없는 두 사람의 관계이고, 그런 동호를 지켜보는 단심(오승은 扮)의 절규이다.

소리꾼의 지긋지긋한 삶이 싫었던 동호는 아이러니하게도 악극단에서 북을 잡는다. 이것은 아버지의 품을 벗어나는 것이 아니라 아버지의 이름에 갇힌 것이다. 아내와 가정을 돌보지 않고 누이에 미쳐 있는 것 역시 소리에 미쳐 있는 아버지와 다를 것이 없다. 그렇다면 동호는 왜 아버지를 벗어나려는 것일까? 누이 송화에 대한 그리움 때문이다. 누이의 소리에 자신이 북을 잡는 풍경을 마음속으로 무수히 그리기 때문이다. 그러나 이 그리움은 동호를 살게 하지만 한편으로는 동호를 절망하게 한다.

내용뿐 아니라 형식에서도 〈서편제〉와 극명하게 갈라선다. 아름다운 풍광이 이어지고 판소리의 긴 호흡이 화면에 흐르지만, (최근의 임권택 영화가 그런 것처럼) 카메라는 인물들의 감정을 잘게잘게 나누어 놓는다. 지긋이 동화될 수 있을 여유를 주지 않고 거친 편집의 흐름 속에 인물을 던져놓는다. 세련된 장르 영화를 만든 감독이라는 것이 믿기지 않을 정도이다. 심지어 몽타주가 나오기도 하고, 자막이 연이어 등장하기도 한다. 이야기 역시 쉽게 연결되지 않는다. 과거와 대과거가 쉼 없이 이어지고 인물들의 갑작스런 대사가 불쑥 튀어나오기도 한다. 소화가 제주 4·3항쟁의 희생자였다는 사실이 드러나면서 배경이 제주도로 이어지면 느닷없음은 절정에 달한다. 결국 임권택은 이 영화를 통해 인물들의 슬픔과 그리움에 관객들이 무작정 동화되도록 하지 않는다. 관객을 울리는 영화를 만들기에 임권택은 이미 인생을 너무 많이 살아버린 것이다. 그에게 영화는 순간적인 감정의 정화를 이루어내는 도구가 아니라 우리네 인생을 담아내는 그릇이다. 송화의 고향이 제주라는 설정도 제주의 비극과 몰락하는 소리의 운명이 현대사의 한 모습이라는 의미를 담고 있는 것이다.

감독이 가장 고민한 것은 아마 결말일 것이다. 도대체 두 사람은 다시 만날 것인가, 아니면 만나지 못하고 서로를 그리워하며 평생을 살아갈 것인가? 만나면 〈서편제〉의 재판이 될 것이고, 만나지 못한다면 너무나 비정한 결말이 될 것이다. 감독이 선택한 결말은 그가 할 수 있는 최고의 선택이었다. 주막의 물길이 다시 뚫리고 그 위를 학이 고고히 비상하는 가운데 두 사람의 북과 소리가 만나는, 그 아름다운 장면은 분명 실경(實景)이 아니라 선경(仙境)의 모습이다. 현실의 고통을 비현실의 희망으로 이겨내는 것이다. 그들의 애절함이 그대로 묻어나는

276

이 장면은 어떤 영화의 엔딩보다도 고고하고 우아하다.

〈천년학〉을 보는 사람들의 심리는 복잡할 것이다. 남매의 애절한 사랑에 초점을 맞출 수도 있고, 사라져가는 전통의 아름다운 모습에 슬퍼할 수도 있으며, 판소리와 한국적 풍경이 만나는 멋진 조우에 감동할 수도 있다. 엄격한 유교적 풍습이 남아 있는 지독한 산골에서 자란 나는 이 영화를 보면서 몇 번 울먹였다. 사라져가는 전통의 아름다움, 판소리와 한국적 풍경의 조우가 너무도 가슴 깊이, 정말로 가슴 깊은 곳에서부터 밀려오는 뜨거운 그 무엇이 절절히 다가왔기 때문이다.

임권택이 무작정 판소리를 긍정하는 것은 아니다. 왜색 음악인 엔카와 서양 음악인 양악을 몰아내고 판소리가 그 자리를 되찾아야 한다고 주장하는 것도 아니다. 감독은 그들이 몰락해가는 과정을 그냥 지켜볼 뿐이다. 그것은 사라지는 것에 대한 안타까움의 시선이다. 우리의 고유한 가락이 어떻게 사라지는지, 우리가 우리의 것을 스스로 버려야 했던 과거를 현재의 시점에서 안타깝지만 담담히 지켜볼 뿐이다. 섣불리 개입하지 않는 자세, 이것이 바로 임권택이 세상을 대하는 방식이다. 그는 이미 대세가 되어버린 그 흐름을 도저히 막을 수 없다는 것을 알고 있다. 그것은 원작자 이청준의 입장과도 일맥상통한다. 〈매잡이〉, 〈이어도〉 등에서 이미 나타난 것처럼, 이청준은 전통과 시간의 문제에 유달리 집착했었다. 그 역시 사라져가는 것을 안타깝게 지켜볼 뿐이지 그것을 현재에 복원하려고 하지는 않는다. 복원하려고 해도 복원할 수도 없음을 알고 있는 것이다.

판소리를 사랑하는 이들에게는 좀 야속하게 들릴지도 모르지만, 지금 우리에게 판소리는 살아 있는 예술이 아니다. 다만 박제되어 존재할 뿐이다. 1960년대 이후 대학가를 중심으로 우리의 소리에 나타난 풍자와 해학을 통해 시대를 통렬히 비판하려는 움직임이 없었던 것은 아니지만, 그런 움직임도 이제는 또 하나의 과거로만 남아 있을 뿐이다. 조선시대 민중의 살아 있는 정서를 담았던 그 소리는 이제 무형문화재를 통해서만 만날 수 있는 과거의 것이 되어버렸다. 거기에는 더 이상 현실의 생기가 없다. 그 과도기에 〈서편제〉의 유봉이 있다. 그가 판소리를 배우려는 시절 판소리는 주류 문화였지만, 그가 판소리를 가르치려는 순간부터 내리막길을 걷기 시작했다. 엔카와 양악에 밀린 그들의 소리는 더 이상 발붙일 곳을 찾기 어려웠다. 결국 그들은 그런 시대에 패배하고 만다. 쓸쓸히 죽고 떠나고 헤어지고 나서 먼 훗날 추억할 뿐이다. 그런데 그것이 바로 우리의 슬픈 현대사가 아닌가. 〈서편제〉와 〈천년학〉에는 근대에 밀린 우리의 슬픈 자화상이 있다. 노도 같은 일방적 근대의 힘에 깨지고 부서진 이들, 바로 그들이 우리를 눈물 짓게 한다.

■ 〈개벽〉 : 외세에 맞서 외롭게 싸운 인물의 고난

근대와 전통의 충돌을 다룬 영화와 달리 임권택은 또 다른 한 축으로 전통을 무너뜨린 외세의 침입과, 외세로 인해 이데올로기의 대리전이 되어버린 분단된 현실의 모습을 충실하게 그린다. 그리고 분단이 반공으로 이어지면서 군부독재가 가능했던 쓸쓸한 한국 현대사를 살

핀다. 그러니까 임권택의 영화는 구한말 외세의 침입에서 시작해 1980년대의 군부독재에까지 폭넓게 스펙트럼을 형성하면서 그 안에서 힘겹게 살고 있는 민중들의 다양한 프리즘을 비춘다. 이런 것은 〈깃발 없는 기수〉(1979), 〈짝코〉(1980), 〈길소뜸〉(1985), 〈티켓〉(1986), 〈개벽〉(1991), 〈태백산맥〉(1994), 〈취화선〉(2002), 〈하류인생〉(2004) 등으로 이어진다.

이 영화들에서 임권택이 보여주는 것은 외세의 침입을 받아 식민지로 전락하거나, 해방 후 곧바로 분단되고, 또다시 전쟁을 겪은 후 독재정권 아래 신음했던 민중들의 모습이다. 엄밀하게 말하자면, 민중들에게는 아무런 잘못이 없다. 단지 어느 날 갑자기 외세가 침입해 갈라놓았고, 그 결과 이념의 대리전을 치르게 된 것이다. 그러나 임권택은 단지 외세를 비판하지만은 않는다. 이념의 대리전을 치른 우리에게로 초점을 돌려 이념의 허무함을 드러낸다. 아직도 이념적으로 자유롭지 못한 우리에게 임권택의 영화는 당신은 어느 편이냐고 강요하는 것이 아니라 왜 우리가 이념 때문에 싸워야 하는지 묻는다. 이념 때문에 전쟁을 하고 상대를 죽이고 원수를 찾아 평생을 소모하는 것이 과연 어떤 의미가 있는지 묻는다. 임권택이 보는 것은 세상의 중심에 서 있는 '인간'의 모습이다. 많은 이들이 임권택의 영화를 두고 '인본주의'라고 칭하는 것도 바로 여기서 기인한다.

그러므로 임권택의 영화에서 시대와 인물은 떼려야 뗄 수 없다. 단지 시간적 배경으로 시대가 등장하는 것이 아니라 인물이 놓여 있는 필연적 환경으로 시대가 등장하고, 그 시대의 자장(磁場)에서 결코 자유롭지 못한 인물들의 고뇌와 번민이 등장한다. 이 문제를 이토록 질기계 다룬 감독은 임권택이 거의 유일하다. 고로 임권택의 영화는 현대사를 이해하는 바로미터라고 할 수 있다. 거꾸로 한국 현대사를 모르고서는 그의 영화를 제대로 이해할 수 없다.

〈개벽〉은 이런 경향의 대표적인 영화이다. 영화적 배경은, 제목에서 이미 드러난 것처럼 동학혁명을 소재로 하고 있다. 그런데 특이하게도 동학을 창시한 최제우나 일반화한 손병희, 아니면 동학농민전쟁을 주도한 전봉준의 이야기가 아니라 관에 쫓기면서도 평생을 교세 확장을 위해 분투하다가 결국 사형당한 해월 최시형에 대한 이야기이다. 왜 하필 최시형의 이야기를 다루고 있는 것일까? 이 부분에 답하기 위해서는 임권택의 영화세계에 대해 다시 거론해야 한다. 그는 시대의 문제를 영화 속에 즐겨 다루었다. 단순한 개인의 이야기가 아니라 시대라는 역사적 의미 속에서 제약을 받아야 했던 개인의 이야기를 그렸다. 게다가 그는 외세의 강한 영향 아래 있었던 한반도의 근현대사에 많은 관심을 가졌다. 이런 영화세계를 지니고 있던 임권택이기에 반봉건과 반외세를 내세운 동학을 영화로 다루는 것은 당연한 것이고, 동학의 여러 교주들 가운데 가장 끈질기게 민중들과 함께하면서 세를 넓히려고 노력했던 최시형의 삶에 주목한 것이다. 특히 최시형은 양반 출신이 아니라 농민이었지만 평생을 교세를 확장하기 위해 노력한 인물이다. 도인들의 간부급을 선출할 때도 반상의 구별을 없애면서 인내천의 사상을 실제적으로 실천한 교주였다.

영화는 단순히 동학의 교세 확장에 관한 이야기가 아니다. 철저하다고 할 만큼 영화는 시대적 배경을 제시한다. 영화의 시작 부분부터 시

동학을 소재로 외세와 자주의 문제를 격조 있게 그린 〈개벽〉.

대적 배경에 관한 자막이 꽤나 소상하게 이어진다. 그래서 조선 말기의 어떠한 상황 속에 동학이 던져졌는지, 그런 상황에서 최시형을 비롯한 도인들은 어떻게 대처했는지, 결국 외세의 압박 속에서 어떻게 사형을 당했는지 치밀하게 고증하듯이 영화 속에 재현한다.

그런데 〈개벽〉은 혼란스런 시대상만을 보여주는 영화가 아니다. 이 영화는 어떤 영화보다도 격이 있다. 철학적인 대사, 한옥의 구도에 맞는 카메라, 관조적이면서도 산만하지 않은 편집이 어울리면서 한국적인 영화 스타일에 대해 고민하게 만든다. 영화의 기품을 엿볼 수 있는 대표적인 장면은 해월이 갈래사 적조암에서 노승과 대화하는 장면을 들 수 있다. 쫓기던 해월이 도인 몇과 함께 정선 갈래사 적조암에 피신하며 공부를 한다. 그때 입적하기 직전의 노승과 도에 대해 대화를 나눈다. 어두운 방 안에서 카메라는 두 사람을 대결시키듯이 정적으로 지켜보다가 서서히 깨달음을 얻은 노승에게 집중한다. 이때 나오는 대사는 이제까지 한국 영화에서 본 그 어떤 대사보다도 철학적이고 깊이 있다.

"불상과 하늘님은 어떻게 다릅니까?"

"동학이 말하는 하늘님이란 귀신입니다."

"귀신이란 뭡니까?"

"음양입니다."

"음양이란 뭐죠?"

"사람입니다."

"사람을 천지의 주체로 삼는다 그 말이군요."

"그렇습니다. 동학의 으뜸되는 가르침은 사람의 평등이며, 평등하기 때문에만 천지와 하나가 될 수 있는 것입니다."

"동학은 젊군요. 이 땅의 부처는 나처럼 너무 늙었습니다."

이 말을 남긴 노승은 앉은 채로 입적한다. 도를 터득한 사람들만이 나눌 수 있는 대사이다. 하늘님은 귀신이고 귀신은 음양이며 음양이 사람이라는 원리는 동양의 고유한 사상에서 나온 것이다. 그리고 결국 하늘님이 사람이라는 것은 사람을 하늘로 섬긴다는 인내천 사상을 대변한다. 몇 번을 보아도, 인물들의 대사와 카메라 테크닉, 편집의 흐름이 참으로 조화를 이루는, 품위 있고 격의 있는 장면이다.

그러나 이 영화는 때를 기다려야 한다는 최시형과 봉기해야 한다는 전봉준의 대결 구도에서 최시형을 옹호하면서 다소 비현실적인, 종교적인 영화라는 비판을 받아야 했다. 진정으로 민중들에게 필요한 시기에 혁명을 하는 것이 동학이 아니라 수많은 시간이 지난 후에 후천개벽이 온다는 종교적인 태도에 머무른 영화라는 비판이었다. 자막을 통해 시대적 의미만 강조한 채 정말로 필요한 영화적 장치는 소홀히 했다는 비판도 받아야 했다. 철학적인 사상과 현실의 고난을 강조하려다 생긴 임권택의 선택인 것 같다.

■ 〈하류인생〉 : 해방 이후 독재 정권에서 살아남기

〈하류인생〉은 임권택이 1960년대에 자주 다루었던 다찌마와리 영화이다. 시간적 배경은 1957년부터 1975년까지이다. 명동 거리(그 당시 명동을 대상으로 한 깡패 영화가 얼마나 많았던가. 이 영화는 분명 그런 영화들을 반영한다), 주먹 하나 믿고 살아가는 깡패의 삶에 다시 카메라를 들이밀었다. 때문에 영화에서 먼저 눈에 들어오는 것은 액션 신이다. 좁은 공간에서 빠르게 전개되는 임권택 특유의 카메라는 매우 역동적이고 화려한 액션을 보여주기에 부족함이 없다. 노 감독이 선사하는 몇 장면 되지 않는 액션은 참으로 빼어나다.

그러나 이 영화는 깡패들의 액션만 다룬 영화가 아니다. 언급한 것처럼 액션 신은 몇 되지 않는다. 영화의 줄거리도 남녀의 삶에 초점을 맞추고 있다. 그렇다면 멜로드라마인가? 그렇지도 않다. 단지 〈하류인생〉은 '하류인생들'의 삶을 다룬 드라마일 뿐이다. 그들에게 중요한 것은 세류의 거센 흐름 속에서 살아남는 것이다. 깡패보다 더 깡패 같은 군부의 군홧발 아래서도 그들은 꿋꿋이 견딘다. 그것이 그 시대의 생존방법이었으며, 임권택이 바라본 세상이었다.

영화의 주인공은 태웅(조승우 扮)이다. 자신의 다리에 칼을 꽂은 승문을 찾아갔다가 그의 누나 혜옥(김규리 扮)을 만난다. 둘의 이상한 호감이 이때부터 시작된다. 그런데 이 집안은 자유당에 반대해서 정치를 하는 박일원의 집이었다. 국회의원에 출마한 박일원의 유세현장에 닥친 깡패를 태웅이 처리하면서 태웅은 깡패의 길로 들어선다. 이 상황만 보면 자유당 말기의 정치와 정치깡패의 관계를 매우 사실적으로 그리고 있다는 것을 알게 된다. 흔히 알고 있는 것처럼 김두한이나 유지광 같은 깡패를 동원해서 체제를 유지하려고 했던 자유당 말기의 상황이 복사되듯 나타난 것이다. 태웅은 선생이 된 혜옥과 결혼을 하고, 박일원은 국회의원이 되지만, 그들의 행복은 오래가지 않는다. 5·16 쿠데타로 인해 그들의 삶은 다시 피폐해진다. 영화 일을 하던 태웅은 검열로 빚쟁이가 되고 건설업을 하지만 정부의 과한 요구 때문에 제대로 일을 할 수가 없다. 이런 상황에서 박정희 정권에 반대하던 박일원은 의문의 죽음을 당하고, 바람피우던 태웅을 버리고 혜옥이 떠나지만, 결국 그들은 인생의 위기를 극복한다.

이 영화는 임권택의 영화이다. 임권택 영화는 역사적 사건이라는 소용돌이 속에 던져진 개인의 삶에 초점을 맞춘다. 그래서 임권택 영화의 주인공은 역사와 떼려야 뗄 수 없는 관계에 있다. 이 영화 역시 예외는 아니다. 인물과 시대가 동시에 영향을 미치고 영향을 받는다. 1957

년에서 1975년 사이 역사적 사건은 복원되고, 그 시대의 인물들이 처한 환경은 오롯이 살아난다. 그래서 임권택 영화가 그런 것처럼, 역사적 사건을 토대로 시간은 수시로 점핑하며, 그렇게 점핑된 시간 속에서 다양한 인물들이 급하게 등장하고 사라진다. 자연히, 복원된 시대의 세트는 빼어나지만, 영화 속 인물들의 감정은 쉽게 다가오지 않는다. 아마도 임권택은 단절된 인물들의 감정을 관객이 채우길 원하는 것 같다. 그 시대 속에서 인물들이 살아가는 방식을 보길 원하는 것 같다. 때문에 이리 보고 저리 보아도 이 영화는 임권택의 영화이다.

여기서 주목할 것은 임권택이 현대사를 언급했다는 것이다. 조선 말기, 일제강점기, 해방 직후에만 머물던 그의 시선이 드디어 1970년대까지 왔다. 그가 바라본 박정희 시대는 군부독재의 엄혹한 통제의 시대였다. 거기서 인물이 할 수 있는 것은 두 가지밖에 없다. 시대에 빌붙어 살아가든가, 아니면 시대를 등지고 쓸쓸히 사라지는 것이다. 임권택이 중시 여기는 것은 어떻게든 살아남는 것이다. 그래서인가. 그 시대에 영화를 만들던 임권택(영화 속에는 임권택 자신이 연출한 반공 영화가 개봉 중이다)은 전자의 길을 선택했었다.

〈하류인생〉은 말 그대로 '하류인생'을 살아야만 했던 인물을 다룬 영화이다. 1960년대에 주로 액션 영화를 촬영하면서 인기를 구가했던 임권택의 회고적인 감상이 녹아 있는 영화이기도 하다. 이승만 정권과 박정희 정권에서 얼마나 고통스럽게 살아가야 했는지 보고 싶다면 이 영화를 봐야 한다. '한국 록의 대부'로 추앙받는 신중현이 오랜만에 참여한 음악도 들을 만하다.

■ 현대사와의 길항 또는 불화

임권택 영화의 역사성에 대해 논하려면 그가 연출한, 분단에 대한 영화들을 반드시 언급해야 한다. 그가 연출한 〈짝코〉 같은 영화는 반공 영화로 선정되었지만, 반공 영화라기보다는 이념이 인간에게 얼마나 무의미한 것인가 찬찬히 조망하는 영화이다. 평생을 쫓겨 다니는 빨치산과, 그를 놓쳐 경찰복을 벗은 후에도 평생을 쫓아다니는 이의 삶은 생각만 해도 끔찍하다. 그들에게는 안정적인 삶이 없다. 쫓기는 사람도 쫓아오는 사람도 한곳에 정착해서 살지 못하기 때문에 그들의 삶은 뿌리 뽑힌 삶이다. 뿌리 뽑힌 자리에 이념이 존재하는 것도 아니다. 오로지 복수심과 생존본능만 존재한다. 결국 행려병자 수용소에서 만나 누명을 벗겨주려고 하는 것으로 끝맺음으로써 분단의 문제가 개인의 삶을 어떻게 파괴했는지, 그리고 긴 세월 후 어떻게 화해할 것인지 조망한다.

안타까운 것은 영화진흥공사가 설립되어 국가의 돈으로 정책 영화를 만들 때 임권택이 가장 열심히 만들었다는 점이다. 〈증언〉(1973), 〈낙동강은 흐르는가〉(1976), 〈아벤고 공수군단〉(1982) 등은 엄청난 장비가 투입된 반공 영화이다. 심지어 군대의 일개 사단이 영화에 출연할 정도로 군부대의 지원을 받은 반공 영화인데, 임권택은 1970년대에 이런 영화들을 만들면서 생계를 유지했다. 또 다른 정책 영화인 새마을 영화의 연출도 마찬가지다. 제목만 들어도 내용을 대략 짐작할 수 있는 〈아내들의 행진〉(1974), 〈아내〉(1976), 〈옥례기〉(1977) 등의 영화는 가난한 집에 시집온 여자가 결국 집안을 일으켜 부자가 되게 만든다는 내용이다. 절망한 남편을 설득해서 부자가 된다는 이야기는 당시 정권이 도시와 격차가 벌어지는 농촌을 계몽하기 위해 벌인 새마을 운동을 선전하는 영화였다.

이렇게 보면 임권택이라는 텍스트와 임권택의 영화 텍스트가 각자 만들어내는 의미도 복잡하지만, 두 가지가 서로 교집합을 이루며 만들어내는 의미는 더욱 복잡하다는 것을 알 수 있다. 현대사와 임권택은 때로는 (의도하든 아니든) 길항을 했고 때로는 불화를 했다. 이런 과정에서 그는 스스로 자신의 길을 터득해서 한반도의 전통과 근대의 대결, 민족과 외세의 문제에 대해 자신만이 할 수 있는 영화세계를 만들어냈다. 임권택이 대단한 것은 이 때문이다. 그의 영화를 본다는 것은 우리의 역사를 보는 것이며, 그것은 다시 우리의 모습을 보는 것이다.